無著菩薩
論釋

金剛
能斷
般若波羅蜜多經

現代標點白話語譯

金剛阿闍黎莫炳昌傳講

目錄

編者有話

從聽聞上師寶讚歎《大般若經》是佛弟子一生中必讀的佛教經典開始，這顆種子殊妙地在心田間不經意萌了芽，且隨著經年累月聞思修佛法，日漸滋養成長。與此經結下不解之緣，感恩感恩。

韶關南華寺拜佛團，與鳩摩羅什譯師翻譯的《摩訶般若波羅蜜多經》初次結緣，就是在此處的佛經流通處，靛藍色一套八本古式線裝書，竟然還是繁體字，簡直是如獲至寶。

懷著一顆歡喜心，打開經書，就開始讀經。如是者一字一句，沒有一個生字，為何竟然一既不通，讀英文書也可找字典幫個忙，心想今次真是難以完成整套經文；放棄，不會發生吧。想想法子……求學時期遇上重覆多讀的課題也難以冥記時，就會多抄寫幾遍，應付考試，百發百中。印象最深刻的，不是那曾被老師罰抄過的字嗎？！一直抄著抄著，心沒他想，但發覺腦海裡沒有「明白」這兩個字，不過總是覺得妄念尤其是負面的雜念一起即滅；誠如經文中所說，惡業罪障被強力的般若無漏智清洗擦掉，真實不虛。

直到與全套共六百卷，六千二百八十一頁，共十六會，唐三藏玄奘法師奉詔譯的《大般若經》結緣，其威德神力，更是不言而喻了。以此斷除業障，同時增益福慧為緣，今再親聞上師寶宣講《大般若經》中第九會〈能斷金剛分〉，將傳講內容編輯成書，願與大眾分享讀經之法樂。佛就是「依於般若波羅蜜多」成就「稀有世尊、如來、應和正等覺」，而且佛最偉大之處，就是希望一切眾生也同樣能依於般若波羅蜜多而得解脱，成就佛果。

在此衷心感謝協助賢創作出版大乘佛典每一位出錢出力的善長。財富、才華並不是我的強項，但卻因有您們的支持與鼓舞，出版佛書才能得以如願，為弘揚稀有難聞的佛陀正法多添一份色彩！

P.22
1 發心

P.28
2 波羅蜜相應行

P.32
3 欲得色身

P.33
4 欲得法身

P.45
5 於修道得勝
中無慢

P.50
6 不離佛出時

P.51
7 願淨佛土

P.52
8 成熟眾生

P.53
9 遠離隨順外
論散亂

P.57
10 色及眾生身
搏取中觀破相
應行

P.58
11 供養給侍
如來

P.58
12 遠離利養
及疲乏熱惱故
不起精進及退
失等

P.63
13 忍苦

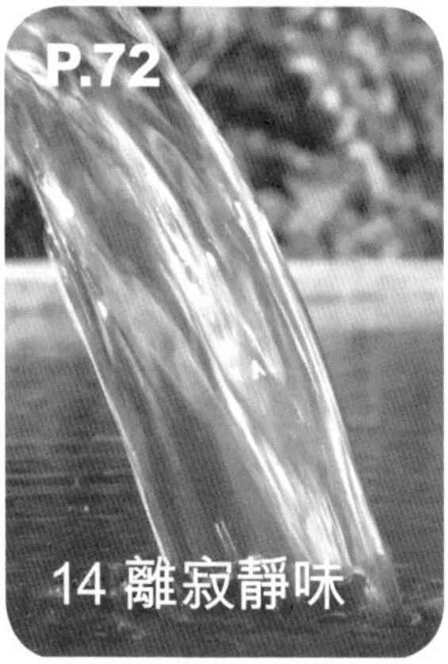
P.72
14 離寂靜味

P.76
15 於證道時
遠離喜動

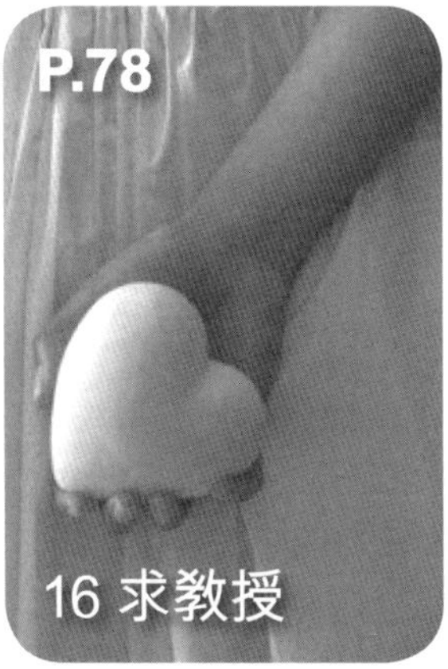
P.78
16 求教授

P.82
17 證道

P.84
18 上求佛地

《能斷金剛般若波羅蜜多經》現代標點白話語譯

Vajracchedikā Prajñāpāramitā Sūtra

唐三藏法師玄奘奉詔譯

金剛阿闍黎莫炳昌傳講

如是我聞。一時薄伽梵在室羅筏，住逝多林給孤獨園，與大苾芻眾千二百五十人俱。爾時世尊，於日初分，整理常服，執持衣鉢，入室羅筏大城乞食。時薄伽梵於其城中行乞食已，出還本處；飯食訖，收衣鉢，洗足已，於食後時，敷如常座，結跏趺坐，端身正願，住對面念。

時諸苾芻來詣佛所，到已，頂禮世尊雙足，右繞三匝，退坐一面。具壽善現亦於如是眾會中坐。爾時眾中，具壽善現從座而起，偏袒一肩，右膝著地，合掌恭敬而白佛言：「希有世尊！乃至如來、應、正等覺，能以最勝攝受，攝受諸菩薩摩訶薩；乃至如來、應、正等覺，能以最勝付囑，付囑諸菩薩摩訶薩。世尊，諸有發趣菩薩乘者，應云何住？云何修行？云何攝伏其心？」作是語已。

爾時世尊告具壽善現曰：「善哉，善哉！善現，如是，如是！如汝所說，乃至如來、應、正等覺能以最勝攝受，攝受諸菩薩摩訶薩；乃至如來、應、正等覺能以最勝付囑，付囑諸菩薩摩訶薩。是故，善現，汝應諦聽，極善作意！吾當為汝分別解說，諸有發趣菩薩乘者，應如是住，如是修行，如是攝伏其心。」具壽善現白佛言：「如是，世尊，願樂欲聞！」

佛言：「善現，諸有發趣菩薩乘者，應當發起如是之心：所有諸有情，有情攝所攝，若卵生、若胎生、若濕生、若化生，若有色、若無色，若有想、若無想，若非有想、非無想，乃至有情界施設所施設，如是一切，我當皆令於無餘依妙涅槃界而般涅槃。雖度如是無量有情令滅度已，而無有情得滅

度者。何以故？善現，若諸菩薩摩訶薩有情想轉，不應說名菩薩摩訶薩。所以者何？善現，若諸菩薩摩訶薩，不應說言有情想轉。如是命者想、士夫想、補特伽羅想、意生想、摩納婆想、作者想、受者想轉，當知亦爾。何以故？善現，無有少法名為發趣菩薩乘者。復次善現，菩薩摩訶薩不住於事應行布施，都無所住應行布施，不住於色應行布施，不住聲、香、味、觸、法應行布施。善現，如是菩薩摩訶薩，如不住相、想應行布施。何以故？善現，若菩薩摩訶薩都無所住而行布施，其福德聚不可取量。」佛告善現：「於汝意云何？東方虛空可取量不？」善現答言：「不也！世尊！」「善現，如是南、西、北方，四維上下，周遍十方一切世界虛空可取量不？」善現答言：「不也！世尊！」佛言：「善現，如是，如是。若菩薩摩訶薩都無所住而行布施，其福德聚不可取量，亦復如是。善現，菩薩如是如不住相、想應行布施。」

佛告善現：「於汝意云何？可以諸相具足觀如來不？」善現答言：「不也，世尊！不應以諸相具足觀於如來。何以故？如來說諸相具足，即非諸相具足。」說是語已。佛復告具壽善現言：「善現，乃至諸相具足，皆是虛妄；乃至非相具足，皆非虛妄；如是，以相、非相應觀如來。」說是語已。

具壽善現復白佛言：「世尊，頗有有情，於當來世，後時後分，後五百歲，正法將滅時分轉時，聞說如是色經典句，生實想不？」佛告善現：「勿作是說：『頗有有情，於當來世後時後分，後五百歲，正法將滅時分轉時，聞說如是色經典句，生實想不？』然復善現，有菩薩摩訶薩，於當來世後時後分，後五百歲，正法將滅時分轉時，具足尸羅，具德、具慧。復次善現，彼菩薩摩訶薩，非於一佛所承事供養，非於一佛所種諸善根；然復善現，彼菩薩摩訶薩，於其非一、百、千佛所承事供養，於其非一、百、千佛所種諸善根，乃能聞說如是色經典句，當得一淨信心。善現，如來以其佛智悉已知彼，如來以其佛眼悉已見彼。善現，如來悉已覺彼一切有情，當生無量無數福聚，當攝無量無數福聚。何以故？

善現，彼菩薩摩訶薩，無我想轉，無有情想，無命者想，無士夫想，無補特伽羅想，無意生想，無摩納婆想，無作者想，無受者想轉。善現，彼菩薩摩訶薩無法想轉、無非法想轉，無想轉、亦無非想轉。所以者何？善現，若菩薩摩訶薩有法想轉，彼即應有我執、有情執、命者執、補特伽羅等執；若有非法想轉，彼亦應有我執、有情執、命者執、補特伽羅等執。何以故？善現，不應取法，不應取非法。是故如來密意而說筏喻法門：『諸有智者法尚應斷，何況非法！』」

佛復告具壽善現言：「善現，於汝意云何？頗有少法，如來、應、正等覺證得阿耨多羅三藐三菩提耶？頗有少法，如來、應、正等覺是所說耶？」善現答言：「世尊，如我解佛所說義者，無有少法，如來、應、正等覺證得阿耨多羅三藐三菩提；亦無有少法，是如來、應、正等覺所說。何以故？世尊，如來、應、正等覺所證、所說、所思惟法皆不可取，不可宣說；非法，非非法。何以故？以諸賢聖補特伽羅皆是無為之所顯故。」佛告善現：「於汝意云何？若善男子或善女人，以此三千大千世界盛滿七寶，持用布施，是善男子或善女人，由此因緣所生福聚，寧為多不？」善現答言：「甚多，世尊！甚多，善逝！是善男子或善女人，由此因緣所生福聚，其量甚多。何以故？世尊，福德聚、福德聚者，如來說為非福德聚；是故如來說名福德聚、福德聚。」佛復告善現言：「善現，若善男子或善女人，以此三千大千世界盛滿七寶，持用布施；若善男子或善女人，於此法門，乃至四句伽陀，受持、讀誦，究竟通利，及廣為他宣說開示，如理作意；由是因緣所生福聚，甚多於前無量無數。何以故？一切如來、應、正等覺阿耨多羅三藐三菩提皆從此經出，諸佛世尊皆從此經生。所以者何？善現，諸佛法、諸佛法者，如來說為非諸佛法，是故如來說名諸佛法、諸佛法。」

佛告善現：「於汝意云何？諸預流者頗作是念：『我能證得預流果』不？」善現答言：「不也，世尊，諸預流者不作是念：『我能證得預流之果。』何以故？世尊，諸預流者，無少所預，故名預流；不預色、聲、香、味、觸、法；故名預流。世尊，若預流者作如是念：『我能證得預流之果。』即為執我、有情、命者、士夫、補特伽羅等。」佛告善現：「於汝意云何？諸一來者頗作是念：『我能證得一來果』不？」善現答言：「不也，世尊，諸一來者不作是念：『我能證得一來之果。』何以故？世尊，以無少法證一來性，故名一來。」佛告善現：「於汝意云何？諸不還者頗作是念：『我能證得不還果』不？」善現答言：「不也，世尊，諸不還者不作是念：『我能證得不還之果。』何以故？世尊，以無少法證不還性，故名不還。」佛告善現：「於汝意云何？諸阿羅漢頗作是念：『我能證得阿羅漢』不？」善現答言：「不也，世尊，諸阿羅漢不作是念：『我能證得阿羅漢性。』何以故？世尊，以無少法名阿羅漢，由是因緣名阿羅漢。世尊，若阿羅漢作如是念：『我能證得阿羅漢性。』，即為執我、有情、命者、士夫、補特伽羅等。所以者何？世尊，如來、應、正等覺說我得無諍住最為第一。世尊，我雖是阿羅漢，永離貪欲，而我未曾作如是念：『我得阿羅漢，永離貪欲。』世尊，我若作如是念：『我得阿羅漢，永離貪欲』者，如來不應記說我言：『善現，善男子得無諍住最為第一。』以都無所住，是故如來說名無諍住、無諍住。」

佛告善現：「於汝意云何？如來昔在然燈如來、應、正等覺所，頗於少法有所取不？」善現答言：「不也！世尊，如來昔在然燈如來、應、正等覺所，都無少法而有所取。」

佛告善現：「若有菩薩作如是言：『我當成辦佛土功德莊嚴。』如是菩薩非真實語。何以故？善現，『佛土功德莊嚴、佛土功德莊嚴』者，如來說非莊嚴，是故如來說名『佛土功德莊嚴、佛土功德莊嚴。』是故善現，菩薩如是都無所住應生其心；不住於色應生其心，不住非色應生其心；不住聲、香、味、觸、法應生其心，不住非聲、香、味、觸、法應生其心；都無所住應生其心。」

佛告善現：「如有士夫具身、大身，其色自體假使譬如妙高山王；善現，於汝意云何？彼之自體為廣大不？」善現答言：「彼之自體廣大，世尊！廣大，善逝！何以故？世尊，彼之自體如來説非彼體，故名自體；非以彼體故名自體。」

佛告善現：「於汝意云何？乃至殑伽河中所有沙數，假使有如是沙等殑伽河，是諸殑伽河沙寧為多不？」善現答言：「甚多，世尊！甚多，善逝！諸殑伽河尚多無數，何況其沙！」佛言：「善現，吾今告汝，開覺於汝；假使若善男子或善女人，以妙七寶盛滿爾所殑伽河沙等世界，奉施如來、應、正等覺；善現，於汝意云何，是善男子或善女人，由此因緣，所生福聚寧為多不？」善現答言：「甚多，世尊！甚多，善逝！是善男子或善女人，由此因緣，所生福聚其量甚多。」佛復告善現：「若以七寶盛滿爾所沙等世界，奉施如來、應、正等覺。若善男子或善女人，於此法門乃至四句伽陀，受持、讀誦，究竟通利，及廣為他宣説開示，如理作意；由此因緣，所生福聚甚多於前無量無數。復次善現，若地方所，於此法門乃至為他宣説開示四句伽陀，此地方所尚為世間諸天及人、阿素洛等之所供養，如佛靈廟。何況有能於此法門，具足究竟書寫、受持、讀誦，究竟通利，及廣為他宣説開示，如理作意；如是有情，成就最勝希有功德。此地方所，大師所住，或隨一一尊重處所，若諸有智同梵行者。」説是語已。具壽善現復白佛言：「世尊，當何名此法門？我當云何奉持？」作是語已。佛告善現言：「具壽，今此法門，名為『能斷金剛般若波羅蜜多』，如是名字，汝當奉持。何以故？善現，如是般若波羅蜜多，如來説為非般若波羅蜜多，是故如來説名般若波羅蜜多。」佛告善現：「於汝意云何？頗有少法如來可説不？」善現答言：「不也，世尊，無有少法如來可説。」佛告善現：「乃至三千大千世界大地微塵，寧為多不？」善現答言：「此地微塵甚多，世尊！甚多，善逝！」佛言：「善現，大地微塵，如來説非微塵，是故如來説名大地微塵。諸世界，如來説非世界，是故如來説名世界。」佛告善現：「於汝意云何？應以三十二大士夫相觀於如來、應、正等覺不？」善現答言：「不也，世尊，不應以三十二大士夫相觀於如來、應、正等覺。何以故？世尊，三十二大士夫相，如來說為非相；是故如來說名三十二大士夫相。」

佛復告善現言：「假使若有善男子或善女人，於日日分，捨施殑伽河沙等自體，如是經殑伽河沙等劫數捨施自體；復有善男子或善女人，於此法門乃至四句伽陀，受持、讀誦、究竟通利，及廣為他宣說開示，如理作意；由是因緣所生福聚，甚多於前無量無數。」爾時，具壽善現，聞法威力，悲泣墮淚，俛仰捫淚而白佛言：「甚奇希有，世尊！最極希有，善逝！如來今者所說法門，普為發趣最上乘者作諸義利，普為發趣最勝乘者作諸義利。世尊，我昔生智以來，未曾得聞如是法門。世尊，若諸有情聞說如是甚深經典，生真實想，當知成就最勝希有。何以故？世尊，諸真實想、真實想者，如來說為非想；是故如來說名真實想、真實想。世尊，我今聞說如是法門，領悟信解，未為希有。若諸有情，於當來世後時後分，後五百歲，正法將滅時分轉時，當於如是甚深法門，領悟信解、受持、讀誦、究竟通利，及廣為他宣說開示，如理作意；當知成就最勝希有。何以故？世尊，彼諸有情無我想轉，無有情想，無命者想，無士夫想，無補特伽羅想，無意生想，無摩納婆想，無作者想，無受者想轉。所以者何？世尊，諸我想即是非想，諸有情想、命者想、士夫想、補特伽羅想、意生想、摩納婆想、作者想、受者想即是非想。何以故？諸佛世尊離一切想。」作是語已。爾時世尊告具壽善現言：「如是！如是！善現，若諸有情，聞說如是甚深經典，不驚，不懼，無有怖畏，當知成就最勝希有。何以故？善現，如來說最勝波羅蜜多，謂般若波羅蜜多。善現，如來所說最勝波羅蜜多，無量諸佛世尊所共宣說，故名最勝波羅蜜多。如來說最勝波羅蜜多，即非波羅蜜多；是故如來說名最勝波羅蜜多。

「復次善現，如來說忍辱波羅蜜多，即非波羅蜜多；是故如來說名忍辱波羅蜜多。何以故？善現，我昔過去世，曾為羯利王斷支節肉，我於爾時，都無我想、或有情想、或命者想、或士夫想、或補特伽羅想、或意生想、或摩納婆想、或作者想、或受者想。我於爾時都無有想，亦非無想。何以故？善現！我於爾時若有我想，即於爾時應有恚想。我於爾時若有有情想、命者想、士夫想、補特伽羅想、意生想、摩納婆想、作者想、受者想，即於爾時應有恚想。何以故？善現，我憶過去五百生中，曾為自號忍辱仙人。我於爾時，都無我想、無有情想、無命者想、無士夫想、無補特伽羅想、無意生想、無摩納婆想、無作者想、無受者想。我於爾時都無有想，亦非無想。是故善現，菩薩摩訶薩，遠離一切想，應發阿耨多羅三藐三菩提心。不住於色應生其心，不住非色應生其心；不住聲、香、味、觸、法應生其心；不住非聲、香、味、觸、法應生其心；都無所住應生其心。何以故？善現，諸有所住，則為非住。是故，如來說諸菩薩應無所住而行布施，不應住色、聲、香、味、觸、法而行布施。復次善現，菩薩摩訶薩為諸有情作義利故，應當如是棄捨布施。何以故？善現，諸有情想即是非想。一切有情，如來即說為非有情。」

「善現，如來是實語者，諦語者，如語者，不異語者。復次善現，如來現前等所證法，或所說法，或所思法，即於其中非諦非妄。」

「善現，譬如士夫入於闇室，都無所見；當知菩薩若墮於事，謂墮於事而行布施，亦復如是。善現，譬如明眼士夫，過夜曉已，日光出時，見種種色；當知菩薩不墮於事，謂不墮事而行布施，亦復如是。」

「復次善現，若善男子或善女人，於此法門，受持、讀誦，究竟通利，及廣為他宣說開示，如理作意；則為如來以其佛智悉知是人，則為如來以其佛眼悉見是人，則為如來悉覺是人；如是有情，一切當生無量福聚。復次善現，假使善男子或善女人，日初時分以殑伽河沙等自體布施，日中時分復以殑伽河沙等自體布施，日後時分亦以殑伽河沙等自體布施，由此法門，經於俱胝那庾多百千劫以自體布施，若有聞說如是法門，不生誹謗，由此因緣所生福聚，尚多於前無量無數；何況能於如是法門，具足畢竟書寫、受持、讀誦，究竟通利，及廣為他宣說開示，如理作意；復次善現，如是法門不可思議，不可稱量；應當希冀不可思議所感異熟。善現，如來宣說如是法門，為欲饒益趣最上乘諸有情故，為欲饒益趣最勝乘諸有情故。善現，若有於此法門，受持、讀誦，究竟通利，及廣為他宣說開示，如理作意；即為如來以其佛智悉知是人，即為如來以其佛眼悉見是人，則為如來悉覺是人。如是有情，一切成就無量福聚，皆當成就不可思議、不可稱量、無邊福聚。善現，如是一切有情，其肩荷擔如來無上正等菩提。何以故？善現，如是法門，非諸下劣信解有情所能聽聞，非諸我見，非諸有情見，非諸命者見，非諸士夫見，非諸補特伽羅見，非諸意生見，非諸摩納婆見，非諸作者見，非諸受者見所能聽聞。此等若能受持、讀誦，究竟通利，及廣為他宣說開示，如理作意，無有是處。復次善現，若地方所聞此經典，此地方所當為世間諸天及人、阿素洛等之所供養，禮敬右繞，如佛靈廟。復次善現，若善男子或善女人，於此經典受持、讀誦，究竟通利，及廣為他宣說開示，如理作意；若遭輕毀，極遭輕毀，所以者何？善現，是諸有情宿生所造諸不淨業，應感惡趣；以現法中遭輕毀故，宿生所造諸不淨業，皆悉消盡，當得無上正等菩提。何以故？善現，我憶過去於無數劫復過無數，於然燈如來、應、正等覺先復過去，曾值八十四俱胝那庾多百千諸佛，我皆承事；既承事已，皆無違犯。善現，我於如是諸佛世尊，皆得承事；既承事已，皆無違犯。若諸有情，後時後分後五百歲，正法將滅時分轉時，於此經典受持、讀誦，究竟通利，及廣為他宣說開示，如理作意；善現，我先福聚，於此福聚，百分計之所不能及；如是千分、若百千分、若俱胝百千分、若俱胝那庾多百千分，若數分，若計分，若算分，若喻分，若鄔波尼殺曇分亦不能及。善現，我若具說，當於爾時，是善男子或善女人所生福聚，乃至是善男子是善女人所攝福聚，有諸有情則便迷悶，心惑狂亂。是故善現，如來宣說如是法門，不可思議，不可稱量；應當希冀不可思議所感異熟。」

爾時具壽善現復白佛言：「世尊，諸有發趣菩薩乘者，應云何住？云何修行？云何攝伏其心？」佛告善現：「諸有發趣菩薩乘者，應當發起如是之心：『我當皆令一切有情，於無餘依妙涅槃界而般涅槃；雖度如是一切有情令滅度已，而無有情得滅度者。』何以故？善現，若諸菩薩摩訶薩有情想轉，不應說名菩薩摩訶薩。

「所以者何？若諸菩薩摩訶薩，不應說言有情想轉。如是命者想、士夫想、補特伽羅想、意生想、摩納婆想、作者想、受者想轉，當知亦爾。何以故？善現，無有少法名為發趣菩薩乘者。」

佛告善現：「於汝意云何？如來昔於然燈如來、應、正等覺所，頗有少法能證阿耨多羅三藐三菩提不？」作是語已。具壽善現白佛言：「世尊，如我解佛所說義者，如來昔於然燈如來、應、正等覺所，無有少法能證阿耨多羅三藐三菩提。」說是語已。佛告具壽善現言：「如是，如是，善現，如來昔於然燈如來、應、正等覺所，無有少法能證阿耨多羅三藐三菩提。何以故？善現，如來昔於然燈如來、應、正等覺所，若有少法能證阿耨多羅三藐三菩提者，然燈如來、應、正等覺不應授我記言：『汝摩納婆於當來世名釋迦牟尼如來、應、正等覺。』善現，以如來無有少法能證阿耨多羅三藐三菩提，是故然燈如來、應、正等覺授我記言：『汝摩納婆於當來世名釋迦牟尼如來、應、正等覺。』」

「所以者何？善現，言如來者，即是真實真如增語；言如來者，即是無生法性增語；言如來者，即是永斷道路增語；

言如來者，即是畢竟不生增語。何以故？善現，若實無生，即最勝義。善現，若如是說：『如來、應、正等覺能證阿耨多羅三藐三菩提』者，當知此言為不真實。所以者何？善現，由彼謗我，起不實執。何以故？善現，無有少法如來、應、正等覺能證阿耨多羅三藐三菩提。善現，如來現前等所證法，或所說法，或所思法，即於其中非諦非妄。是故如來說一切法皆是佛法。善現，一切法、一切法者，如來說非一切法；是故如來說名一切法、一切法。」佛告善現：「譬如士夫具身、大身。」具壽善現即白佛言：「世尊，如來所說士夫具身、大身，如來說為非身；是故說名具身、大身。」

佛言：「善現，如是，如是。若諸菩薩作如是言：『我當滅度無量有情』，是則不應說名菩薩。何以故？善現，頗有少法名菩薩不？」善現答言：「不也，世尊；無有少法名為菩薩。」佛告善現：「有情、有情者，如來說非有情，故名有情。是故如來說一切法無有有情、無有命者、無有士夫、無有補特伽羅等。善現，若諸菩薩作如是言：『我當成辦佛土功德莊嚴』，亦如是說。何以故？善現，佛土功德莊嚴、佛土功德莊嚴者，如來說非莊嚴，是故如來說名佛土功德莊嚴、佛土功德莊嚴。善現，若諸菩薩於無我法、無我法深信解者，如來、應、正等覺說為菩薩。」

佛告善現：「於汝意云何？如來等現有肉眼不？」善現答言：「如是，世尊，如來等現有肉眼。」佛言：「善現，於汝意云何？如來等現有天眼不？」善現答言：「如是，世尊，如來等現有天眼。」佛言：「善現，於汝意云何？如來等現有慧眼不？」善現答言：「如是，世尊，如來等現有慧眼。」佛言：「善現，於汝意云何？如來等現有法眼不？」善現答言：「如是，世尊，如來等現有法眼。」佛言：「善現，於汝意云何？如來等現有佛眼不？」善現答言：「如是，世尊，如來等現有佛眼。」佛告善現：「於汝意云何？乃至殑伽河中所有諸沙，如來說是沙不？」善現答言：「如是，世尊！如是，善逝！如來説是沙。」佛言：「善現，於汝意云何？乃至殑伽河中所有沙數，假使有如是等殑伽河，乃至是諸殑伽河中所有沙數，假使有如是等世界。是諸世界寧為多不？」善現答言：「如是，世尊！如是，善逝！是諸世界，其數甚多。」佛言：「善現，乃至爾所諸世界中所有有情，彼諸有情各有種種，其心流注我悉能知。何以故？善現，心流注、心流注者，如來説非流注，是故如來説名心流注、心流注。所以者何？善現，過去心不可得，未來心不可得，現在心不可得。」

佛告善現：「於汝意云何？若善男子或善女人，以此三千大千世界盛滿七寶，奉施如來、應、正等覺，是善男子或善女人，由是因緣所生福聚，寧為多不？」善現答言：「甚多，世尊！甚多，善逝！」佛言：「善現，如是，如是，彼善男子或善女人，由此因緣所生福聚，其量甚多。何以故？善現，若有福聚，如來不説福聚、福聚。」

佛告善現：「於汝意云何？可以色身圓實觀如來不？」善現答言：「不也，世尊，不可以色身圓實觀於如來。何以故？世尊，色身圓實、色身圓實者，如來説非圓實；是故如來説名色身圓實、色身圓實。」佛告善現：「於汝意云何？可以諸相具足觀如來不？」善現答言：「不也，世尊，不可以諸相具足觀於如來。何以故？世尊，諸相具足、諸相具足者，如來説為非相具足；是故如來説名諸相具足、諸相具足。」

佛告善現：「於汝意云何？如來頗作是念：『我當有所説法』耶？善現！汝今勿當作如是觀！何以故？善現，若言『如來有所説法』即為謗我，為非善取。何以故？善現，説法、説法者，無法可得；故名説法。」

爾時具壽善現白佛言：「世尊，於當來世後時後分，後五百歲，正法將滅時分轉時，頗有有情，聞説如是色類法已，能深信不？」佛言：「善現，彼非有情、非不有情。何以故？善現，一切有情者，如來說非有情；故名一切有情。」

佛告善現：「於汝意云何？頗有少法，如來、應、正等覺現證無上正等菩提耶？」具壽善現白佛言：「世尊，如我解佛所說義者，無有少法如來、應、正等覺現證無上正等菩提。」佛言：「善現，如是，如是。於中少法無有、無得，故名無上正等菩提。復次善現，是法平等，於其中間無不平等；故名無上正等菩提。以無我性，無有情性，無命者性，無士夫性，無補特伽羅等性平等故，名無上正等菩提。一切善法無不現證，一切善法無不妙覺。善現，善法、善法者，如來一切說為非法；是故如來說名善法、善法。」

「復次善現，若善男子或善女人，集七寶聚，量等三千大千世界其中所有妙高山王，持用布施。若善男子或善女人，於此般若波羅蜜多經中乃至四句伽陀，受持、讀誦，究竟通利，及廣為他宣說開示，如理作意。善現，前說福聚於此福聚，百分計之所不能及，如是千分，若百千分，若俱胝百千分，若俱胝那庾多百千分，若數分，若計分，若算分，若喻分，若鄔波尼殺曇分，亦不能及。」

佛告善現：「於汝意云何？如來頗作是念：『我當度脫諸有情』耶？善現，汝今勿當作如是觀。何以故？善現，無少有情如來度者。善現，若有有情如來度者，如來即應有其我執，有有情執，有命者執，有士夫執，有補特伽羅等執。善現，我等執者，如來說為非執；故名我等執，而諸愚夫異生彊有此執。善現，愚夫異生者，如來說為非生；故名愚夫異生。」

佛告善現：「於汝意云何？可以諸相具足觀如來不？」善現答言：「如我解佛所說義者，不應以諸相具足觀於如來。」佛言：「善現，善哉，善哉！如是，如是！如汝所說，不應以諸相具足觀於如來。善現，若以諸相具足觀如來者，轉輪聖王應是如來。是故不應以諸相具足觀於如來。如是，應以諸相非相觀於如來。」爾時世尊而說頌曰：「諸以色觀我，以音聲尋我，彼生履邪斷，不能當見我。應觀佛法性，即導師法身。法性非所識，故彼不能了。」

佛告善現：「於汝意云何？如來、應、正等覺以諸相具足現證無上正等覺耶？善現，汝今勿當作如是觀，何以故？善現，如來、應、正等覺不以諸相具足現證無上正等菩提。復次善現，如是發趣菩薩乘者，頗施設少法若壞若斷耶？善現，汝今勿當作如是觀；諸有發趣菩薩乘者，終不施設少法若壞若斷！復次善現，若善男子或善女人，以殑伽河沙等世界盛滿七寶，奉施如來、應、正等覺，若有菩薩於諸無我、無生法中獲得堪忍，由是因緣所生福聚，甚多於彼。復次善現，菩薩不應攝受福聚。」具壽善現即白佛言：「世尊，云何菩薩不應攝受福聚？」佛言：「善現，所應攝受，不應攝受，是故說名所應攝受。」

「復次善現，若有說言：『如來若去、若來、若住、若坐、若臥』，是人不解我所說義。何以故？善現，言如來者，即是真實真如增語，都無所去、無所從來；故名如來、應、正等覺。」

「復次善現，若善男子或善女人，乃至三千大千世界大地極微塵量等世界，即以如是無數世界色像為墨如極微聚。善現，於汝意云何？是極微聚寧為多不？」善現答言：「是極微聚甚多，世尊！甚多，善逝！何以故？世尊，若極微聚是實有者，佛不應說為極微聚。所以者何？如來說極微聚，即為非聚；故名極微聚。如來說三千大千世界，即非世界；故名三千大千世界。何以故？世尊，若世界是實有者，即為一合執。如來說一合執，即為非執；故名一合執。」佛言：「善現，此一合執不可言說，不可戲論。然彼一切愚夫、異生彊執是法。何以故？善現，若作是言：『如來宣說我見、有情見、命者見、士夫見、補特伽羅見、意生見、摩納婆見、作者見、受者見』，於汝意云何？如是所說為正語不？」善現答言：「不也，世尊！不也，善逝！如是所說非為正語。所以者何？如來所說我見、有情見、命者見、士夫見、補特伽羅見、意生見、摩納婆見、作者見、受者見，即為非見；故名我見乃至受者見。」佛告善現：「諸有發趣菩薩乘者，於一切法，應如是知，應如是見，應如是信解，如是不住法想。何以故？善現，法想、法想者，如來說為非想；是故如來說名法想、法想。」

「復次善現，若菩薩摩訶薩以無量無數世界盛滿七寶，奉施如來、應、正等覺，若善男子或善女人，於此般若波羅蜜多經中乃至四句伽陀，受持、讀誦，究竟通利，如理作意，及廣為他宣說開示，由此因緣所生福聚，甚多於前無量無數。云何為他宣說開示？如不為他宣說開示，故名為他宣說開示。」

爾時世尊而說頌曰：「諸和合所為，如星、翳、燈、幻，露、泡、夢、電、雲，應作如是觀。」

時薄伽梵說是經已，尊者善現及諸苾芻、苾芻尼、鄔波索迦、鄔波斯迦，並諸世間天、人、阿素洛、健達縛等，聞薄伽梵所說經已，皆大歡喜，信受奉行。

此經即玄奘法師奉詔譯《大般若波羅蜜多經》第九會〈能斷金剛分〉，摘出別行，名《能斷金剛般若波羅蜜多經》；亦稱為《般若三百頌》。「金剛」指煩惱和有煩惱相隨的有漏智。「能斷金剛」指「般若」；這個「般若」狹義地專指無漏無分別智。這無漏智能伏斷如金剛般堅固的煩惱和有漏智所衍生的分別概念和增上慢，所以稱作「能斷金剛」[1]。「波羅蜜多」譯作到彼岸，指修行人依無漏無分別智[2]便能斷除煩惱，離諸過染，到達涅槃之彼岸。「經」是指尊者大德以美妙文句，結集貫綴出佛陀所說教言。

佛在此經宣說般若法門，為令弟子依此法門得無上正等菩提。然佛在證得無上菩提，以般若無漏智內證真如時，發覺真如境界有無生、無我、純善二利圓滿的性相，與凡夫、二乘，甚至初基地上菩薩的修行者，於認知上大相徑庭，遂加持弟子善現長老，以二十七個設問，藉解答這些設問，一一剖析能證無上菩提的般若無漏智，與及所證的真如勝義境界的特性，從而令弟子透過如斯珍貴的導引，最終成就佛果。

無著菩薩（395-470）在《金剛般若論》以十八住[3]——十八個修菩薩行時所經歷的處境，成立《能斷金剛般若波羅蜜多經》。若從修行所經歷的階段來看，整部經由種性不斷開始至上求佛地終止，是佛教凡夫由行解地，經淨心地至如來究竟成佛的修行教科書。

甲一 序分

> **如是我聞。一時薄伽梵在室羅筏，住逝多林給孤獨園，與大苾芻眾千二百五十人俱。**
>
> 我是這樣從佛處聽說的。佛當時住在室羅筏逝多林給孤獨園，和大比丘眾一千二百五十人和很多大菩薩一起。

無著菩薩以種性不斷和發起行相來解釋經文序分，說明般若無漏智是佛佛相傳，取證無上菩提的方法。佛加持善現長老，讓祂提出若趣入大乘者，應云何住？云何修行？云何攝伏其心？但佛說此經重點不在這三個問題；而是往後佛圓滿體證真如時，發現這只有生起般若波羅蜜多，這一種無漏無分別智，才能體證無生、無我和二利圓滿的真如勝義境。所以全經重點是佛要求弟子隨順和緊扣真如理修行遣除能、所二取，般若無漏智才會生起，就會無礙地體證無上正等菩提。

這段經文具足所謂五圓滿是指：一、尊師圓滿：教化之主是薄伽梵[4]，釋迦牟尼佛；二、眷屬圓滿：大比丘眾一千二百五十人[5]和眾多大菩薩；三、法圓滿：《能斷金剛般若波羅蜜多經》所詮甚深法義；四、地處圓滿：室羅筏城的逝多林給孤獨園[6]；五、時圓滿：說法者和聞法者共相會聚，時分無別，所謂「一時」。愛德華孔茲（1904-1979）所據之梵文本和義淨法師（653-713）異譯本除常隨徒眾「大苾芻千二百五十人」外，另有「及大菩薩眾」一句，明確指出本經的主要說法對象是大乘菩薩，當然亦包括那些迴小向大的二乘修行人。上師寶認為佛加持善現長老提出云何住？云何修行？云何攝伏其心？這是佛藉這三個問題帶出後面的重點。重點是在說明佛因體證真如時，發現只有生起般若波羅蜜多這種無漏無分別智，才能找到無生、無我和二利純善的真如理。如依隨順和緊扣這些真如理修行，必無礙地獲證無上正等菩提。無上正等菩提是佛果，所以此經主要的說法對象是發趣菩薩乘[7]及地上菩薩。經文末段提到：「如來今者所說法門，普為發趣無上乘者作諸義利，普為發趣最勝乘者作諸義利。」而根據無著菩薩的《金剛般若論》的解說，「最上乘」、「最勝乘」都是指「上求佛道、下化眾生」的菩薩修行法門。故依梵文本有「及大菩薩眾」一句為妥。在流通分，英譯梵文本與真諦法師譯本亦有「及大菩薩眾」一句。

爾時世尊，於日初分，整理常服，執持衣缽，入室羅筏大城乞食。時薄伽梵於其城中行乞食已，出還本處；飯食訖，收衣缽，洗足已，於食後時，敷如常座，結跏趺坐，端身正願，住對面念。

佛在大清早，披著袈裟，托著缽盂，到室羅筏大城化緣乞食。佛在城中次第乞食之後，返回祇園精舍，享用飯菜後，收起袈裟和缽盂，洗淨雙足後便坐在為祂敷設的座位，身體挺直，跏趺而坐；注意力集中在面之前。

為何經文要花篇幅敍述佛出城乞食，再回精舍享用飯食；和清洗衣具呢？因為佛教要解決的問題，不單是至高無上的價值，所謂「定善解脫」；修行人最先要解決的是承托「定善解脫」的「勝生安樂」，而「勝生安樂」最基本的是受用資具不匱，例如必需的飯食。當然，對聖人而言，飯食是微不足道的事，既然修行人心依止正法，便應過簡樸的生活。所以僧團過著少欲知足的生活，例如茹素和過午不食[8]。「端身正願，住對面念」是指保持身體挺直；令心不動搖，集中注意力，繫念於面前；進入持續三摩地狀態，準備宣說《能斷金剛般若波羅蜜多經》。無著菩薩說：「顯示唯寂靜者，於法能覺、能說故。」[9]

時諸苾芻來詣佛所，到已，頂禮世尊雙足，右繞三匝，退坐一面。具壽善現亦於如是眾會中坐。爾時眾中，具壽善現從座而起，偏袒一肩，右膝著地，合掌恭敬而白佛言：「希有世尊！乃至如

來、應、正等覺，能以最勝攝受，攝受諸菩薩摩訶薩；乃至如來、應、正等覺，能以最勝付囑，付囑諸菩薩摩訶薩。世尊，諸有發趣菩薩乘者，應云何住？云何修行？云何攝伏其心？」作是語已。

接著，一大群比丘和大菩薩眾走到佛前，恭敬頂禮佛足，從祂身邊右繞三匝，然後退坐一旁。這時，善現長老亦坐在會眾中，隨後從大眾中站起來；並將上衣搭在左手一邊肩膊，袒其右肩，右膝著地，恭敬地合掌向佛說：「稀有難遇的世尊！確是稀有難遇的世尊啊！如來、應供、正等覺啊！祢能夠攝受眾多已成熟的大菩薩令祂們獲得利益，增長善法，成就利他。祢又能夠付囑祂們去指導修行還未到家的菩薩，於未得者令其得，於已退者令其進修。世尊啊！請問那些想發心趣往大乘的修行人；要發動和保持甚麼的意趣來行持般若波羅蜜多？有甚麼有效的方法來發揮無漏和無分別的般若波羅蜜多來修行？當修行般若波羅蜜多出現散亂等分別煩惱時，應當如何控御其心？」

爾時世尊告具壽善現曰：「善哉，善哉！善現，如是，如是！如汝所說，乃至如來、應、正等覺能以最勝攝受，攝受諸菩薩摩訶薩；乃至如來、應、正等覺能以最勝付囑，付囑諸菩薩摩訶薩。是故，善現，汝應諦聽，極善作意！吾當為汝分別解說，諸有發趣菩薩乘者，應如是住，如是修行，如是攝伏其心。」具壽善現白佛言：「如是，世尊，願樂欲聞！」

說罷，佛陀對善現長老說：「問得好啊，問得好啊；正是這樣，善現；正是這樣。如你所說，如來以最殊勝的助力，幫助那些已成熟的菩薩摩訶薩；以最大的安樂，利益修行尚未到家的菩薩。所以，善現，請諦審聆聽，起心動念時更要慎密細緻，我將為你解說那些踏上菩薩道的修行人；要發動何等心願來行持般若波羅蜜多；有甚麼有效力的方法來行持無漏無分別的般若波羅蜜多；當修學般若波羅蜜多出現散亂等分別煩惱時，應如何控御其心。」善現長老說：「就這樣；我當洗耳恭聽！」

甲二 正宗分——廣釋十八住

乙一 發心

佛言：「善現，諸有發趣菩薩乘者，應當發起如是之心：所有諸有情，有情攝所攝，若卵生、若胎生、若濕生、若化生，若有色、若無色，若有想、若無想，若非有想、非無想，乃至有情界施設所施設，如是一切，我當皆令於無餘依妙涅槃界而般涅槃。

佛陀告訴善現：「凡是趨入菩薩乘的修行者，應當這樣發心：所有有情界，『有情』這一假名所蓋括的種種有情類；譬如卵生、胎生、濕生、化生；又或譬如有色界、無色界；又或譬如有想天、無想天，非有想、非無想天；總之，由名言安立『有情界』所指任何形式的有情；我一定會引領他們全部皆進入涅槃，達致無餘依涅槃界。

「雖度如是無量有情令滅度已，而無有情得滅度者。何以故？善現，若諸菩薩摩訶薩有情想轉，不應說名菩薩摩訶薩。所以者何？善現，若諸菩薩摩訶薩，不應說言有情想轉。如是命者想、士

夫想、補特伽羅想、意生想、摩納婆想、作者想、受者想轉，當知亦爾。何以故？善現，無有少法名為發趣菩薩乘者。

「雖然有無量有情眾生被引領達致涅槃，但實際上沒有一個有情被引領致涅槃界。為甚麼呢？佛答道：如果菩薩認為離身外有一個實有有情的念頭生起的話，他不應名為菩薩。為甚麼呢？善現，若然菩薩有例如『有情』、『命者』、『士夫』、『補特伽羅』、『意生』、『摩納婆』、『作者』、『受者』等形形式式的『我見』生起，就不能稱為菩薩！為甚麼？善現，行持般若波羅蜜多時，根本沒有一種東西稱為『發趣菩薩乘的修行人』！

上文提到，為令佛種不斷，所以善現長老向佛請教有關行持般若波羅蜜多三個疑問：「云何住？」菩薩要發動和保持甚麼意趣來持守般若波羅蜜多？「云何修行？」菩薩有甚麼有效方法來發揮般若波羅蜜多的無漏性和無分別性來修行？「云何攝伏其心？」修行般若波羅蜜多時，如出現散亂等分別煩惱，應如何控制其心？佛接著一一解答善現長老的疑問。

由「佛言:『善現，諸有發趣菩薩乘者，應當發起如是之心:』」起，訖盡經末；無著菩薩稱之為「行所住處」，「謂彼發起行相所住處也」[10]，並細分為十八住，所謂十八種「行所住處」，就是指十八種修菩薩行時所經歷的處境。

以下是無著菩薩以十八住——修學大乘的菩薩必經十八個修行階段來解釋接著的大部份經文。對於佛弟子來說，佛陀的恩德是最大的。由佛的加持，修行道路上方無障礙，而修行人亦樂於將自己的慧命交託給佛陀。為了把握佛陀說法的契機，十大弟子中解空第一的善現長老代表眾人請佛說法。為了表示恭敬、坦誠和降伏我慢心，善現長老「合掌恭敬，偏袒一肩和右膝著地」；這是佛教尊師重道的吉祥傳統。善現長老首先讚歎佛的功德事業，祂形容能遇上佛陀；這是需要眾生的福業成熟。而聽佛說法，更是世間稀有難得的事；「稀有世尊」就是說：我們要珍惜諸佛出世，這個懸遠難遇的機會。善現長老又再以「如來、應、正等覺」來讚美佛德。「如來」，指的是佛已證得真如而來到世間；「應」，是指佛應受人天供養；「正等覺」，是指如其勝義覺知諸法。最後，善現長老點出：佛就是依「般若波羅蜜多」而成就「稀有世尊、如來、應和正等覺」，所以般若波羅蜜多是諸佛之母。佛最偉大之處，是希望眾生能像自己一樣，依般若波羅蜜多而得解脫，成就佛果。

無著菩薩在《金剛般若論》說：「此般若波羅蜜，為佛種不斷故流於此；為顯此當得佛種不斷義故。」[11] 善現長老說佛能以最勝攝受，攝受諸菩薩摩訶薩；讚美佛以般若波羅蜜多攝受眾多已成熟的大菩薩，令祂們獲得利益，增長善法，成就利他；又能付囑這些大菩薩去指導修行未到家的菩薩，於修學般若波羅蜜多未得者令其得，於已退者令其進修。佛和弟子們就是以這種「種性不斷」的關係，將覺悟的心靈傳承下去。

接著，基於「種性不斷」的精神[12]，善現長老向佛請教行持般若波羅蜜多的三個疑問：「諸有發趣菩薩乘者，應云何住？云何修行？云何攝伏其心？」字面的解釋大致是：那些想修行大乘者應如何立定決心趣向所求目標？既發心已，當如何修行？在修行時如散亂生起了，應如何降伏呢？所謂散亂，是指「於所緣境，令心流蕩為性，能障正定，惡慧所依為業。」初基修行人心想得太多，對修行目標拿捏不定，令心流蕩。由於整部經都是佛為了正法（大乘教）久住，令佛種不斷；所以整部《能斷金剛般若波羅蜜多經》都是佛教菩薩修持般若無漏智。藉著生起無漏智，才能清楚真如勝義境的性質，然後才能緊扣和隨順真如理來修證無上菩提。「云何住」是指菩薩要發動和保持甚麼意趣來持守般若波羅蜜多。「云何修行」是指菩薩有甚麼有效的方法來發揮般若波羅蜜多的無漏性和無分別性來修行。「云何攝伏其心」是指當修行般若波羅蜜多出現散亂等分別煩惱時，如何控御其心。

無著菩薩這樣解釋：「彼應住者，謂欲、願故；」[13] 所謂欲，是指別境中的欲心所；「於所樂境，希望為性；勤依為業。」所謂願，無著菩薩進一步解釋說：「為所求故作心思念也。」所以願應是指役心作業的遍行思心所。

無著菩薩又補充說：「第一者（指云何住？），顯示攝道；」所謂攝，就是攝持；而攝持的對象包括有大悲心、菩提心、般若無漏智和眾生四種。換言之，「云何住？」就是依著大悲心、菩提心、無漏智，生起欲心所和思心所去發動和持守般若波羅蜜多來利益度化眾生。無著菩薩解釋「云何修行」說：「應修行者，謂相應三摩鉢帝故；」「相應三摩鉢帝者，無分別三摩提也。」要發揮般若的無漏和無分別的作用，修行人就要時刻處於三摩提（地）[14] 的狀態。無著菩薩補充說「云何修行」為成就道；就是指以修九住心成就，時刻處於三摩地狀態來觀空 [15]，而相應於三摩地就是要我們遠離在五蘊上的執著。無形無色以遠離執著色蘊，不執著嚐受以遠離受蘊，願欲離分別計度故與想蘊離異，遠離起心動念造作故異於行蘊，不攀緣了別外境遠離識蘊。「應降伏心者，謂折伏散亂故。」「折伏散亂者，若彼三摩鉢帝心散，制令還住也。」無著菩薩稱這為「不失道」。內心時刻專注觀諸法空相，般若波羅蜜多的功德便不會漏失。

修菩薩行首先要經歷的處境就是「發心」。佛一開始要修行人發心，就是要在阿賴耶識中找出根本智種子，然後再藉以修行來營造無漏根本智現行，以遣除能、所二取及第七識執阿賴耶見分為我這種同起無明，初見真如的無生、無我和純善二利境界。

佛教導弟子若修菩薩行，首先就要發心，無著菩薩認為要以攝道、成就道和不失道來貫串「發心」這首個行所住處。所謂攝道，指修行人以大悲心、菩提心和無二慧，透過欲心所和役心造作的思心所，發動和保持廣大、最勝、至極和無顛倒四點來利益一切有情意樂；這就是「為滅度一切眾生故，應如是住」[16] 的菩薩行第一個行所住處。

所謂一切有情，經文將之分為三類九種。第一類是依個體出生時的情況分成「卵生」，例如雞等飛禽；「胎生」，例如人；「濕生」，例如蝴蝶等昆蟲；和出生時已完整具備五根四肢的「化生」，例如中有和諸天。第二類是依有無物質身體而分成「有色」，包括三界中的欲界和色界所有眾生；以及「無色」，指無色界眾生二種。第三類是依有無粗顯的想心所來分成「有想」，指色界第四禪廣果天以下，一切眾生都屬「有想類」；「無想」，即指色界第四禪之無想天的眾生；「非有想非無想」，指沒有欲界或色界的粗顯想心所，而只存有一種貪執禪悅的想，這裡專指三界中非想非非想天的眾生。而菩薩發心利益的對象，就是上述所說九種眾生，實際包括了一切正在輪迴流轉的眾生。因為要拔濟攝受的眾生是何其廣大，所以發心的對象亦要同樣廣大；故說為廣大平等利益有情意樂。

「我當皆令於無餘依妙涅槃界而般涅槃。」所謂涅槃，是指苦因盡，苦果亦盡的生命境界。傳統上，佛教將涅槃分成兩類：一、有餘依涅槃：能生有苦身之因已盡，尚餘有苦的所依身未盡。例如釋尊在菩提樹下獲證涅槃，但祂仍未捨盡五蘊身，而以之說法度生四十餘年，這時稱為有餘依涅槃。又如月稱菩薩舉監獄為例，雖然仍有監獄這座建築物，但獄中完全沒有囚犯。二、無餘依涅槃：有漏生死因盡，有苦的所依身亦盡；例如釋尊在雙林示滅。「涅槃界」的「界」解作守持，謂涅槃能維持苦不生起和無漏用現行。[17] 因為若得無餘依涅槃，眾生便能究竟地離苦得樂；其功德超過世間善趣所有勝生安樂。今欲令無邊有情皆證得無餘依涅槃，所以發心的目標要最勝，故說為最勝究竟利益有情意樂。

「雖度如是無量有情令滅度已，而無有情得滅度者。何以故？善現！若諸菩薩摩訶薩有情想轉，不應說名菩薩摩訶薩。」無著菩薩以三道來貫串發心這首個菩薩經歷階段（行所住處）：第一是攝道：以欲和願（欲心所和思心所）攝受利益一切有情。第二是成就道：就是時刻銘記「若諸菩薩摩訶薩有情想轉，不應說名菩薩摩訶薩」這句説話來修止觀，並將之與三摩鉢帝相應。第三是不失道：當內心有形形式式的我見生起，就是散亂，要折伏散亂，要確保任何時刻都沒有「我見」生起。

佛在「云何住」結尾時強調：修行人在發動和保持「廣大」、「最勝」、「至極」和「無顛倒」這四種利益眾生意樂，來行持般若波羅蜜多時，會發覺沒有實有的「發趣菩薩乘者」，發心要救度的有情亦無自性；甚至「發心」都如鹿渴般如幻如化。這便是「善現，無有少法名為發趣菩薩乘者。」的意思。

乙二 波羅蜜相應行

「復次善現，菩薩摩訶薩不住於事應行布施，都無所住應行布施，不住於色應行布施，不住聲、香、味、觸、法應行布施。

「此外，善現，菩薩應不執著於事而行布施度；菩薩不為了達成世俗報恩或其他任何目的而行布施；亦為了不出現散亂，所以不執於色境而行布施，亦不執著聲、香、味、觸和思想概念而行布施。

「善現，如是菩薩摩訶薩，如不住相、想應行布施。何以故？善現，若菩薩摩訶薩都無所住而行布施，其福德聚不可取量。」

「善現，依照這個意思，菩薩不執著由境相上所生起的分別心。為甚麼呢？如果菩薩不為達成世俗目的而行持布施，祂所得到的福德，不可思量。」

佛告善現：「於汝意云何？東方虛空可取量不？」善現答言：「不也！世尊！」「善現，如是南、西、北方，四維上下，周遍十方一切世界虛空可取量不？」善現答言：「不也！世尊！」佛言：「善現，如是，如是。若菩薩摩訶薩都無所住而行布施，其福德聚不可取量，亦復如是。善現，菩薩如是如不住相、想應行布施。」

「善現，你意下如何？東方虛空的邊際能夠測度思量嗎？」善現答道：「無法測度思量！世尊！」「同樣；善現，南、西、北方、東南、西南、東北、西北以及上下十方虛空，可以測度思量嗎？」善現回答說：「無法測度思量！」佛說道：「善現，對了，對了；同樣，菩薩如果不執著境相上的分別而行持布施，祂所得到的福德也是不可測度思量的。所以，善現，我就是這樣說：『菩薩不應執著境相上的分別而行持布施。』」

上文提到以般若波羅蜜多發心，要具備廣大、最勝、至極和無顛倒四種利益有情意樂；基於菩薩的大悲心，祂能於一切有情攝同己體；又由於行者冥契真如，斷除我見；所以不執實有發趣菩薩乘者，視發心如鹿渴，被救度的有情亦非實有；這樣來發動和保持修行動機，才能貫徹菩薩誓言：「一人未解脫，於有隨生道；願我為彼住，不先取菩提。」[18]「乃至有虛空，以及眾生住；願吾住世間，盡除眾生苦。」[19] 此外，我們亦必須留意，要時刻修持處於與三摩鉢帝相應的「無我」觀，每當發現內心有「我見」散亂生起，便要立刻折伏散亂。這就是「發心」。

既已發心，便要修行。修般若波羅蜜多不光是依聞思理論，一定要透過身體力行，與生活相應才是圓滿。所以佛解答完發心，便教導弟子如何修行；在修行時遇上障礙，如何攝伏自心。無著菩薩將這段經文列入「行所住處」中第二個菩薩要經歷的階段，並安立名為波羅蜜相應行。

佛諄諄教導弟子要不住於事應行布施。所謂「事」，梵文是 Vastu[20]，這個字的語根是 Vas，意思是居住在或留在；一般指的是作為有情心識所依的對境。「不住」謂內不起分別，外不著相；「不住於事而行布施」，是抽象地指不為達成任何世俗目的（例如報恩）而去行持布施。具體來説，菩薩為了修行時不出現散亂等煩惱，所以不執著色、香、味、觸及一切思想等六種境相，而在這些境相生起分別概念情況下而行布施。[21]

質疑：波羅蜜多有六種，為何經文只舉布施一種呢？

解惑：巴楚仁波切（1808-1887）舉飯食布施給乞丐為例，説明單是財施亦可具足六度。「譬如下施飲食給乞丐；當施與、施者和受施者眾緣和合時，而又實踐了布施的行為，就是布施度。以自己會吃的去布施，不是以劣質或變壞的食物行布施，是為持戒度。被乞丐再三索求也不瞋不惱的，就是安忍度。只管布施，從沒有想過疲累或困難，就是精進度。沒有被世俗報恩等念頭所分散，就是靜慮度。了知主體、客體和布施行三者皆無自性，就是智慧度。」[22]

質疑：如果修行人住於事而行布施等六度，會有甚麼後果？

解惑：初基修行人如執著境相而生起分別心，在這情況下修持六度，所得的是「人天福報」和「勝生安樂」。無著菩薩在《金剛般若論》云：「彼諸波羅蜜有二種果，謂未來，現在。未來果者，檀那（布施）波羅蜜，得大福報；尸羅（持戒）波羅蜜，得自身具足，謂釋梵等；羼提（忍辱）波羅蜜，得大伴助，大眷屬；毘離耶（精進）波羅蜜，得果報等不斷絕；禪那波羅蜜，得生身不可損壞；般若波羅蜜，得諸根猛利，及諸多悦樂，於大人（菩薩）眾中得自在等。現在果者，得一切信敬供養，及現法涅槃[23]等。」這些世俗樂果表面很吸引，卻也不及「不住於事而行布施」；事實上，「不住於事而行六度」所得福德更廣大，甚至廣大得不可取量。

接著，佛回答善現第三個提問：修行時出現障礙，例如「我見」生起時，應如何「攝伏自心」？佛這樣回答：「如不住相、想應行布施。」菩薩平日修行就總體來説，是不為希求世俗些甚麼目的回報來行持布施。具體來説，為了防止修行時出現散亂，所以對色、聲、香、味、觸、法六個境相不起分別心，所謂「於相離想」；並且將這種精神境界與三摩鉢帝相應。初基菩薩未能任運處於三摩鉢帝，萬一出現散亂，「我見」生起，佛教修行人應當下察覺散亂，隨即壓止散亂，制令還住於「不住相、想」的三摩鉢帝狀態之中。甚麼是「相想」呢？就是在境相上起分別心。

在佛向善現長老解釋若修行人不著相、想，懂得三輪體空，便可以有效地「不住於事而行布施」後，就開示「不住相想」所得的福報，比「住於相想」希求世間的福報更廣大，甚至廣大得不可取量。佛首先舉東方虛空以喻「不住相想」布施；而以山河大地、日月星辰喻「住相布施」；山河大地，甚至日月星辰，皆大小有限，但虛空卻廣大無限。然後再類推其餘九方虛空，説明十方虛空皆無邊限，無法測度計量。同樣，「不住相想」的布施，福報亦廣大無限，無法測度計量。所以佛最後作出結論：「善現，如是，如是。若菩薩摩訶薩都無所住而行布施，其福德聚不可取量，亦復如是。善現，菩薩如是如不住相、想應行布施。」

乙三 欲得色身

佛告善現：「於汝意云何？可以諸相具足觀如來不？」善現答言：「不也，世尊！不應以諸相具足觀於如來。何以故？如來説諸相具足，即非諸相具足。」説是語已。

佛接續説：「善現，應否以具足相好來衡量如來呢？」善現答：「不可以，世尊！不能見到具足相好就認為這就是佛。為甚麼呢？所謂諸相具足，只不過是化身佛三相遷異的諸相具足，並非法身佛離開三相遷異的諸相具足。」

佛復告具壽善現言：「善現，乃至諸相具足，皆是虛妄；乃至非相具足，皆非虛妄；如是，以相、非相應觀如來。」説是語已。

佛又告訴善現：「化身佛雖具足勝妙相好，但皆是虛妄不實的有為法，法身佛離開這些三相遷異的相好，雖以無相為相，卻並非虛妄。所以，若遠離相、非相這些心所行境，就能見到如來。」

要成就佛果，就必須積累無量福德、智慧資糧，前者能獲證具足三十二相、八十種好的佛色身；後者能證佛智慧法身。[24] 無著菩薩敦促仍在世俗努力修波羅蜜相應的行者，應積聚無量福德資糧，期能獲證「相具足」的佛色身[25]。欲得佛色身是「十八個行所住處」中的第三個菩薩修行階段。無著菩薩又提醒修行人：佛色身雖百福凝聚，但畢竟亦是緣起性空。眾生因煩惱障蔽慧眼，妄執佛色身是實有；忽視了佛果最珍貴的法身。[26] 何以凡夫會忽視佛的法身？因為佛的法身總不是凡夫心識活動的範圍（心所行境）；換句話說，以世俗的語言概念是認識不到佛的法身的。[27] 所以佛在本經後段說了一句偈頌：「諸以色觀我，以音聲尋我，彼生履邪斷，不能當見我。應觀佛法性，即導師法身。法性非所識，故彼不能了。」換言之，在勝義諦來說，具足三十二相、八十種好的「相具足」的化身佛是虛妄不實；另一方面，在勝義諦來說，「非相具足」的法身佛是真實不虛。[28] 如果我們明白不單是佛所顯現的各種身相是虛幻，就連一切法所顯現的相狀亦皆虛妄；我們就能克服執著種種相想，繼而達致前文所說：「善現，菩薩如是如不住相、想應行布施。」

無著菩薩更具體地教導我們不執著種種相想的方法：「經言：『如是以相、非相應觀如來』者，此為顯現，謂相應三昧及攝亂心時，於彼相中非相見故。」修行時當散亂煩惱生起，就要遠離相、非相這些心所行境；或可以直接一點用鳩摩羅什譯師所說：「凡所有相，皆是虛妄。若見諸相非相，則見如來。」

乙四 欲得法身

丙一 言說法身

具壽善現復白佛言：「世尊，頗有有情，於當來世，後時後分，後五百歲，正法將滅時分轉時，聞説如是色經典句，生實想不？」

善現問道：「世尊，未來例如五百年後，如來正法將滅時，第六百年開始的眾生，聽到這樣具有特色的般若經典語句時，會否生起真實的信心？」

佛告善現：「勿作是説：『頗有有情，於當來世後時後分，後五百歲，正法將滅時分轉時，聞説如是色經典句，生實想不？』然復善現，有菩薩摩訶薩，於當來世後時後分，後五百歲，正法將滅時分轉時，具足尸羅，具德、具慧。

世尊答道：「善現，不要這樣説！即使後五百歲正法將滅時，亦會有持戒清淨、福德圓滿、具有能力斷除我想、法想之智慧的菩薩，聽聞這樣有特色的般若經典語句，相信這是真理。

佛首先開示了甚深法義，例如修行佛法不能停滯於勝生安樂的層面，最重要是追求定善解脱。在追求佛果的同時，我們要明白佛果包括佛色身和佛法身；前者是以積聚無量福德資糧為因，而且佛色身諸相具足。後者以積聚無量智慧資糧為因；由於佛法身不是心所行境，所以是以無相為相的。最重要的是，佛指出於世俗諦見到化身佛諸相具足是虛妄，而見到非相具足的佛法身不是虛妄；從而肯定以般若獲得的佛法身，更顯價值彌珍。

至此，善現腦海生起了疑問：世俗凡夫的慧眼被無明障蔽了，心靈已處處顯得愚昧；如果五百年後正法將滅，遇上末法時期[29]，修行人會相信甚深教法嗎？這時佛解開善現長老的憂慮疑問，說：就算是末法時代，只要修行人具足戒、德、慧，並且過去世曾值遇如來教導和能去除我想、法想，這些菩薩是會相信般若法門的。

「復次善現，彼菩薩摩訶薩，非於一佛所承事供養，非於一佛所種諸善根；然復善現，彼菩薩摩訶薩，於其非一、百、千佛所承事供養，於其非一、百、千佛所種諸善根，乃能聞說如是色經典句，當得一淨信心。

「再者，善現，應當知道這些具戒、德和慧的菩薩不只曾經讚美承侍一位佛陀，亦不只在一佛處種下善根；而是曾讚美承侍過成千上萬的佛陀，在成千上萬的佛處種下善根；這些具足三學，曾值遇如來的菩薩，當聽聞這些有特色的般若經典時，是會產生清淨信心的。

「善現，如來以其佛智悉已知彼，如來以其佛眼悉已見彼。善現，如來悉已覺彼一切有情，當生無量無數福聚，當攝無量無數福聚。

「善現，如來用祂的佛智和佛眼，以現量完全了知這些具足三學，曾值遇如來教導的有情，全部都生起了無量無數的福德資糧，並且薰攝無量無數的福德資糧。

無著菩薩在《金剛般若論》以「欲得法身」解釋這段經文。這裡將法身分成言說法身和證得法身，而證得法身又分為智相法身和福相法身。無著菩薩以五層修學來解釋佛的密意，解說獲得言說法身的方法：「一顯示修行；二顯示集因；三顯示善友攝受；

四顯示攝福德相應；五顯示實相中當得實想故。」[30] 所謂顯示修行，「具足尸羅，具德、具慧。」至於欲得言說法身，就要先修學增上三學，得福慧資糧；住於三摩鉢帝。顯示集因，正如經文提到承侍供養千萬諸佛，對諸佛生起淨信。顯示善友攝受，就如經文中如來以佛智、佛眼加持護念這些修行人。顯示攝福德相應，正如經文所言，當生、當攝無量福聚。所謂「生」，是指現世受佛智、佛眼加持護念，福德生起；所謂「攝」，指生起後，福德仍能相續薰習不斷。

質疑：為甚麼這些曾經承侍供養諸佛的修行人有如此深厚的福德，能夠值遇如來，承侍供養如來呢？

解惑：因為祂們遠離四種我想、四種法想，所以除了現世生起無量無數福聚外，這些福聚更於未來世仍能相續，薰習不斷。

> **「何以故？善現，彼菩薩摩訶薩，無我想轉，無有情想，無命者想，無士夫想，無補特伽羅想，無意生想，無摩納婆想，無作者想，無受者想轉。**
>
> 「何以祂們有這麼廣大的福德？因為這些菩薩遠離一切我見，所以沒有我想、有情想、命者想和補特伽羅想生起。

梵本經文只列出了四種我想；將士夫想、意生想、摩納婆想、作者想和受者想歸入外道所執之我想。佛在前文教修行人如何攝伏其心時，反覆叮嚀說：「如是菩薩摩訶薩，如不住相、想應行布施。」「相」，指的是對境相狀，「想」，是起分別心的意思；由於執著五蘊身實有，所以生起我想。[31]

「善現，彼菩薩摩訶薩無法想轉、無非法想轉，無想轉、亦無非想轉。

「菩薩既因了解緣起的意義而不會執著任何東西都實有，同時亦不會執著任何東西都是實無；因了解空性的意義而不會執著空性可以用言語概念表達出來；亦不反對可以藉著言說概念向初基凡夫傳播空性學說。

前文提到無著菩薩說，有五種方法可得言說法身，而最後一種方法是顯示實相中當得實想；所指的就是具慧修行人要遠離四種我想、四種法想，庶幾得到言說法身。所謂言說法身，就只是詮顯法身之理，只是證得法身之因。若要進一步欲求證得法身，就不能執著名相，有「法」、「非法」的分別。

「所以者何？善現，若菩薩摩訶薩有法想轉，彼即應有我執、有情執、命者執、補特伽羅等執；若有非法想轉，彼亦應有我執、有情執、命者執、補特伽羅等執。

「若要無漏智生起，修行人便不應執著任何名相，所謂法與非法之分別。因為無論有『法想』生起或有『非法想』生起，都會連帶著有我執、有情執、命者執和補特伽羅等執生起。

當具戒、具德和具慧的修行人因夙世因緣值遇如來的教授，經久修行斷除四種我想和四種法想之空觀；直至經歷欲求言說法身的最後階段時，除了要斷除內心染上煩惱的「非法想」，看破它們的無自性外，還要斷除認為空觀是絕對完美的「法想」。所謂「空性」，都是約定俗成的名言而已；如此一方面釋放在「對境」

框架內綑縛的東西，一方面警惕自己如果在任何「法相」上起分別想，或在任何「非法相」上起分別想的話，都會帶出一個問題：誰在對境上起分別心？這個「誰」就是四種我想了。所以佛在此特別強調：「如有法相想、非法相想，都必定連帶有四種我相想生起。有我相想生起，見道、證得法身、無漏智現起，便成空話。」[32] 要過渡這個樽頸位，作為過來人的寂天菩薩提供了一個善巧方便：「若久修空性，必斷實有習；由修無所有，後亦斷空執。當云皆無實，不得所觀法。無實離所依，彼豈依心前？若實無實法，悉不住心前，彼時無餘相，無緣最寂滅。摩尼如意樹，無心能滿願；因福與宿願，諸佛亦現身。」事實上，如前文所說，具戒、具德和具慧的佛弟子，無論在甚麼時候和地點，只要憑著「一淨信心」；無心能滿願的佛眼、佛智，便會像如意寶珠一樣[33]，加持護念著佛弟子，由「言說法身」過渡到「證得法身」哩！

> **「何以故？善現，不應取法，不應取非法。是故如來密意而說筏喻法門：『諸有智者法尚應斷，何況非法！』」**
>
> 「為甚麼執著法想就有我想呢？微細的我執不顯現時，會躲藏在內心深處，待例如是有法想、非法想等緣便會出現。善現！由於這緣故，如來教修行人以般若體證空性，要捨棄修福慧的有關言教。就像船筏之喻一樣，既然到達了彼岸，便應捨去船筏。佛的深層意思是指：『隨順定善解脫的言教『法』尚且要捨去，何況是未能隨順空性的勝生安樂言教『非法』呢！』」

這裡所謂的「法」，是指積聚智慧資糧的教法；所謂「非法」，是指積聚福德資糧的教法。前者依之能達定善解脫，後者依之能達勝生安樂。前者能契合空性，藉著後者能令我們順緣增上，獲證菩提。至於作為大乘到彼岸的這艘船筏，只荷負福慧二資糧，當船一旦抵岸，修行人就必須抽身捨筏，方能夠上岸。所謂「密意」，是指佛囑咐修行人要以智慧為重，喻之為「法」；福德為輕，喻之為「非法」。再上一層的密意是「證得法身」為真實，「言說法身」為虛妄；所以佛緊接經文再深入分析這兩重密意，「證不住於法，為是隨順故；猶如捨其筏，是密意應知。」[34]

丙二 證得法身

丁一 智相法身

佛復告具壽善現言：「善現，於汝意云何？頗有少法，如來、應、正等覺證得阿耨多羅三藐三菩提耶？頗有少法，如來、應、正等覺是所說耶？」

世尊問：「善現，你意下如何？法身如來是否曾經獲得過一些實有的無上正等正覺？法身如來是否曾開示過一些實有的教法？」

善現答言：「世尊，如我解佛所說義者，無有少法，如來、應、正等覺證得阿耨多羅三藐三菩提；亦無有少法，是如來、應、正等覺所說。

善現答道：「沒有，以我聽過世尊的開示，從沒有提到如來曾獲得過實有的無上正等正覺，亦沒有提過如來曾開示過實有的教法。」

所謂如來，是指法身佛；佛經常用如來表示法身佛，佛轉依後，以真如為自性身，其智稱法身，稱為如來法身[35]；法身無相，故稱無相果。一般來說，菩薩以無相修行，見無為真如，證法身如來。有人會生起疑問：佛在菩提樹下證得阿耨多羅三藐三菩提（意譯為無上正等正覺），又向弟子們宣說如何能得證無上正等正覺的教法，這一切都是有相果；和以前所說修無相因得無相果顯然有矛盾。

為了解釋這個疑難，佛便向善現先作設問：「法身如來是否有得證無上正等正覺呢？是否有向弟子宣說過有關的教法呢？」經文中所說的如來、應供和正等覺都是對佛的稱號，而且三種稱號在《大般若經》更經常一并出現。

善現長老的答案是否定的。「依我所理解佛的言教內容，如來所證的無上正等正覺，根本不可能有能證、所證；執著有能證、所證，能說、所說，一定不是如來的想法[36]。」接著再以兩重理由，先後解釋無相果既無法可得，法亦不能說。

> **「何以故？世尊，如來、應、正等覺所證、所說、所思惟法皆不可取，不可宣說；非法，非非法。**
>
> 「為甚麼呢？如來所證得、所宣說和所思惟的無為法，都是不可執取，不可言說的；不能說它是實有，亦不能說它是實無。

一般來說，無為法即是真如。無為法與凡夫由意識虛構出來的實法不同，「無為」是指無自性，「法」不是指客觀存在的東西，而是以名言安立，菩薩通過修行，以深淺的無漏智達到涅槃的相應高低境界。

「何以故？以諸賢聖補特伽羅皆是無為之所顯故。」

「此外，由於賢聖們隨順修行真如理時有深淺的境界，所以有修行上不同的高低階位出現。」

無為法不是一種客觀存在的實體，而是由名言安立；詮表菩薩通過修行而以無漏智達到與涅槃相應而有高低不同的境界。在未逮涅槃前，可以世俗諦來區分於無為真如得滿分的清淨者名佛，部份清淨者為菩薩；從而安立不同賢聖階位。由於佛提到，作為無相果的無為法不可取、不可説；於是引發出疑問：為何二乘聖人有聲聞四果、辟支佛果等可取之果？又為何往昔釋尊為七地菩薩時，於然燈佛處能聽教法，並能得第八地果位？又為何菩薩經歷劫修行，積集無量福慧，成就三身；變現報土，攝受地上菩薩，並在報土上宣説甚深教法？這都是對無為法不可取、不可説的質疑。

無著菩薩在《金剛般若論》以證得「智相法身」來解釋這段經文，認為菩薩若得無上正等正覺，並對信眾説法，便顯示出菩薩證得法身。此外，無著菩薩以「無分別義」來解釋「無為」；並將「無為」分成二種。「初無為義者，三摩鉢帝相應，及折伏散亂時顯了故；第二無為，唯第一義者，無上覺故。」前者是廣義的「無為」，修行人時刻處於三摩地狀態，並能折伏散亂者，便算是安住「無為」；換言之，當修行人入定時，滅除一切散亂，遣除能所二取，面前的就是真如。後者是狹義，指佛圓滿覺證真如。

佛為了重申彰顯無相修行得無相果功德比有相修行殊勝，並呼應「云何修行」中，大乘菩薩不應為了世俗目的，而應該只為成就無上菩提而修行；祂舉外財施和聞思修本經的功德作一比較。

丁二 福相法身

佛告善現：「於汝意云何？若善男子或善女人，以此三千大千世界盛滿七寶，持用布施，是善男子或善女人，由此因緣所生福聚，寧為多不？」善現答言：「甚多，世尊！甚多，善逝！是善男子或善女人，由此因緣所生福聚，其量甚多。何以故？世尊，福德聚、福德聚者，如來說為非福德聚；是故如來說名福德聚、福德聚。」

佛繼續問：「善現，你意下如何？若善男子或善女人以金銀等七寶盛滿整個三千大千世界，然後用來供養如來、應、正等覺等；他們會因這種供養積聚得到大量的福德嗎？」善現長老回答說：「很多啊，世尊！很多啊，善逝！為甚麼呢？為甚麼以七寶盛滿三千大千世界來供養如來，對世間凡夫來說有很大福德呢？世俗人以財施所招感的福德聚，雖然不是招感定善解脫的出世間福德聚；但仍能在世俗招感得到勝生安樂有益的福德聚。」

佛首先肯定在世俗來說，通過布施給眾生、供養三寶福田，是可以積聚福德的，而這些福德果報亦可以歸屬[37]於布施者。在了解經義前，我們要先注意三點常識上的問題：第一、很多譯師包括秦譯鳩摩羅什、魏譯菩提流支、陳譯真諦、唐譯玄奘和義淨翻譯到「若善男子或善女人，以此三千大千世界盛滿七寶，持用布施；」這句時，都沒有説明布施給誰；只有隋譯達摩笈多和梵文本才有特別指向以佛作為福田。上師寶在不違原典的大前題下，用布施眾生和供養福田來兼容兩種譯法。第二、所謂三千大千世界，其實是指一個大千世界。由小世界為單位，一千個小世界為一小千世界，如此類成三次，便成大千世界。七寶，雖則不同朝代所譯佛經有不同説法，但一般以鳩摩羅什在《阿彌陀經》所説的金、銀、琉璃、玻璃、硨磲、赤珠、瑪瑙是為最廣泛接受的説法。以七寶供養賢聖，佛説這樣做很有功德，亦是毋庸置疑的；但有人會問：金銀等七寶對賢聖而言，作用不大；用來施予有需要的人，倒能幫助他們離苦，才算是有意義的事；所以前面提到的譯師，包括玄奘法師在內，都翻譯成持用布施，略去供養三寶福田。上師寶所指出的是，這部經所提倡的，不是要「不應住於事而行布施」嗎？不論布施的對象是福田、恩田抑或是悲田，均必須是「不住相想而行布施」的無相布施。

最後，我們要留意福德聚中的「聚」字的解釋。聚，梵語塞建陀（skandha），有儲存和供應兩個意思。福德能在修證無上菩提的過程中扮演甚麼角色呢？一方面，福德能儲存，正如前面經文説當生、當攝無量無數福聚；「生」指福德生起，「攝」指生起後，福德仍能相續薰習不斷；這時福德為修證無上菩提的修行人提供了每期生命也活得更快樂、更美滿的助緣。所以佛説「福德聚」能儲存福德。另一方面，是否可以直接從福德中生起無上菩提呢？佛認為福德雖能為無上菩提提供資糧助緣，但福德本身並非等同無上菩提；所以説為「非福德聚」[38]。而經文中「福德聚、福德聚者，如來說為非福德聚；是故如來說名福德聚、福德聚。」應解作：以三千大千世界盛滿七寶，用來上供福田、下施眾生，在世俗來說，有很大福德，不過這種財施卻不能招感定善解脱的出世福德聚[39]，只能在世俗招感勝生安樂有益的福德聚。

佛復告善現言：「善現，若善男子或善女人，以此三千大千世界盛滿七寶，持用布施；若善男子或善女人，於此法門，乃至四句伽陀，受持、讀誦，究竟通利，及廣為他宣說開示，如理作意；由是因緣所生福聚，甚多於前無量無數。

佛又對善現說：「但假如有人將本經般若法門其中至少四句頌領納在心，記令不忘；除將經文背誦得滾瓜爛熟，徹底通曉內容文義外，又向別人詳細解釋，教人依這種教言修止觀，他會因此比之前以七寶盛滿三千大千世界持用布施的人，獲得更多甚至無量無數的福德聚。

四句伽陀，泛指《能斷金剛般若波羅蜜多經》內任何四行共三十二音節構成的偈頌。經文中佛以「多」來形容由財施而獲得的福德聚；用「無量無數」來形容以無相法施所得到的福德聚。

無著菩薩以福相法身來解釋這段經文。福相法身是「法身住處」之一，所以福相法身應是報身。法身和報身本無嚴格分別，但從法身分出報身，是因契證法身[40]和攝持在因地所積集的功德聚[41]兩者而有。

「何以故？一切如來、應、正等覺阿耨多羅三藐三菩提皆從此經出，諸佛世尊皆從此經生。

「為甚麼？若受持、讀誦，究竟通利，廣為別人宣說開示這本《能斷金剛般若波羅蜜多經》，教人依這法門修止觀，竟有如此大功德呢？因為聽聞此經，繼而依教修行，才能得無上菩提，顯露法身真如；而且以此經為緣，能生報身和化身。

自己受持、讀誦，究竟通利，並向他人宣說開示，如理作意此經教，以此為緣，可證得佛三身。

「所以者何？善現，諸佛法、諸佛法者，如來說為非諸佛法，是故如來說名諸佛法、諸佛法。」

「為甚麼《能斷金剛般若波羅蜜多經》有這麼大的功德呢？因為這是十方諸佛親證真如的最勝教法，不是普通世俗人所知、能證的教法；所以《能斷金剛般若波羅蜜多經》堪稱十方諸佛共證的教法，是佛最勝的教法。」

乙五 於修道得勝中無慢

佛告善現：「於汝意云何？諸預流者頗作是念：『我能證得預流果』不？」善現答言：「不也，世尊，諸預流者不作是念：『我能證得預流之果。』何以故？世尊，諸預流者，無少所預，故名預流；不預色、聲、香、味、觸、法；故名預流。世尊，若預流者作如是念：『我能證得預流之果。』即為執我、有情、命者、士夫、補特伽羅等。」

佛再問：「善現，你意下如何？得到預流果的人會這樣想：『我已證得預流果』嗎？」善現回答說：「不會，世尊；為甚麼呢？祂因為未曾執著過取得預流果，所以才能斷除分別煩惱，趣入聖賢之流，故稱為預流者賢聖。因為祂不於色、聲、香、味、觸、法的境相起分別煩惱，所以稱為預流者賢聖。如果預流者起分別思慮，認為實有預流果可取可證，那麼這人便有我執，與凡夫外道無異。」

上文提到無為果不可取、不可說。有人便質疑：在經中常提到某人得預流果，佛亦常授記某人得阿羅漢果；那麼作為無為果的聲聞四果便應有取。佛以兩點解釋此疑。

首先，聲聞四果都是依修行人斷除以我執為中心的煩惱障的深淺程度而名言安立有預流果、一來果、不還果和阿羅漢果之不同階位。當聲聞修行人斷煩惱障，現量證生空真如[42]時，是不會有任何我想、我執的；所以證得預流果的賢聖，不曾於現量證生空真如時生起「我現在證得預流果」這種念頭。[43]

其次，所謂「預流」，是指參預聖賢之流的意思，預流果是聲聞乘修行人住於見道第十六心剎那位；[44]並且永斷薩迦耶見（執取五蘊身為我之惡見）、戒禁取見和疑見等分別煩惱。[45]由於祂已預入出世聖人之流，所以不會預入世俗的色、聲、香、味、觸、法六塵，更不會在世俗六塵的境相生起我執、有情執、命者執和補特伽羅執；所以亦不會執「我現在證得預流果」。

佛告善現：「於汝意云何？諸一來者頗作是念：『我能證得一來果』不？」善現答言：「不也，世尊，諸一來者不作是念：『我能證得一來之果。』何以故？世尊，以無少法證一來性，故名一來。」

世尊問：「你意下如何？善現，一來者會這樣想：『我已證得一來果』嗎？」善現長老答：「世尊，不會。為甚麼？不執著『我所有』的任何東西中實有來去，所以以名言安立祂為一來者。」

聲聞人於修道中已斷除欲界九品俱生煩惱中六品；此期生命終結時，一往欲界天，一來人間，便證阿羅漢果；故名「一來」。

佛告善現：「於汝意云何？諸不還者頗作是念：『我能證得不還果』不？」善現答言：「不也，世尊，諸不還者不作是念：『我能證得不還之果。』何以故？世尊，以無少法證不還性，故名不還。」

世尊問：「你意下如何？善現，那些不還者會這樣想：『我已證得不還果』嗎？」善現答：「世尊，不會。為甚麼？不執著『我所有』的東西中有實有的『還』與『不還』，所以以名言安立祂為不還者。」

聲聞修行人盡斷欲界九品俱生煩惱，當祂生命完結時，便生於色界；而且更不再投生欲界，故名「不還」。

佛告善現：「於汝意云何？諸阿羅漢頗作是念：『我能證得阿羅漢』不？」善現答言：「不也，世尊，諸阿羅漢不作是念：『我能證得阿羅漢性。』何以故？世尊，以無少法名阿羅漢，由是因緣名阿羅漢。世尊，若阿羅漢作如是念：『我能證得阿羅漢性。』，即為執我、有情、命者、士夫、補特伽羅等。

世尊問：「你意下如何？善現，阿羅漢會否這樣想：『我已證得阿羅漢』嗎？」善現答：「不會，世尊。

為甚麼？因為祂不執著有任何實有的東西稱為『阿羅漢』，所以祂稱之為阿羅漢。世尊，假如阿羅漢認為『我已證得阿羅漢』，那麼這便意味著祂仍有我執、有情執、命者執和補特伽羅執。

阿羅漢意譯為殺賊，盡斷煩惱障的意思；煩惱障是以「我執」為中心的九品俱生煩惱[46]；換言之，完全沒有我執和俱生煩惱的，方可稱為阿羅漢；所以若修行人執自己能取阿羅漢果，他肯定不是阿羅漢。接著，善現長老引自己的親身經驗為證。

「所以者何？世尊，如來、應、正等覺說我得無諍住最為第一。世尊，我雖是阿羅漢，永離貪欲，而我未曾作如是念：『我得阿羅漢，永離貪欲。』世尊，我若作如是念：『我得阿羅漢，永離貪欲』者，如來不應記說我言：『善現，善男子得無諍住最為第一。』以都無所住，是故如來說名無諍住、無諍住。」

「為甚麼呢！世尊，如來、應、正等覺稱說我是得『無諍住』中最勝者；此外，我雖是離開爭勝貪欲的阿羅漢，但當我體證生空真如，證得人無我時，我並沒有『我是阿羅漢，已離爭勝貪欲』的想法。世尊，如果我有得阿羅漢果的想法，如來、應、正等覺便不會授記稱說：『善現善男子是得無諍住中最勝者。』由於對任何東西都沒有『我』的相想，與人無諍；所以如來說我得無諍住。」

無諍住又名無諍定，彌勒菩薩說：「聲聞無諍定，離見者煩惱。」[47] 佛在世時，得無諍住的阿羅漢要前往村落乞食前，會先入定觀察，若會引起村民討厭或煩惱事，就避而不往。此外，「無諍」、「離欲」和體證生空真如，與斷以我執為中心的煩惱障有很大關係；與人有諍，必然有我、有情、命者、補特伽羅等執；所謂離欲，是遠離爭勝的欲望；所以要先不與人競勝，造就無諍的基礎；而且無諍是體證人無我的法門，從經文看到善現長老能入無諍住，足可見祂不單能以無漏智證人無我得慧解脱，更能入滅盡定「無諍住」得俱解脱[48]，所以經文説如來稱説善現長老等無諍住最為第一。

愛德華孔茲在註釋這段經文時提到，佛在世時確有很多聲聞弟子在修行期間自揣已證阿羅漢果。例如在《天業譬喻經》中提及毘多輸柯長老在禪修時得喜和樂，於是心想：「我是阿羅漢。」當然得二禪的修行人也可有身心上的喜樂，難以判別毘多輸柯長老是否已證得阿羅漢。另外，馬鳴菩薩在《美難陀》詩歌中提到難陀如何向釋尊表達出自己的修行境界：「我生已盡，梵行已立；所作已作，自知不受後有！」當然，在《雜阿含經》亦可以找到很多同樣的事例，以我們盲無慧目亦難判斷這些修行人是否證得阿羅漢果。有趣的是：無著菩薩把此段經文判為十八住中的第五住，亦即菩薩修行的第五個階段：「於修道得勝中無慢」；似乎是針對那些未證謂證，未得阿羅漢果卻説自己已得阿羅漢果的修行人。

無著菩薩接續指出，若修行時出現任何散亂，千萬不可生起我相想，否則由我見會生出我慢，就會對修行無上菩提形成十二種障礙：「一、慢；二、無慢而少聞；三、多聞而小攀緣作念修道；四、不小攀緣作念修道而捨眾生；五、不捨眾生而樂隨外論散動；

六、雖不散動，而破影像相中無巧便（雖維持寂止，但修「觀」時義境不清晰）；七、雖有巧便而福（德）資糧不具；八、雖具福資糧而樂味懈怠及利養等；九、雖離懈怠利養而不能忍苦；十、雖能忍苦而智（慧）資糧不具；十一、雖具智資糧而不自攝。（攝，蘊積苞含；這裡指證道時忍不住享受肉身的喜受。）十二、雖能自攝而無教授。（雖能禪修，但沒有善知識從旁指導，終不能發展出無漏智。）」除了對治慢這個障礙，為了對治餘下十一個障礙，由下一個即第六個菩薩住處起至第十六個菩薩住處止，菩薩每一個的經歷，都能斷除一個障礙。[49] 無著菩薩接著解釋為甚麼預流者不作是念：「我能證得預流果。」乃至阿羅漢亦爾。祂說：「若預流者如是念：『我得預流果』，即為有我想；若有我想，則為有慢。」

乙六 不離佛出時

佛告善現：「於汝意云何？如來昔在然燈如來、應、正等覺所，頗於少法有所取不？」善現答言：「不也！世尊，如來昔在然燈如來、應、正等覺所，都無少法而有所取。」

世尊問善現長老：「你意下如何？如來往昔在然燈佛前，是否得過些甚麼教法？」善現答道：「世尊，沒有；如來在然燈佛前並未取得過任何教法。」

往昔釋尊為儒童菩薩時，以七枚青蓮華供然燈佛（或譯為定光佛）；又見地濯濕，解髮布地令佛蹈而過；除得佛授記「汝當作佛」外，又得無生法忍。[50]

無著菩薩將這段經文解作第六個菩薩要經歷階段：「不離佛出時」。如果菩薩有「我想」的話，就會連帶生起「我慢」；為了折服我慢，菩薩便要值遇如佛一樣的善知識，向這位「少聞」法義的「我慢」菩薩說法，令祂折服我慢。「此下第六，為不離佛出時。依離障十二種中，為離少聞故。」

乙七 願淨佛土

佛告善現：「若有菩薩作如是言：『我當成辦佛土功德莊嚴。』如是菩薩非真實語。何以故？善現，『佛土功德莊嚴、佛土功德莊嚴』者，如來說非莊嚴，是故如來說名『佛土功德莊嚴、佛土功德莊嚴。』

世尊向善現長老說：「假如有菩薩這樣說：『我將莊嚴一個華麗的佛土』，這句是假話，為甚麼呢？善現，佛土功德莊嚴這句話所指，是用來莊嚴佛土的，並非是有形相的七寶等華麗物質，而是指透過修行戒定慧斷除煩惱障來莊嚴佛土。所以佛說這種淨化內心垢障後所現起的精神境界，才是真正莊嚴佛土的功德。

所謂願淨佛土，是指菩薩歷劫修行積聚無量福德，成佛後能取得變現報土的成就，又能於報土以法王身為眾多十地菩薩說法。

「是故善現，菩薩如是都無所住應生其心；不住於色應生其心，不住非色應生其心；不住聲、香、味、觸、法應生其心，不住非聲、香、味、觸、法應生其心；都無所住應生其心。」

「所以善現，菩薩摩訶薩要不執著一切相而生起真正莊嚴佛土的清淨心。不執著色、聲、香、味、觸、法，亦不執著非色、非聲、非香、非味、非觸、非法；不執著一切相而生起真正莊嚴佛土的清淨心。」

如果修行人執著用有形相的七寶來莊嚴佛土的話，他當然會說：「我當成辦佛土功德莊嚴。」但佛說這是妄語；而錯謬之原因就是這位修行人對色、非色等境界心有所住；所以佛提醒善現長老，菩薩要不執著一切相，才能生起真正莊嚴佛土的清淨心。

無著菩薩在《金剛般若論》中以「願淨佛土」解釋這段經文，祂提到如果執有我相，在願淨佛土時會有障礙生起，所以為「離小攀緣作念修道」，要遠離味著一切相。

乙八 成熟眾生

佛告善現：「如有士夫具身、大身，其色自體假使譬如妙高山王；善現，於汝意云何？彼之自體為廣大不？」善現答言：「彼之自體廣大，世尊！廣大，善逝！何以故？世尊，彼之自體如來說非彼體，故名自體；非以彼體故名自體。」

佛問善現長老：「世間凡夫例如阿修羅王的身體像須彌山一樣高大；善現，你意下如何？他的身體巨大不巨大？」善現長老回答：「就世間凡夫而言，他的身體確是巨大，世尊；但不如佛的報身般巨大啊！善逝！為甚麼呢？佛的報身，如來說不是凡夫以分別心執著的身體，而是十地菩薩以無分別智照見無形相的報身，這才是真正廣大的身體。事實上，報身不是被眾生所執著的身體，而是無執著的報身自體。」

透過凡夫有執取與佛無執取的身量比較，前者就算是傳說中阿修羅王如同須彌山的身量，亦不及佛報身如虛空般莊嚴廣大。所以，善現長老這樣解釋報身不可取，同時，作為修行人最高境界的「報身」，亦是依無為法所顯；「彼之自體，如來說非彼體；故名自體。」意思是說：佛的報身，如來說並非如凡夫般有取的有漏身體，所以如來說這是無分別的無漏報身。最後又再強調，報身是遠離凡夫的執著例如身量大、小，有、非有的戲論。「非以彼體故名自體。」

無著菩薩認為如果修行人執五蘊身為我，便會產生種種我相、有情相、命者相和補特伽羅相，繼而產生我慢等十二種修行路上的障礙；其中一種能令修行人退失菩提心：「離捨眾生」。無著菩薩以菩薩第八個行所住處——「成熟眾生」來解釋這段經文，並為修行人提供對治「離捨眾生」的方法。意思是要我們透過以「不執著五蘊身」修觀，得「法無我」；就像佛報身般，「此寂滅身無分別，如如意樹摩尼珠，眾生未空常利世，離戲論者始能見。」[51] 以無分別廣大的心來「成熟眾生」，利益眾生，以這個菩薩住處來對治因「離捨眾生」引生的障礙。

乙九 遠離隨順外論散亂

佛告善現：「於汝意云何？乃至殑伽河中所有沙數，假使有如是沙等殑伽河，是諸殑伽河沙寧為多不？」善現答言：「甚多，世尊！甚多，善逝！諸殑伽河尚多無數，何況其沙！」佛言：「善現，吾今告汝，開覺於汝；假使若善男子或善女人，以妙七寶盛滿爾所殑伽河沙等世界，奉施如來、

應、正等覺；善現，於汝意云何，是善男子或善女人，由此因緣，所生福聚寧為多不？」善現答言：「甚多，世尊！甚多，善逝！是善男子或善女人，由此因緣，所生福聚其量甚多。」佛復告善現：「若以七寶盛滿爾所沙等世界，奉施如來、應、正等覺。若善男子或善女人，於此法門乃至四句伽陀，受持、讀誦，究竟通利，及廣為他宣說開示，如理作意；由此因緣，所生福聚甚多於前無量無數。

佛問善現長老：「你意下如何？好像恒河沙數那麼多條的恒河；再集合這麼多條恒河的所有沙，這些沙的數量多否？」善現長老回答：「非常多，世尊！非常多，善逝！僅就恒河數數量那麼多條的恒河，已多得無法計算，何況再集合這麼多條恒河的所有沙呢？」佛說：「善現，為了令你了解事實，我告訴你：假使有善男子或善女人用上述多條恒河沙數的三千大千世界，滿載七寶，然後用來供養如來、應、正等覺，你認為這樣的布施功德大不大呢？」善現長老回答：「偉大啊，世尊！偉大啊，善逝！這些善男子或善女人供養的功德很大！」佛再告訴善現長老：「事實上，以七寶滿載眾多恒河沙數三千大千世界再用來供養如來、應、正等覺的功德，反不及依般若法門及將這部《能斷金剛般若波羅蜜多經》其中至少四句偈頌，領納在心，記令不忘；除將經文背誦得滾瓜爛熟，徹底通曉內容文義外，又向別人詳細解釋，教人依這種教言修止觀的功德多。

釋尊在這段經文，透過層層遞進，先用三千大千世界盛滿七寶，現再用多條恒河沙數的三千大千世界盛滿七寶；與受持讀誦、究竟通利，及廣為眾人宣說開示，如理作意這部《能斷金剛般若波羅蜜多經》相比較，突顯出後者的功德無量、無法計算；功德遠超前者。釋尊再從在處尊勝、諸佛共說、財施為染因和持經為淨因這四點，具體說明修無相般若法門較有相布施更為殊勝。

「復次善現，若地方所，於此法門乃至為他宣說開示四句伽陀，此地方所尚為世間諸天及人、阿素洛等之所供養，如佛靈廟。何況有能於此法門，具足究竟書寫、受持、讀誦，究竟通利，及廣為他宣說開示，如理作意；如是有情，成就最勝希有功德。此地方所，大師所住，或隨一一尊重處所，若諸有智同梵行者。」說是語已。

「如果某處有人在講授這部《能斷金剛般若波羅蜜多經》，即使只是四句偈頌，這塊土地也會像佛舍利塔般，應成為世間人、非天、諸天供養之處；更何況能將這部經領納在心，記令不忘；除將經文背誦得滾瓜爛熟，徹底通曉內容文義外；又向別人詳細解釋，教人依這種教言修止觀呢！事實上，這位講授《能斷金剛般若波羅蜜多經》的人，真的獲得莫大殊勝稀有功德；而講習這法門的地方，變成釋迦牟尼導師的道場，應受到眾多有智慧修清淨梵行的人所尊敬。」

釋尊接著向善現長老解釋，為何奉持般若法門例如受持、讀誦、究竟通利，廣為他宣說、開示，如理作意《能斷金剛般若波羅蜜多經》其中至少四句偈頌所產生的功德，較以七寶盛滿恆河沙數三千大千世界供養如來的功德更為增盛廣大，其原因可歸納為四點：在處尊勝、諸佛共說、財施為染因和持經為清淨因。佛首先說明奉持《能斷金剛般若波羅蜜多經》在處尊勝，在人人尊。

釋尊又從此經是十方諸佛同説同讚作闡釋；因為此經能摧破如金剛一樣堅牢的煩惱障和所知障。

具壽善現復白佛言：「世尊，當何名此法門？我當云何奉持？」作是語已。佛告善現言：「具壽，今此法門，名為『能斷金剛般若波羅蜜多』，如是名字，汝當奉持。何以故？善現，如是般若波羅蜜多，如來説為非般若波羅蜜多，是故如來説名般若波羅蜜多。」佛告善現：「於汝意云何？頗有少法如來可説不？」善現答言：「不也，世尊，無有少法如來可説。」

善現長老再請問佛説：「世尊，應該怎樣為這部經命名？我等佛弟子又應怎樣信受奉行此經呢？」佛告訴善現長老説：「這部經就取名為《能斷金剛般若波羅蜜多經》，因為這部經是十方諸佛同説同讚，能斷盡如金剛般堅牢的煩惱障和所知障。因這緣故，你等佛弟子應當信受奉行此經；為甚麼呢？因為這般若波羅蜜多法門，不是一佛例如單是釋迦牟尼佛一佛所獨説，而是諸佛所同説的般若波羅蜜多法門。」佛再對善現長老説：「你意下如何？是否真的有如來所獨説的般若波羅蜜多呢？」善現長老回答説：「沒有啊，世尊！沒有般若波羅蜜多是如來所獨説。」

無著菩薩在《金剛般若論》解釋這段經文説：「為了令菩薩遠離隨順外論散亂；所以提四點修習般若法門的殊勝：第一、積累恆河沙數福德資糧；第二、諸天禮敬供養；第三、行持般若波羅蜜多雖難，但菩薩難行亦行，難作亦作；第四、憶念如來，行如來事。這是菩薩修行第九個住處：「遠離隨順外論散亂」。

本段經文是解釋奉持《能斷金剛般若波羅蜜多經》比以恆河沙數三千大千世界盛滿七寶來供養佛的功德還殊勝，而佛說的般若波羅蜜多，不單是釋尊所獨說，而是諸佛同說同讚的般若波羅蜜多。因此，奉持本經甚至是至少四句偈頌，比起以七寶盛滿恆河沙數三千大千世界用來供養如來的功德，多出無量無數。

接著是第三個原因，釋尊以微塵和微塵所聚世界為喻，說明因外財施為能染因，功德不及奉持般若法門般殊勝。

乙十 色及眾生身搏取中觀破相應行

佛告善現：「乃至三千大千世界大地微塵，寧為多不？」善現答言：「此地微塵甚多，世尊！甚多，善逝！」佛言：「善現，大地微塵，如來說非微塵，是故如來說名大地微塵。諸世界，如來說非世界，是故如來說名世界。」

佛又對善現長老說：「如果將整個三千大千世界碎為微塵，那麼這些微塵的數目多不多呢？」善現長老回答：「這時大地上的微塵數目多不勝數啊！」佛再告訴善現長老：「同理，我以持經比喻世界，微塵比作持經所產生的功德；持經雖少，但產生功德極多。相反，財施雖可得天人福報，可是若耽著享樂，則必招感無量無邊煩惱。所以這裡所說的『大地微塵』，並不是指外在有形相的大地微塵，而是我用譬喻持經所得清淨功德，或是財施所得煩惱多如大地微塵。同樣，我所說的三千大千世界不是外在的世界，而是用來譬喻持經或者財施。」

無著菩薩就以第十個菩薩經歷階段「色及眾生身搏取中觀破

相應行」來解釋這段經文，要我們「於相離相」，不為外境包括一切眾生形相所縛。

乙十一 供養給侍如來

最後，第四個原因是佛認為財施只能成辦有相果，持經能成就清淨法身；故勝。

> **佛告善現：「於汝意云何？應以三十二大士夫相觀於如來、應、正等覺不？」善現答言：「不也，世尊，不應以三十二大士夫相觀於如來、應、正等覺。何以故？世尊，三十二大士夫相，如來說為非相；是故如來說名三十二大士夫相。」**
>
> 「善現，你意下如何？應否以具足三十二相好來衡量如來嗎？」善現長老回答：「不可以，世尊，不能見到具足三十二相的就認為是佛。為甚麼呢？因為佛說具足三十二相的化身佛，是由財施染因招感而來，不是佛真正的法身；而無分別的法身佛，是由持經清淨因而來，是佛真正的法身。」

無著菩薩以「供養給侍如來」這第十一個菩薩經歷階段來解釋這段經文。假若修行人執著我相，就會產生一連串障礙，包括「不具福德資糧」，所以無著菩薩提醒修行人，要藉著親近供養如來以積集福德資糧；更叮囑修行人在親近供養如來時，「不應以相成就見如來，云何見？應見第一義法身故。」[52]

乙十二 遠離利養及疲乏熱惱故不起精進及退失等

> **佛復告善現言：「假使若有善男子或善女人，於日日分，捨施殑伽河沙等自體，如是經殑伽河沙**

等劫數捨施自體；復有善男子或善女人，於此法門乃至四句伽陀，受持、讀誦、究竟通利，及廣為他宣說開示，如理作意；由是因緣所生福聚，甚多於前無量無數。」

佛又對善現長老說：「假如有善男子或善女人每天都捐捨身命，如是者經歷恆河沙數劫。而又另有善男子或善女人，奉持般若法門及將這部《能斷金剛般若波羅蜜多經》其中至少四句偈頌，領納於心，記令不忘；除將經文背誦得滾瓜爛熟，徹底通曉內容文義外，又向別人詳細講解，教人依這教言修止觀；由這因緣所招感的福德，比前者多出得無法比擬。」

爾時，具壽善現，聞法威力，悲泣墮淚，俛仰捫淚而白佛言：「甚奇希有，世尊！最極希有，善逝！如來今者所說法門，普為發趣最上乘者作諸義利，普為發趣最勝乘者作諸義利。世尊，我昔生智以來，未曾得聞如是法門。世尊，若諸有情聞說如是甚深經典，生真實想，當知成就最勝希有。

當時善現長老聽聞教法後，喜極而泣，感動落淚；拭乾眼淚後，向世尊說：「世尊，這真是善妙；善逝，極其善妙啊！如來所說的般若法門，真的能為奉行這般殊勝法門的修行人帶來世間和出世間利益。世尊，想我證得一切智以來，從未曾聽聞過如此善妙的教法。世尊，假如有人聽聞信受此經，認為此經中所說都是真實的話，那麼這便成就世間第一稀有功德。

這段經文解釋為何持此經比內財施殊勝四個原因中的第一個：「昔未曾聞故勝」；就連善現長老也未曾聽過《般若經》這種稀

有善妙的法門。從這段經文見到善現長老是一位典型迴小向大的修行人；祂本來已是得「俱解脫」[53]的阿羅漢；可惜因未曾聽聞過佛說《般若經》，至使大乘本性住種子未能完全甦醒。現一經釋尊這位大善知識開示般若法門，祂的成佛種子頓然甦醒，而且瞬間受釋尊開啟引發世俗菩提心，更由於祂已得「俱解脫」的關係，迅速生起於一切法遠離能取、所取的無分別智，親見佛的法身；瞬即證得大乘見道位，生起勝義菩提心。由於勝義菩提心和無分別智的牽引，無緣大悲心生起諸法、眾生、所作和佛體四種自他平等性，這時心靈上達致極喜的境界，比世間帝釋、梵天和四果賢聖還要歡喜[54]，故善現長老的「悲泣墮淚」，是喜極而泣，非凡夫因情緒困擾的哭泣。

此外，「生智」是指善現長老證慧解脫時所得的「一切智」。一切智是指證人無我的無漏智，因為人無我的道理普遍存在於一切法中，故稱「一切智」。

「何以故？世尊，諸真實想、真實想者，如來說為非想；是故如來說名真實想、真實想。世尊，我今聞說如是法門，領悟信解，未為希有。若諸有情，於當來世後時後分，後五百歲，正法將滅時分轉時，當於如是甚深法門，領悟信解、受持、讀誦、究竟通利，及廣為他宣說開示，如理作意；當知成就最勝希有。

「為甚麼這樣就會成就世間第一稀有功德呢？相信《般若經》所說的真實語是無分別和不可執取，而不是執著《般若經》表面上有言說分別的文字；如來說這才是《般若經》所說的真實語。世尊，我現在接受信解這部經典，並非難事；但對那些在未來五百年後，正法將滅的末法眾生而言，若他們聽到這部經典，領悟信解般若法門，銘記於心，除了將經文背誦得滾瓜爛熟，徹底通曉內容文義外，又向眾人詳細解釋，教人依《般若經》修止觀；這人才是成就世間第一稀有殊勝功德。

這段經文說明奉持此經比捐捨身命的功德殊勝的第二個原因：「生真實想故勝」；相信《般若經》所說的都是真實；這人便會成就世間第一稀有功德，較於恆河沙數劫日日捐捨身命更殊勝。

「何以故？世尊，彼諸有情無我想轉，無有情想，無命者想，無士夫想，無補特伽羅想，無意生想，無摩納婆想，無作者想，無受者想轉。所以者何？世尊，諸我想即是非想，諸有情想、命者想、士夫想、補特伽羅想、意生想、摩納婆想、作者想、受者想即是非想。何以故？諸佛世尊離一切想。」作是語已。

「為甚麼這人能成就世間第一稀有功德呢？因為在他看到的所取境中，沒有我相、有情相、命者相、補特伽羅相。同時，這人能取的心中亦沒有我想、有情想、命者想和補特伽羅想等顛倒的執想。能遣除所取、能取，便得無分別智，再輾轉薰修，便當成佛；所以持經遠勝於捨身之功德。」

這段經文說明了奉持此經遠勝捐捨身命的功德殊勝的第三個原因。《般若經》有一個特點是其他法門沒有的。透過斷除對所取境相例如五蘊身的執著，與及清淨內心能取的顛倒想，就能產生無分別智；有了這無分別智，便即見道；再以此為緣，輾轉薰修，勝進十地，便能成佛。而所謂「佛」，就是將一切相想都除遣無餘。所以，從定善解脫的角度來評審，相信《般若經》所說是實話；奉持此經確比捨身功德殊勝。

爾時世尊告具壽善現言：「如是！如是！善現，若諸有情，聞說如是甚深經典，不驚，不懼，無有怖畏，當知成就最勝希有。何以故？善現，如來說最勝波羅蜜多，謂般若波羅蜜多。善現，如來所說最勝波羅蜜多，無量諸佛世尊所共宣說，故名最勝波羅蜜多。如來說最勝波羅蜜多，即非波羅蜜多；是故如來說名最勝波羅蜜多。

佛印可善現長老說：「就是這樣！善現，若果末法時有人聽到《般若經》甚深教法而不驚駭、不惶恐、不畏懼的話；這人將會得很善妙的成就。為甚麼呢？善現，佛所說六種波羅蜜多中，尤以般若波羅蜜多最殊勝；而般若波羅蜜多更是諸佛內證，得無上菩提後所共說的法門，不是二乘凡夫所能理解，所以最為殊勝。如來所說這最勝的波羅蜜多，不是一般人所體驗到片面的，不能藉以到彼岸的波羅蜜多；而是經佛內證，能度眾生到彼岸的最勝波羅蜜多。

　這是行持般若法門並深信《般若經》所說是真實語，較捐捨身命的功德殊勝的第四個原因。《般若經》常提到透過布施等六種波羅蜜多，不住於事而行布施，就可以從生死輪迴的此岸，到達涅槃解脫的彼岸。佛在經文強調，六種波羅蜜多中，尤以般若波羅蜜多最殊勝，因為布施、持戒、安忍、精進和靜慮都是為了教導世人如何藉著般若而息滅一切煩惱痛苦，到達彼岸而施設的[55]。此外，一般人包括二乘賢聖都不完全懂得如何透過般若而達致彼岸，而只有諸佛才有這殊勝的能力。故此，若有末法時期眾生相信《能斷金剛般若波羅蜜多經》所說是真實語；對般若法門不驚、不怖、不畏；進一步能受持讀誦，究竟通利及廣為他宣說開示，如理作意的話，他的功德不單比以恒河沙數劫捐捨身命殊勝，而且更能成就世間第一稀有功德。

無著菩薩以「遠離利養及疲乏熱惱故不起精進及退失等」第十二個菩薩住處總括經文，告誡修行人勿因懈怠或樂味利養而退失菩提心，應觀還有不少修行人於末法時棄捨身命，仍有不少人深信般若法門，所以菩薩不應放逸。

乙十三 忍苦

「復次善現，如來說忍辱波羅蜜多，即非波羅蜜多；是故如來說名忍辱波羅蜜多。

「還有，著相的忍辱波羅蜜多，不是真正的波羅蜜多，只有離相而修忍辱的波羅蜜多，才是真正的波羅蜜多。

在未作約捨身命而與持經功德來比較之前，佛再為善現長老就無相修行釋疑。首先，既然以前說過捐捨身命功德不及持經，那麼依佛經中本生故事學習釋尊往昔為忍辱仙人時，行忍所得福德應劣。釋尊指出，一般人若執有我相，當捨身或行忍時，無論怎樣，內心也懷有苦惱怨懟，更甚者是會退失菩提心。所以佛在前文回應善現長老提問：「云何修行？」時說：「菩薩摩訶薩不住於事應行布施，都無所住應行布施，不住於色應行布施，不住聲、香、味、觸、法應行布施。」所以說，著相捨身行忍，便非忍辱波羅蜜多，只有無相捨身行忍，方是修持忍辱波羅蜜多。

> **「何以故？善現，我昔過去世，曾為羯利王斷支節肉，我於爾時，都無我想、或有情想、或命者想、或士夫想、或補特伽羅想、或意生想、或摩納婆想、或作者想、或受者想。我於爾時都無有想，亦非無想。何以故？善現！我於爾時若有我想，即於爾時應有恚想。我於爾時若有有情想、命者想、士夫想、補特伽羅想、意生想、摩納婆想、作者想、受者想，即於爾時應有恚想。**

> 「為甚麼呢？善現，往昔我被羯利王割截肢肉時，當時我沒有我想、有情想、命者想或補特伽羅想；當時除了沒有我想外，我還是神志清醒，內心只有悲憫損惱者的念頭。為甚麼？善現，若我當時有我想的話，我便會生起惡念；同樣，若我當時有有情想、命者想或補特伽羅想的話，亦會生起惡念。

根據《賢愚經》卷二〈羼提波梨品〉記載：釋尊過去世曾是忍辱仙人，住在一個樹林中修忍辱。一天，羯利王與大臣、宮女來到林中，碰到修忍辱的仙人；國王拔劍向仙人說：「我要考驗你是否真的能夠忍辱！」於是用劍割斷仙人雙手，問他：「你是否還說在忍辱？」仙人答：「是的，我在修忍辱。」接著，國王又陸續砍斷仙人雙腳、耳朵、鼻子；但仙人神色不變，仍然清醒地回答：「無論你對我做甚麼事，讓我承受何等痛苦；我都能安忍，內心不起惡念。」這時忍辱仙人儘管遭受斷肢割肉的痛苦，除了忍辱波羅蜜多外，還因與人無我的無漏智相應，沒有我想、有情想、命者想、補特伽羅想，更加遠離恚想。我們要注意經文所說：

「我於爾時都無有想亦非無想！」「無有想」是指沒有我想，「非無想」是指忍辱仙人神志清醒，遭受割肉斷肢，內心唯有慈悲之想。[56]

「何以故？善現，我憶過去五百生中，曾為自號忍辱仙人。我於爾時，都無我想、無有情想、無命者想、無士夫想、無補特伽羅想、無意生想、無摩納婆想、無作者想、無受者想。我於爾時都無有想，亦非無想。

「為甚麼？我以神通回憶過去世五百次轉生中，曾為修忍辱的仙人；當捨身行忍時，都無我想、有情想、命者想和補特伽羅想。當時我神志清醒，內心只有悲憫損惱者的念頭。

接著，釋尊憶述過去五百世中曾多次投生修忍辱的仙人；在現存的佛經中，雖沒有記錄這些本生故事，但我們相信釋尊歷劫修行，積集無量福慧資糧，尤其是當祂的勝義菩提心在第三地時，忍辱波羅蜜多特別增勝；多次投生為忍辱仙人，並非奇事。

「是故善現，菩薩摩訶薩，遠離一切想，應發阿耨多羅三藐三菩提心。

「善現，因此菩薩摩訶薩在遠離一切相想後，應發趣安住於無形相的無上菩提。

質疑：當忍辱仙人遭羯利王斷肢節肉，境相面前，修行人如何於相離相，離相行忍？

解惑：一般資糧位和加行位的修行人不易離相行忍，因為無漏智未起，未獲勝義菩提心。那麼地前菩薩如何隨順離相行忍呢？當修行人境相面前，便要先遣除一切相想，然後安住在無形相的無上菩提，亦即佛法身上，才去行忍。[57]

佛首先教善現長老於相離相，離相行忍的第一步，令不住相。這裡的「住」，解作執著。一般未見道的修行人只能做到這步為止。

> **「不住於色應生其心，不住非色應生其心；不住聲、香、味、觸、法應生其心；不住非聲、香、味、觸、法應生其心；**
>
> 「菩薩摩訶薩不會執著包括色、聲、香、味、觸和法等一切境相；亦不會執著一切非境相，包括非色、非聲、非香、非味、非觸和非法；
>
> **「都無所住應生其心。**
>
> 「一切所依其實都是無所依。所以修行人應當於能、所二取皆空的狀態下生起無住心。

接著，佛教善現長老如何離相行忍的第二步，孔茲依梵文本這樣解說：「一切所依實是無所依；只能究竟地依於空性（法身）。」所以「都無所住應生其心」的「心」，就是安住於無相的法身真如的心。這裡的「住」，解作安住；因為只有安住於無相法身，才能遣除我想、有情想、命者想和補特伽羅想；遣除能取、所取。安住於無相法身，所謂「都無所住應生其心」，才能生起無分別智，見佛法身；才能生起勝義菩提心。有了勝義菩提心，在任何劇苦情況下，為了利益有情，菩薩也能生起極喜，能離相行忍。所以，只有地上菩薩才可以以無住心，安住於無相法身。

「何以故？善現，諸有所住，則為非住。是故，如來說諸菩薩應無所住而行布施，不應住色、聲、香、味、觸、法而行布施。

「菩薩要離相行忍，先要遣除一切對境相的執著，接著要安住於無形相的法身。為甚麼呢？因為執著境相的所住，都是不合理的所住！不能真正安住於佛法身。所以，佛說菩薩如果要安住於佛法身，就不能執著色等六塵而修布施等六度。

修行人如執著境相為實有，便有能取、所取，無漏無分別智、勝義菩提心等便不能生起；換言之，尚未能見佛法身，不能登極喜地。當面臨劇苦境相時，便會生起瞋恚，退失菩提心；遑言離相行忍。所以要離相行忍的話，先要遠離能、所二取，不執為實。

「復次善現，菩薩摩訶薩為諸有情作義利故，應當如是棄捨布施。何以故？善現，諸有情想即是非想。一切有情，如來即說為非有情。」

「再者善現，為了一切有情的世間和出世間利益，菩薩應以不著相，並住於能取、所住皆空的心態捨棄財物去行布施。因為，執著身外有一個實有的有情作為自己布施對象的想法，是一個不合理的想法。如來又說，一切有情都是依緣五蘊，假名安立；都不是實有的有情。」

世間利益名為「義」，出世間利益名為「利」，佛於此一再強調：登地後的菩薩要以勝義菩提心，再透過六度為一切有情謀求世間和出世間利益。而勝義菩提心的前提，是遠離能取的主體例如我，和所取的客體例如一切有情。簡言之，菩薩在行六度利益一切有情時，要不執取有情所有事相樣貌。[58] 佛說一切有情的生命現象都不是實有；而只不過是依緣五蘊假名安立而已。能夠體證這種我想、法想皆無的修行人，就能與佛的實語、諦語、如語、不異語相應。

> **「善現，如來是實語者，諦語者，如語者，不異語者。復次善現，如來現前等所證法，或所說法，或所思法，即於其中非諦非妄。」**
>
> 「為甚麼說『一切有情，如來即說為非有情』？因為這是佛體證無上菩提時發現的人無我、法無我的道理。善現，佛不妄說得無上菩提，對二乘人不妄說四諦道理，對大乘人不妄說無我能顯真如的道理，亦不向任何人妄說任何授記。還有，佛如今以現量相續平等地內證得到的道理，向你們宣說，讓你們思考；你們既不應執以為實，亦不能輕視以為妄言。」

前文提到世尊能遣除我想、法想，以現量相續平等地體證真如中人無我、法無我的特性；所以經文強調：「一切有情，如來即說非有情。」於是會有人質疑：「如果人無我的話，誰人證悟法身真如呢？」佛就這樣安慰這位疑人：「要證得法身真如，便一定要遣除人我、法我的妄念謬見；這是我體證真如的真實體驗；我所說的教法皆根據真實見而來，請你不用懷疑。」[59] 既然佛要求弟子們要相信祂所說都是真實見，為甚麼佛又要求弟子不要執著祂所說的教法，亦不要將教言視為妄言呢？其實這只是重覆以前佛說過修行人要「無法想轉、無非法想轉；無想轉、亦無非想轉。」又強調要得般若波羅蜜多，便「不應取法，不應取非法。」「諸有智者法尚應斷，何況非法！」

「善現，譬如士夫入於闇室，都無所見；當知菩薩若墮於事，謂墮於事而行布施，亦復如是。善現，譬如明眼士夫，過夜曉已，日光出時，見種種色；當知菩薩不墮於事，謂不墮事而行布施，亦復如是。

「善現，就好像一個置身於闇室的人看不到室內任何東西一樣，菩薩若以有住心而行持例如布施等的六度，祂便不能得見法身真如。相反，菩薩若以無住心行持例如布施等六度，便會好像夜去晝來，太陽一出，光明照遍大地；便能一清二楚地看到法身真如。

又有人質疑：「既然法身真如好像虛空一樣，無處不在，為甚麼有人證得真如，但仍有不少人未證真如？」釋尊舉如人入於闇室為喻，其實居室內有很多傢具佈置，卻因為夜間照明不足，以致看不到這些傢俬；但天亮後，在充足光線的照明下，便能看清楚所有傢俬了。菩薩修行亦如此，如果祂具有遣除人我、法我顛倒執著的能力，而且安住於法身真如的定力夠強的話，便能圓滿證見法身真如。正如釋尊在前文曾說：「以諸賢聖補特伽羅皆是無為之所顯故」；修行階位高低取決於修行人以般若波羅蜜多體證真如的能力強弱。就好像日光照明強，就能見全部傢俬擺設；日光略暗，便只能見部份傢俬一樣。這裡的「墮於事」是指心執著事相。

「復次善現，若善男子或善女人，於此法門，受持、讀誦，究竟通利，及廣為他宣說開示，如理作意；則為如來以其佛智悉知是人，則為如來以其佛眼悉見是人，則為如來悉覺是人；如是有情，一切當生無量福聚。

「還有，善現！如果有善男子、善女人信受此經，並將經文銘記、背誦、修學及廣為宣揚；那麼，善現；如來以佛智知道他們，如來以佛眼完全見到他們，如來深切了解他們；善現啊！這些善人積聚並獲得無量無數的福德聚。

「復次善現，假使善男子或善女人，日初時分以殑伽河沙等自體布施，日中時分復以殑伽河沙等自體布施，日後時分亦以殑伽河沙等自體布施，由此法門，經於俱胝那庾多百千劫以自體布施，若有聞說如是法門，不生誹謗，由此因緣所生福聚，尚多於前無量無數；何況能於如是法門，具足畢竟書寫、受持、讀誦，究竟通利，及廣為他宣說開示、如理作意；

「善現，又若有善男子或善女人上午以恆河沙數這麼多的身體用作布施，中午和黃昏亦同樣將如恆河沙數這麼多的身體用作布施，如是者經歷一千萬個十萬劫，每天都是這樣布施；而另外有人聽聞此經後，能生淨信，不起誹謗；單憑這樣所生起的福聚，已超出前者無量無數。更何況是那些將《般若經》經文從頭到尾抄寫、領納經義，記令不忘；並將經文背誦得滾瓜爛熟，徹底通曉內容文義，又向別人詳細解釋，教人依《般若經》修止觀的修行人，所獲福聚，更是不言而喻了。

佛在本經分別進行了四次功德校量，比較有相的布施，無論是外財施抑或是內財施，都比不上奉持《般若經》之功德。第一次以三千大千世界盛滿七寶作外財施；第二次以恆河沙數三千大千世界盛滿七寶作外財施；第三次以恆河沙數劫捐捨恆河沙數身命作內財施；今次進一步以每日三次用恆河沙數這麼多的身體，經俱胝那庾多百千劫這天文數字的時間捐捨身體布施；與對《般若經》生起淨信，並將《般若經》畢竟書寫，受持讀誦，究竟通利，並為他宣說開示，如理作意比較；佛說後者功德多出前者無量無數。佛的意思是說：前者雖長時捨身，得福無量，但終因無法激發般若無漏智，故不能走出生死苦海；所以就算一些未能勝解《般若經》義理，但只要對此經生起淨信的修行人，以此為增上緣，終能增長無漏智，見法身佛；再地地勝進，當獲無上菩提，脫離生死苦海。因此，站在解脫生死的觀點，布施確能解決生死輪迴時生活上，例如得勝生安樂的問題，卻解決不了生死輪迴的根本問題，故說持經功德確比內施和外施勝出一籌！

> **「復次善現，如是法門不可思議，不可稱量；應當希冀不可思議所感異熟。善現，如來宣說如是法門，為欲饒益趣最上乘諸有情故，為欲饒益趣最勝乘諸有情故。**
>
> 「再者，善現；受持這部經有無量功德，是意想不到的，用甚麼也不能比擬的；這部經是佛特意為那些發了菩提心，行持廣大菩薩行者而說的。

無著菩薩以「忍苦」這個第十三個菩薩修行階段來解釋這段經文。祂提到若修行人不能忍受流轉苦（例如生老病死）、眾生相違苦和乏受用苦，便會退失菩提心，稱之為「不欲發心」。所以祂提出修行人要「離一切相想」來對治流轉苦；「為一切眾生而行於捨」來對治眾生相違苦；以「般若智如日破闇室」來對治乏受用苦。

乙十四 離寂靜味

「善現，若有於此法門，受持、讀誦，究竟通利，及廣為他宣說開示，如理作意；即為如來以其佛智悉知是人，即為如來以其佛眼悉見是人，則為如來悉覺是人。如是有情，一切成就無量福聚，皆當成就不可思議、不可稱量、無邊福聚。

「對於那些信受此經，並將經文領納在心，記令不忘，除將經文背誦得滾瓜爛熟，徹底通曉內容文義外，又向別人詳細解釋，教人依經文修持的人；如來用祂的佛智、佛眼，以現量完全了知他們。善現，這些有情將會獲得不可思議、不可比擬和不能窮盡的福德聚。

「善現，如是一切有情，其肩荷擔如來無上正等菩提。何以故？善現，如是法門，非諸下劣信解有情所能聽聞，非諸我見，非諸有情見，非諸命者見，非諸士夫見，非諸補特伽羅見，非諸意生見，非諸摩納婆見，非諸作者見，非諸受者見所能聽聞。此等若能受持、讀誦，究竟通利，及廣為他宣說開示，如理作意，無有是處。

「善現，持本經教的人將會與如來一同分享無上菩提。為甚麼呢？這種無上教法不會是稟性下劣，又或是有我見、有情見、命者見、補特伽羅見的人有機會聽聞，更何況要他們接受、銘記、背誦、修持及推廣發揚呢？不可能吧！

「復次善現，若地方所聞此經典，此地方所當為世間諸天及人、阿素洛等之所供養，禮敬右繞，如佛靈廟。

「再者，善現！若有任何地方開講這經，該處將受一切天、人、阿修羅尊重供養；該處就好像有佛塔一樣，一切有情皆應恭敬、頂禮和右旋轉繞。

「復次善現，若善男子或善女人，於此經典受持、讀誦，究竟通利，及廣為他宣說開示，如理作意；若遭輕毀，極遭輕毀，所以者何？善現，是諸有情宿生所造諸不淨業，應感惡趣；以現法中遭輕毀故，宿生所造諸不淨業，皆悉消盡，當得無上正等菩提。

「善現，如果有善男子或善女人信受此經，記令不忘；除將經文背誦得滾瓜爛，徹底通曉內容文義外，又向別人詳細解釋，教人依經文修止觀；他們因此應受到眾人尊敬，相反，若遭到別人輕賤，甚至嚴重賤視的話；這話怎說？這些善男子或善女人先世曾經種下應墮惡趣的不淨業，由於受到別人輕賤或損害，今生只需感受這些輕微苦報，以前的罪業能淨化殆盡，更將成就無上菩提。

無著菩薩以第十四個菩薩住處——「離寂靜味」解釋這段經文。前文說過若修行人執著我相的話，便會產生十二種障礙，而缺少智慧資糧，就是其中一種；所以無著菩薩鼓勵修行人將《般若經》畢竟書寫、受持讀誦，究竟通利，便能「離闕少智資糧」。除此之外，為防範將《般若經》「廣為他宣說開示，如理作意」時容易產生我慢我執，無著菩薩重提一次，當菩薩修行時，應折伏散亂，令心住於三摩鉢帝。在面對群眾弘揚佛法時，修行人故應入於「無分別三摩提」之「寂靜味」，遠「離」我相。

為甚麼奉持《能斷金剛般若波羅蜜多經》能令前生惡業轉輕，甚至逐漸消滅呢？奉持此經能生般若波羅蜜多，這是一種無漏智，[60] 能對抗煩惱，煩惱因之不能增長，反而日漸萎縮。般若波羅蜜多還有一種顯露我們心性的能力，[61] 而心性本自清淨，常遠離煩惱；所以當我們修持般若法門愈精勤，便能顯露多一分清淨心性，惡業勢力便愈減弱。當惡業減弱，苦報便轉輕；當修持般若法門一旦成就，例如初地菩薩永斷下墮三惡道；進而地地勝進，宿世一切不淨業漸趨消盡；十地菩薩達致最後心金剛喻定時，二障現行種子和習氣完全斷捨，罪報無法生起。

接著，釋尊以自己經驗為例，提到不單無量捨身布施的功德不及奉持空性學說與般若法門，就算無量長期持戒清淨，也不及持此經功德；並強調持此經有速證菩提的功德。

「何以故？善現，我憶過去於無數劫復過無數，於然燈如來、應、正等覺先復過去，曾值八十四俱胝那庾多百千諸佛，我皆承事；既承事已，皆無違犯。善現，我於如是諸佛世尊，皆得承事；既承事已，皆無違犯。

「善現，我以神通回憶往昔值遇然燈佛之前，在無數個無數劫的過去世，曾遇到八十四千萬個十萬這麼多數目的佛；並在祂們足下承事供養，期間未有違犯過祂們的教示。

「若諸有情，後時後分後五百歲，正法將滅時分轉時，於此經典受持、讀誦，究竟通利，及廣為他宣說開示，如理作意；善現，我先福聚，於此福聚，百分計之所不能及；如是千分、若百千分、若俱胝百千分、若俱胝那庾多百千分，若數分，

若計分，若算分，若喻分，若鄔波尼殺曇分亦不能及。

「但以我這無量持戒清淨功德，跟後五百歲正法將滅之時，那些信受此經，並持經文領納在心，記念不忘，除將經文背誦得滾瓜爛熟，徹底通曉內容文義外，又向別人詳細解釋，教人依經文修持的人所獲的功德相比較，我偌大持戒清淨，也不及他們持經的功德百分之一、千分之一、萬分之一、十萬分之一、百萬分之一，甚至是千千萬分之一；甚至不能以數目、分數、算數，或用譬喻，或用比較，或用象徵等手法表達出來。

經文的「無數」不是形容詞，而是量詞；大約十的五十一次方。「俱胝」指千萬，「那庚多」指十萬，「俱胝那庚多」指千萬個十萬。「鄔波尼殺曇分」有因果相比的意思，這裡用作以因果來譬喻、比較和象徵的手法也說不清。我們不必執著這些佛經中提到不同程度的數目概念以為實，但也不能視為妄言。

「善現，我若具說，當於爾時，是善男子或善女人所生福聚，乃至是善男子是善女人所攝福聚，有諸有情則便迷悶，心惑狂亂。是故善現，如來宣說如是法門，不可思議，不可稱量；應當希冀不可思議所感異熟。」

「善現，還有一點，若我將聞持此經所生起種種威德神力，善信因而得到的種種廣大妙果詳盡道出，也許一般人聽到後會難以接受，甚至反生厭悶，任意毀謗，生起邪見。所以善現，如來開示般若法門，實非凡夫心智所能揣測；奉持此經所得之廣大功德，亦非一般異熟果報可與之較量。依本經修行，應相信必能安住於正大妙果功用。」

承接第四重功德校量判斷持經功德殊勝這段經文，無著菩薩在《金剛般若論》繼續以「離寂靜味」這第十四個菩薩住處，説明菩薩因執著我相而產生「缺少智慧資糧」時，如何對治的方法。祂重申，當菩薩修此無相般若法門時，應折伏散亂，令心住於三摩鉢帝。如此便能與真如法身相應，同時獲得五種殊勝功德：一、如來憶念親近；二、攝福德；三、讚歎法及修行；四、天等供養和五、滅罪。誠能「離」我相而入於無分別三摩提這種「寂靜味」的話，以此因緣，能出生無量福德。

乙十五 於證道時遠離喜動

爾時具壽善現復白佛言：「世尊，諸有發趣菩薩乘者，應云何住？云何修行？云何攝伏其心？」

善現長老在佛前請問：「世尊，請問那些發心趣向大乘的修行人，應發動和保持甚麼的意趣來行持般若波羅蜜多呢？有甚麼有效方法能發揮般若波羅蜜多呢？倘若修行般若波羅蜜多稍有寸進時生起增上慢，又應當如何控御其心呢？」

佛告善現：「諸有發趣菩薩乘者，應當發起如是之心：『我當皆令一切有情，於無餘依妙涅槃界而般涅槃；雖度如是一切有情令滅度已，而無有情得滅度者。』何以故？善現，若諸菩薩摩訶薩有情想轉，不應説名菩薩摩訶薩。

佛答善現長老説：「凡是趨入菩薩乘的修行者，應當這樣發心：『我定當引領一切有情進入涅槃，達致無餘依涅槃界。雖然有無量有情被引領達致涅槃，但實際上並沒有一個有情被引領達致涅槃界！』為甚麼？善現，如果菩薩執著離身外實有一個有情的話，他不應名為菩薩。

佛為初學般若波羅蜜多的修行人釋疑和遣除他們漫無目標，散亂修學的心；當他們修學般若波羅蜜多稍有寸進，生起未證謂證的增上慢時，釋尊為遣除他們的增上慢及繼續釋疑。何以見得修行人有增上慢？假若真正證得般若波羅蜜多這種無分別智的話，是沒有人我執、法我執的；亦根本不會說出「我能發趣菩薩乘」、「我能修行」、「我能攝伏自心」這類說話；所以若有「人我」、「法我」，例如有我想、我能度有情令入滅度、我是發趣菩薩乘者等想法的人，根本未得般若波羅蜜多，亦未證見真如。為令他們冥證真如，釋尊便為這些人遣除增上慢，有恆耐煩地引導修行踏上菩薩第十五個經歷階段。

「所以者何？若諸菩薩摩訶薩，不應說言有情想轉。如是命者想、士夫想、補特伽羅想、意生想、摩納婆想、作者想、受者想轉，當知亦爾。何以故？善現，無有少法名為發趣菩薩乘者。」

「為甚麼？如果菩薩生起一念認為實有一個『我』，又或者實有『有情』、『命者』、『補特伽羅』的話，就不能稱為菩薩。為甚麼？善現，因為根本就沒有一種實有的東西稱為『發趣菩薩乘的修行人』啊！」

無著菩薩將上述經文判為菩薩第十五個行所住處──「於證道時遠離喜動」。這亦是對治修行人生起「我相」形成障礙時的第十一個方法。無著菩薩說：「此下第十五，於證道（真如）時遠離喜動。依離障礙十二種中，為遠離自取故。」意思是說：如果修行人在證入真如時，就不能有「我住於大乘，我如是修行，我如是攝伏其心」等「自取」——自己創造出來、想像出來的念頭；否則，當修行稍有寸進時，例如當加行位勝進至見道位的修行人將見真如法身時，若內心有「我相」，產生「我能成就見道」這種喜動的話，便會障礙證入真如。

乙十六 求教授

佛告善現：「於汝意云何？如來昔於然燈如來、應、正等覺所，頗有少法能證阿耨多羅三藐三菩提不？」作是語已。具壽善現白佛言：「世尊，如我解佛所說義者，如來昔於然燈如來、應、正等覺所，無有少法能證阿耨多羅三藐三菩提。」說是語已。

佛對善現長老說：「你意下如何？佛往昔在然燈佛前，是否有得到丁點兒實有的教法來證得無上菩提呢？」善現長老回答說：「世尊，據我的理解，如來在然燈佛前，並未得到過些甚麼實有的教法而證得無上菩提！」

前文提到證真如時，不能有任何「我相」生起，例如我住於大乘，我如是修，我如是攝伏自心；否則便會障礙見道，不能生起般若波羅蜜多。所以佛一方面強調，在虛假的世俗修行到證真如時——有五蘊身的菩薩是假有，故必須遣除這個由名言、因緣會聚而假有的菩薩上所產生的實我、實法之分別。在這前提下，無分別智才有機會生起，冥證真如。於是有人質疑：「如果沒有一種有效的教法，修行人怎能冥證真如？」

佛告具壽善現言：「如是，如是，善現，如來昔於然燈如來、應、正等覺所，無有少法能證阿耨多羅三藐三菩提。何以故？善現，如來昔於然燈如來、應、正等覺所，若有少法能證阿耨多羅三藐三菩提者，然燈如來、應、正等覺不應授我記言：『汝摩納婆於當來世名釋迦牟尼如來、應、正等覺。』善現，以如來無有少法能證阿耨多羅三藐三菩提，是故然燈如來、應、正等覺授我記言：『汝摩納婆於當來世名釋迦牟尼如來、應、正等覺。』」

佛印可善現長老說：「對啊，對啊，善現，如來在然燈佛前，若果有實法能證無上菩提，然燈佛就不會授記我將來成佛，號釋迦牟尼。相反，如來在然燈佛前，確無丁點兒實法證得無上菩提；正是這緣故，然燈佛當時才授記我：『你這年輕的儒童（摩納婆），於未來世會成為如來、阿羅漢和正等覺，號釋迦牟尼佛。』」

在釋尊修行成佛的經歷中，確實出現過然燈佛為釋尊授記，預言當時還是第八地菩薩，身份是儒童（摩納婆）的釋尊，於未來世將會成佛，號釋迦牟尼。但這些經歷都是如幻如化，在真如法身中，了不可得。我們要了解一點，能證得無上菩提的般若波羅蜜多，本身是一種無漏無分別智；換言之，當般若波羅蜜多起作用時，一定是無能取和所取的。因此，無論修行人見道、地地勝進，甚至到最後心入金剛喻定成就無上菩提時，一定先經過根本定，以無分別智斷除每個修證階段特別的煩惱障和所知障；假如當時有法我相想、人我相想的話，就會引發或粗或細的二障現行。所以釋尊在說般若法門時，非常強調修行人要不執著甚至要遣除法我、人我，方能得見真如，與及成就無上菩提。釋尊接受然燈佛的授記當然不例外；故這段經文就是說：假若釋尊有聲稱然燈佛曾教授一種實法去證得無上菩提，那只是增上慢，當時的釋尊連第八地菩薩也做不成，遑言成就無上菩提，甚至然燈佛也不會為祂授記。只有不執著及遣除法我、人我，釋尊才能從第七地順利勝進到第八地；然燈佛才會祝福祂，為祂授記。

「所以者何？善現，言如來者，即是真實真如增語；言如來者，即是無生法性增語；言如來者，即是永斷道路增語；言如來者，即是畢竟不生增語。何以故？善現，若實無生，即最勝義。

「為甚麼然燈佛要我遣除對實我、實法的執著，現證真如後才為我授記呢？因為包括佛在內，一切賢聖階位都是無為法，所謂真如的所顯。『如來』就是真實真如、無生法性、永斷道路、畢竟不生的同義詞，用來形容諸法離言自性，本自不生，後亦不滅的無生法。能夠體證沒有起點的無生，是最殊勝的境界。

有人質疑：若然無實我、實法的話，則不應有菩薩；沒有菩薩，則沒有佛；沒有佛，則不會有包括能成就佛果的阿耨多羅三藐三菩提等佛法。釋尊解惑說：「這是因為凡夫對真如道理有迷執才生起的誤解。佛於最高真實的存在狀態，不是凡夫以名言所捉，耳目所見，有生有滅有形相，具三十二相八十種好的化身；而是聖智所行無生滅，無形相，與宇宙實體，眾生本來面目同義的法身。[62] 這種法身離言自性 [63] 的存在狀態，是修行人遣除了一切人我、法我後才能現見的。[64]」佛經三大阿僧祇劫修行，到第十地修行尾段，修煉無漏智的功夫爐火純青，燒毀所有阿賴耶內有漏種子，獨留無漏種子。這時，佛的清淨阿賴耶識與其慧心所——大圓鏡智并起；清淨第七識與其慧心所——平等性智并起；清淨第六識與其慧心所——妙觀察智并起；清淨第五識與其慧心所——成所作智并起；這種轉變稱為「轉識成智」。此時，菩薩不單三身四智具備，而且更以真如為法身；換句話說，成佛後，佛以真如為自性身。譬如真如為海，有漏八識為波，無漏八識為不復再起的波濤，回歸海水自性。接著，釋尊指出真實真如[65]、無生法性[66]、永斷道路[67]和畢竟不生[68]這四組語言，都是用來形容如來法身——佛的離言自性身。這些添加在如來離言自性身的形容詞，經文稱之為增語。

「善現，若如是說：『如來、應、正等覺能證阿耨多羅三藐三菩提』者，當知此言為不真實。所以者何？善現，由彼謗我，起不實執。何以故？善現，無有少法如來、應、正等覺能證阿耨多羅三藐三菩提。」

「善現，所以如果有人只在名言上起分別念說：『佛曾經證得無上菩提。』當知這是假話，只是以名言增語來描述如來證得真如的情況而已。如於這些增語上執有實佛實法，就會對修行人構成現見法身真如的障礙，生起增上慢。而事實上，佛證無上菩提時，不曾生過實我、實法的念頭。」

凡夫以為靠聞思佛經，以語言概念文字作出不斷的追尋，就可以彰顯並展示出真如；殊不知這只是概念遊戲，真如並非凡夫「有所得」的分別可把捉。如果修行人以為真如增語就是真如的離言自性，那便會變成「未證謂證」的增上慢，對現見法身真如構成障礙;對佛內證真如生起:「哦,佛證真如不外如是」的謗言。

> **「善現,如來現前等所證法,或所說法,或所思法,即於其中非諦非妄。是故如來說一切法皆是佛法。**
>
> 「善現,所以佛以現量相續平等地內證真如所得的教法,向你們宣說,讓你們思考;你們既不應執以為實,亦不能輕視以為妄言。因為佛所有的言教,都是佛內證真如時所證之法。
>
> **「善現,一切法、一切法者,如來說非一切法;是故如來說名一切法、一切法。」**
>
> 「善現,所謂一切法,是指真如的離言自性,而非世間能引生增上慢的真如增語;所以佛所說的一切法,只是佛內證真如時所證之法。」

無著菩薩在《金剛般若論》提到修行人若執我的話,諸佛就會遠離他,就會產生「無教授」這第十二種障礙[69],所以無著菩薩以菩薩第十六個應修持的階段——「求教授」來對治「無教授」。意思是要修行人遠離「我相」的執著,只有不執著我見,遠離我愛、我癡和我慢,方能保持與善知識師嚴道尊的關係,方能鞏固道友同輩間的和合。

乙十七 證道

> **佛告善現:「譬如士夫具身、大身。」具壽善現即白佛言:「世尊,如來所說士夫具身、大身,如來說為非身;是故說名具身、大身。」**
>
> 佛對善現長老說:「法身真如就好像一個身形和相貌

都端正、體格魁梧的男子一樣，為大功德所依及遍滿一切處。」善現長老立即回應說：「世尊，對啊！如來所說，佛的真身並非由虛妄分別所起、凡夫所見，有形相及身高丈六的化身；佛的真身是非虛妄分別所起，無相為相，為大功德所依，遍一切處的法身。」

佛言：「善現，如是，如是。若諸菩薩作如是言：『我當滅度無量有情』，是則不應說名菩薩。何以故？善現，頗有少法名菩薩不？」善現答言：「不也，世尊；無有少法名為菩薩。」

佛對善現長老說：「對了，對了！正如佛說一切法皆是佛內證的真如，而在真如內並無實有的有情；所以當一個覺悟的有情菩薩說：『我要滅度無量的有情，讓他們進入涅槃！』他在修行上其實未見法身真如，是個增上慢人，為甚麼這樣說呢？善現，在佛所證的真如中，會有一個實有的覺有情嗎？」善現長老回答說：「不會，世尊，在佛所證的真如中，不會有一個實有的覺有情。」

有人質疑：「如果沒有菩薩，世間有誰執行滅度眾生的工作？如果沒有菩薩，誰人成為諸佛的眷屬，莊嚴佛土呢？」佛首先解答無人度有情之疑。佛指出凡夫和菩薩同是有情，凡夫是未見法身，執迷於真如道理的有情；菩薩是已見法身，覺悟真如道理的有情。一個已見真如的真菩薩，祂一定不會執著我相、有情相、命者相、補特伽羅相；所以祂不會說：「我要滅度無量有情！」這些說話；相反，一些未證謂證的增上慢凡夫修行人，會執自己是真實的菩薩，自己實在地執行滅度無量有情的工作。這類修行人只能是凡夫有情，尚未列入覺有情——菩薩行列。

佛告善現：「有情、有情者，如來說非有情，故名有情。是故如來說一切法無有有情、無有命者、無有士夫、無有補特伽羅等。

佛對善現長老說：「我所說的覺有情菩薩，不是指未能現見人無我道理的凡夫有情；現見並勝解人無我的道理，才是菩薩有情。所以佛說一切法，就是泯除有情、命者、士夫和補特伽羅四相的人無我真如理。

有情可分成覺有情和有情兩類，前者指能現見法身真如，並勝解人無我理的菩薩；後者指未證謂證，具增上慢的修行人和一般凡夫。佛強調真菩薩必定已遣除有情、命者、士夫和補特伽羅四種我相。除此之外，真菩薩更不會執著形相莊嚴佛土。

無著菩薩在《金剛般若論》以第十七個菩薩行所住處——「證道」來解釋具身（即論中的妙身）和大身。祂說由於修行得種性智（無分別智）所攝，所以能入初地，證得妙身，生如來家，決定紹隆佛種。由於佛修行得平等智（佛的四智），所以能「一切眾生身攝身」，即是以真如為自性身，因為真如為一切眾生所依實體。無著菩薩強調：由於證道，故菩薩能離慢。意思是見真如和證真如，離開未證謂證的增上慢。

乙十八 上求佛地

丙一 國土淨具足

「善現，若諸菩薩作如是言：『我當成辦佛土功德莊嚴』，亦如是說。何以故？善現，佛土功德莊嚴、佛土功德莊嚴者，如來說非莊嚴，是故如來說名佛土功德莊嚴、佛土功德莊嚴。

「善現，此外，若有菩薩說：『我應當莊嚴佛土』，這不是真正的菩薩。為甚麼呢？如來說修無相觀，通達真如人無我理，才能莊嚴佛土，以有形相的七寶並不能莊嚴佛土；所以如來密意是說，無相修行才是真莊嚴佛土。

所謂「莊嚴佛土」，是指三淨地菩薩為了將來成佛時能獲受用報身及受用報土，以攝受菩薩眷屬，又或是攝引眾生投生其化土，因而淨治有情世間或器世間，將情器世界變成能享天人受用及純金為地的佛土；故修習強而有力之淨地瑜伽。如《現觀莊嚴論》云：「如有情世間，器世未清淨；修治令清淨，即嚴淨佛土。」[70] 三淨地菩薩成佛時，要以無漏無分別智斷滅第八識中所有有漏種子，而無漏清淨莊嚴的種子當下變現出莊嚴佛土。因此，菩薩要莊嚴佛土，必先完全泯滅人我、法我，通達真如；待我執煩惱殆盡，清淨佛土之種子便即時現起，變現出佛土。誠如《維摩詰所說經》〈佛國品〉云：「隨其心淨，則國土淨。」最後，佛明確地指出，滅度有情和莊嚴佛土，只是為了便利修行人而設立的方法；而能現見、通達真如理，泯除人我四相的修行人，才是真菩薩，才是真莊嚴。

「善現，若諸菩薩於無我法、無我法深信解者，如來、應、正等覺說為菩薩。」

「善現，倘若菩薩見法身真如，對人無我、法無我深信不疑的話，這就是真菩薩！」

無著菩薩在《金剛般若論》以上求佛地這第十八個行所住處來解釋「莊嚴佛土」這段經文；而上求佛地則需修煉六種具足；

莊嚴佛土的國土淨具足就是第一種具足。無著菩薩提醒修行人要在通達人無我、法無我的前提下，修煉莊嚴佛土，不能執我、法為實。祂說：「若言我成就，即為人我取；莊嚴國土者，是法我取，此非菩薩。」

丙二 無上見淨智淨具足

佛告善現：「於汝意云何？如來等現有肉眼不？」善現答言：「如是，世尊，如來等現有肉眼。」佛言：「善現，於汝意云何？如來等現有天眼不？」善現答言：「如是，世尊，如來等現有天眼。」佛言：「善現，於汝意云何？如來等現有慧眼不？」善現答言：「如是，世尊，如來等現有慧眼。」佛言：「善現，於汝意云何？如來等現有法眼不？」善現答言：「如是，世尊，如來等現有法眼。」佛言：「善現，於汝意云何？如來等現有佛眼不？」善現答言：「如是，世尊，如來等現有佛眼。」

「善現，你意下如何？如來有肉眼嗎？」善現長老回答說：「對了，世尊，如來有肉眼。」世尊問：「善現，你意下如何？如來有天眼、慧眼、法眼和佛眼嗎？」善現長老回答說：「對了，世尊，如來有天眼、慧眼、法眼和佛眼。」

有人會質疑：前云如來能以佛眼悉見悉知發趣修行大乘的人；但如今說法身真如不見有有情，不見有菩薩，不見有能莊嚴佛土者。誠如是，如來是否有能知能見的能力？若然如來不能知、不能見的話，成佛有何好處？釋尊安慰說：佛不單有能知、能見的能力，還擁有遍知世間、出世間各種不同層面的五種超凡觀照能力——所謂肉眼、天眼、慧眼、法眼和佛眼。佛的五眼不單能見無形相的真如，還能照見世間一切眾生各別的內心活動，以及在輪迴期間的狀況。祂更舉例說如恆河沙數的眾多世界，其中每一個世界有眾多有情，而這些無量眾生每一剎那內心虛妄的活動情況，祂都能不費吹灰之力，直接了知。故說佛確有能知、能見的能力；而佛所見的範圍，更是遍及整個廣大法界。哪五種超凡的知見觀照能力呢？如《梁朝傳大士頌金剛經》云：「天眼通非礙，肉眼礙非通，法眼唯觀俗，慧眼直緣空，佛眼如千日，照異體還同；圓明法界內，無處不含容。」肉眼是指凡夫人肉體的眼睛；天眼是色界天人能不受內外、晝夜、上下和前後限制下，看通任何事物的能力；慧眼是見真如時聖賢的根本智；法眼是聖賢見真如後，以後得智了解眾生根性利鈍，隨機開演，令眾生解脫的法門的能力。佛眼是整合前四眼，並遍知一切法的能力。

佛告善現：「於汝意云何？乃至殑伽河中所有諸沙，如來說是沙不？」善現答言：「如是，世尊！如是，善逝！如來說是沙。」佛言：「善現，於汝意云何？乃至殑伽河中所有沙數，假使有如是等殑伽河，乃至是諸殑伽河中所有沙數，假使有如是等世界。是諸世界寧為多不？」善現答言：「如是，世尊！如是，善逝！是諸世界，其數甚多。」

佛說：「善現，你曾聽過佛說：『如恆河沙數之多』這句話嗎？」善現長老回答：「是啊，世尊！是啊，善逝！如來有說過。」佛說：「善現，你意下如何？假使世界的數目就如恆河沙數那麼多條的恆河——再集合這麼多條恆河的所有沙；這些世界的數量多嗎？」善現長老答道：「對啊，世尊！對啊，善逝！這些世界的數量很多啊！」

佛言：「善現，乃至爾所諸世界中所有有情，彼諸有情各有種種，其心流注我悉能知。何以故？善現，心流注、心流注者，如來說非流注，是故如來說名心流注、心流注。

佛問：「善現，在這麼多的世界中，每一個眾生以各自不同的虛妄心識，發動種種不同的心思，造作種種業，因而流轉生死的種種情況，我都能夠知悉得一清二楚。你還能說我不能知，不能見嗎？所以，如來並非只能知悉無形相真如的真實情形；我還能夠知悉所有住於虛妄顛倒世間中，一切有情心流注的情況。

佛繼續說明自己對一切事物能知能見，並以恆河沙數世界為喻，說明佛不單能見真如界聖賢，還能見世間一切眾生流轉的情形。「心流注」，梵文原意是心執持或心總持的意思，指眾生因迷於真如理而生起種種虛妄顛倒，作種種業，因而生死流轉的果報。為甚麼眾生的「心流注」是虛妄的呢？佛有恆耐煩地告訴善現長老：

「所以者何？善現，過去心不可得，未來心不可得，現在心不可得。」

「為甚麼眾生的心流注是虛妄分別的呢？善現，眾生的心流注不是處於過去，不是處於未來，亦不是處於現在。」

「心流注」沒有任何形相，本身是念念不住、遷流無定，剎那生滅滅生的宛然乍現而矣。可是眾生卻往往將這個心流注形相化，並執以為實；於是將「心流注」截成過去心、現在心、未來心，企圖藉此能夠把握到這個心的活動。而事實上，我們不可能在過去、未來、現在找得到自己的「心流注」。

無著菩薩在《金剛般若論》說：「『過去心不可得』者，已滅故；『未來』者，未有故；『現在』者，第一義故。」所謂現在心不可得，是指根本就沒有有自性的心流注；因為心是無時無刻在生滅滅生，就算短暫如現在一刹那間，亦同樣在生滅滅生[71]；換句話說，在「現在」這一刹那，我們找不到真實的心流注，所以肯定地說：眾生的心流注，就只是虛妄分別的連串心理活動而矣。

無著菩薩以「無上見淨智淨具足」來解釋這段經文。甚麼是見？「為應知中證故。」甚麼是智？「為教彼彼眾生寂靜心故。」前者指的是如何聞思真如，後者是指如何教人修證真如。

丙三 福自在具足

佛告善現：「於汝意云何？若善男子或善女人，以此三千大千世界盛滿七寶，奉施如來、應、正等覺，是善男子或善女人，由是因緣所生福聚，寧為多不？」善現答言：「甚多，世尊！甚多，善逝！」佛言：「善現，如是，如是，彼善男子或善女人，由此因緣所生福聚，其量甚多。何以故？善現，若有福聚，如來不說福聚、福聚。」

佛對善現長老說：「善現，你意下如何？假如有善男子或善女人以盛滿三千大千世界的七寶來供養如來、阿羅漢、正等覺，他們能以此獲得大量的福德聚嗎？」善現長老答道：「可以，世尊！可以啊，善

> 逝！」佛再說：「對了，對了！那些善男子或善女人如果能隨順真如理，並以遍滿三千大千世界的七寶來奉施如來，以求無上菩提的話，是很大的福德聚。不過，若然這些善男子或善女人在奉施如來遍滿三千大千世界的七寶時，是以世俗虛妄顛倒的心態的話，這些福德聚便不如前者般廣大。為甚麼呢？因為能以無我相的般若行持布施，所得福聚非虛妄；若以有我相的虛妄顛倒行布施的話，如來不說這是福聚，因為這些福聚是有漏性。」

世尊繼續說：如果修行人未見法身真如，未得般若波羅蜜多，因其心流注仍有增上慢，仍是虛妄顛倒，縱以七寶盛滿三千大千世界用來供養如來，所獲福聚亦不算廣大。除此之外，凡夫虛妄顛倒的心流注缺乏無相智慧，往往不見無形相的佛法身，只能依其內心迷謬和福德多寡程度，例如凡夫只看到佛化身，初地菩薩只能見到佛他受用身的相好，不能無障礙地見圓滿真實的法身佛。

無著菩薩在《金剛般若論》以「福自在具足」來解釋這段經文，強調布施等積聚福德資糧，對成就佛果的作用雖大，但一定要以般若智來攝持所積聚之福德資糧；不然，這不是趣向無上菩提，而只不過是增上慢。

丙四 身具足

> **佛告善現：「於汝意云何？可以色身圓實觀如來不？」善現答言：「不也，世尊，不可以色身圓實觀於如來。何以故？世尊，色身圓實、色身圓**

實者，如來說非圓實；是故如來說名色身圓實、色身圓實。」

佛對善現長老說：「善現，你意下如何？可以透過如來圓滿真實的色身得見如來嗎？」善現長老回答說：「世尊，不可以，不可以透過如來圓滿真實的色身得見如來。為甚麼呢？色身的圓滿真實並非佛法身的圓滿真實；而只不過是在凡夫和初基菩薩虛妄顛倒的心流注下，所見到的佛化身和他受用身的色身圓滿真實而矣。」

佛告善現：「於汝意云何？可以諸相具足觀如來不？」善現答言：「不也，世尊，不可以諸相具足觀於如來。何以故？世尊，諸相具足、諸相具足者，如來說為非相具足；是故如來說名諸相具足、諸相具足。」

佛對善現長老說：「善現，你意下如何？可以單憑透過三十二相得見如來嗎？」善現長老答道：「世尊，不可以，不可以單憑透過三十二相得見如來。為甚麼呢？因為化身和他受用身不離法身，同時，因為法身無身相的緣故，因此法身不單只具足諸相，還具足非相。」

佛在前文曾說過：「諸賢聖補特伽羅是無為之所顯。」意思是說：修行人是以內心斷除多少虛妄顛倒的程度，來釐定他在修行上的階位。例如只斷除內心少分虛妄顛倒，未能捨棄分別我見、疑和戒禁取見；這便是凡夫。若修行人在心流注中生起般若波羅蜜多，初見法身真如；而法身真如恆常遠離虛妄顛倒，因而能登上較高修行階位。另一方面，具足福德的凡夫有緣得見具足三十二相的化身佛；但大家要清楚一點，化身佛雖尊貴，但仍是有生滅的有為法；從修行人的立場來說，就價值而言，遠不及能見無相無生滅的法身佛般可貴！畢竟只有在心流注中生起般若波羅蜜多的修行人，在遠離虛妄顛倒，例如脱離增上慢的情況下，方能得見法身佛。

無著菩薩在《金剛般若論》以「身具足」來解釋這段經文，意謂修行人要上求佛地，一方面要積集福德資糧，追求諸相具足的色身；另一方面，也要積集智慧資糧，追求非相具足的法身，圓滿修行佛法身和佛色身的因，方可得佛果。

丙五 語具足

佛告善現：「於汝意云何？如來頗作是念：『我當有所說法』耶？善現！汝今勿當作如是觀！何以故？善現，若言『如來有所說法』即為謗我，為非善取。何以故？善現，說法、說法者，無法可得；故名說法。」

佛對善現長老説：「你意下如何？如來會這樣想：『我曾經説法』嗎？善現，不要這樣想啊！為甚麼呢？如果有人説：『如來曾經説法』，這簡直是以為如來尚未證真如而橫施誹謗，這人未能好好理解如來的説話。為甚麼呢？事實上，如來所説的法是不能以言語表達；離開能取、所取，根本無法可説。為了導引眾生證悟真如勝義境界，佛才以能説的化身、所説有概念名言的教法而施設方便。」

執著有相的修行人認為：佛雖有五眼，畢竟法身無形相；沒有物質身體，祂如何說法？這些修行人便提出：只有在鹿野苑具有色身，為五比丘說法的才是佛；同時，執著有能說的佛、所說的教法。真如的特質是「無所得」、無能取、所取；現在你卻說有能說法的佛、所說的佛法；這只是增上慢人的執著。佛為了導引眾生接觸離言的真如勝義境界，確曾示現為化身佛，以言說說法，但這些畢竟是權宜之法，本身不是真實；眾生了解後，便應立即捨棄，如前文曾言：「是故如來密意而說筏喻法門：『諸有智者法尚應斷，何況非法！』」

無著菩薩以「語具足」來解釋這段經文，並說「於中安立第一義」；意思是佛所說的法，只是指向真如離言自性的教法。

丙六 心具足

丁一 為念處

爾時具壽善現白佛言：「世尊，於當來世後時後分，後五百歲，正法將滅時分轉時，頗有有情，聞說如是色類法已，能深信不？」佛言：「善現，彼非有情、非不有情。何以故？善現，一切有情者，如來說非有情；故名一切有情。」

善現問道：「世尊，未來例如五百年後，如來正法將滅時，第六百年開始的眾生，聽到這樣具有特色的般若經教，他們會生起深切的信心嗎？」世尊答：「相信此經的是覺悟的有情，不相信此經的仍是普通凡夫，為甚麼呢？善現，那些能深信此經的是覺有情，他們的大乘種性種子已經甦醒；他們不是那些大乘種性種子尚未甦醒的普通有情。」

有人會問：如果佛法只是指向和緊扣法身真如的話，而法身真如又只是賢聖才能見、能證；那麼末法時期的人會信受《般若經》的經義嗎？無著菩薩在《金剛般若論》以「心具足」[72]中「為念處」解釋這段經文。「念處」是指修行人時刻都應關注及憶念不忘的地方。無著菩薩說：「此處『於諸眾生』中，顯示如世尊念處故；『彼非眾生』者，第一義故。『非不眾生』者，世諦故。『是人即為希有第一』者，顯示說第一義，是不共及相應故。」意思是說：佛時刻都是為利一切有情而說法，而說法內容無論是為了遷就普通凡夫，最終讓他們了解真如勝義諦而說的世俗諦，又或者是對成熟菩薩直接宣說勝義諦；不論世俗或勝義，都是隨順法身真如的道理的。

丁二 為正覺

接著有人質疑：既然佛所說法全是指向真如勝義諦，而真如的特性是離開能取、所取，甚麼都應是「無所得」；那麼修行人包括菩薩和佛，理應沒辦法證得無上正等菩提。佛除了釋除這個疑團外，還正面地接續介紹修行人離開增上慢之後，如何正確理解無上正等菩提三種特性。

佛告善現：「於汝意云何？頗有少法，如來、應、正等覺現證無上正等菩提耶？」具壽善現白佛言：「世尊，如我解佛所說義者，無有少法如來、應、正等覺現證無上正等菩提。」

佛對善現長老說：「善現，你意下如何？如來是否曾經獲得一些實有的東西來現前證得無上正等菩提呢？」善現長老回答說：「沒有，以我聽過世尊的開示，從沒有提到如來現前曾證得任何無上正等菩提。」

佛言：「善現，如是，如是。於中少法無有、無得，故名無上正等菩提。

佛說：「對了，善現，對了；當我現證真如時，發覺在這個殊勝境界內，沒有任何名言所捉、耳目所見的東西存在；到達這境界，便真正圓滿證得無上正等菩提。

「於中少法無有、無得」的「中」，是指「真如之中」。增上慢人以名言所捉、耳目所見這種「有所得」的方法，在第四禪見到一個類似真如的東西，是假的無上正等菩提，不是見真如。正如《唯識三十頌》頌二十七云：「現前立少物，謂是唯識性；以有所得故，非實住唯識。」相反，如《入菩薩行》〈智慧品〉頌三十四言：「若實、無實法，悉不住心前；彼時無餘相，無緣最寂滅。」修行人在第四禪中所見法身真如；於中無有無得，這就是真正證得無上正等菩提，見法身真如。[73]

事實上，修行人由見道開始，於每個地道，都是修持以無上正等菩提來內證真如；到成佛時，才圓滿無上正等菩提。佛再就於真如中無所得之特性，提醒修行人要證真如，所修持的無上正等菩提要具備「諸佛皆以真如為自性身，故佛與佛之間在真如中無不平等」、「無我相法相故無有差別」和「純善自他二利圓滿」這三點條件，並強調佛所說的善法，不是有所得地能招感世間勝生安樂的有漏善法，而是以無所得而圓滿行持自利利他的無漏善法，例如無上正等菩提。

「復次善現，是法平等，於其中間無不平等；故名無上正等菩提。以無我性，無有情性，無命者性，無士夫性，無補特伽羅等性平等故，名無上正等菩提。一切善法無不現證，一切善法無不妙覺。

「再者，善現；當我內證真如時，發現圓滿的無上正等菩提有三個特徵，當圓滿地證得無上正等菩提時，我發覺真如平等清淨，沒有任何增減；所以當諸佛轉依並以真如為自性身時，真如的清淨性亦平等地毫不增減。其次，當我圓滿地證得無上正等菩提時，我發覺真如內沒有絲毫我相、法相；所以沒有任何勝劣高下，一切平等。第三，當我圓滿地證得無上正等菩提時，第八識內全是無漏純善種子，所以這種純善的無上正等菩提不單能現證真如，自覺圓滿；還能以善巧為別人開示，覺他圓滿。故說無上正等菩提是自他兼利圓滿。

「善現，善法、善法者，如來一切說為非法；是故如來說名善法、善法。」

「善現，我所說令人得益的善法，不是指只求勝生安樂的世間善法，而是指能令人圓滿體證真如的無上正等菩提。」

無著菩薩在《金剛般若論》以「為正覺」來解釋這段經文。意思是指無上正等菩提是離有見過，於無上菩提內連丁點兒微塵也找不到；同時，平等亦是無上菩提另一大特性，例如諸佛在真如法界內，壽命無有高下，無不平等。

丁三 為施設大利法

「復次善現，若善男子或善女人，集七寶聚，量等三千大千世界其中所有妙高山王，持用布施。若善男子或善女人，於此般若波羅蜜多經中乃至四句伽陀，受持、讀誦，究竟通利，及廣為他宣說開示，如理作意。善現，前說福聚於此福聚，百分計之所不能及，如是千分，若百千分，若俱胝百千分，若俱胝那庾多百千分，若數分，若計分，若算分，若喻分，若鄔波尼殺曇分，亦不能及。」

「再說善現，假如認為佛所說的教法只是普通的音聲或文字，你便大錯特錯；因為佛所說的般若法門，能為眾生種下達致無上正等菩提的因。好像有善男子或善女人用金銀等七寶填滿整個三千大千世界當中無數的須彌山，然後用來布施；另外若有善男子或善女人信受此經，就算少至四句偈頌，若然他能記令不忘，並將經文背誦得滾瓜爛熟，除了自己徹底通曉內容文義外，更向別人詳細解釋，教人依經文修止觀；前者所獲的福德聚，不及後者持經功德百分之一、千分之一、萬分之一、十萬分之一、百萬分之一、甚至是千千萬分之一；甚至不能以數目、分數、算數，或用譬喻或用比較和象徵等手法表達出來。」

質疑：若無上正等菩提是純善兼能自利利他圓滿，可是我們現在只能透過無記（不善不惡）的傳法者音聲和佛經文字來理解無上正等菩提；如這麼說，我們理應無法證得無上正等菩提。

解惑：我們先要知道釋尊所說的佛經，和為大眾制定的戒律皆是純善的，就算祂是化身佛，祂第八識內全然是純善的無漏種子。根據《阿含經》記載：往昔佛在世時，聲聞弟子只消聽到佛金口親宣一言半語，便能證果；這就是完全解脫煩惱者——釋尊說法的威力；更是後來傳法者望塵莫及，無法仿效。此外，佛更叮嚀善現長老，不要以為《般若經》記載的只是普通的語言文字；就算末法時期，都能為聞法者種下體證無上正等菩提之因，何況是親見純善佛法身的修行人！所以，末世修行人若能放下增上慢，發心依般若經教，隨順真如理修行，就能穩步邁向無上正等菩提！這人便是位有智者。

佛告善現：「於汝意云何？如來頗作是念：『我當度脫諸有情』耶？善現，汝今勿當作如是觀。何以故？善現，無少有情如來度者。善現，若有有情如來度者，如來即應有其我執，有有情執，有命者執，有士夫執，有補特伽羅等執。

佛對善現長老說：「善現，你意下如何？如來可會想：『我曾度化眾生』嗎？善現，你千萬別有這個想法。為甚麼呢？善現，事實上，沒有如來化度的眾生；若果如來曾度脫任何眾生的話，那麼如來必定有我執、有情執、命者執和補特伽羅執。

「善現，我等執者，如來說為非執；故名我等執，而諸愚夫異生彊有此執。

「善現，即使我在說法時有『我』、『你』等字眼出現，都只是言語上的方便施設，佛並非承認有個實我、實法；可惜未見法身真如，而且仍被二障障蔽的凡夫，於無我的真如理上強執有個實我。

「善現，愚夫異生者，如來說為非生；故名愚夫異生。」

「善現，就算是對這些愚蠢的凡夫，亦不能執著他們永遠都是愚蠢，永遠都被煩惱控制而要流轉生死；我相一旦遣除，不再受煩惱操控，他們就再也不是愚夫異生。」

佛一再強調，在真如勝義境內，找不到實我、實法；見不到我相、有情相、命者相、補特伽羅相。換言之，在真如法界內，沒有能度的佛、所度的有情。如此便承接最初善現問「云何住？云何修行？云何攝伏其心？」這三條問題時，即使我們要發菩提心度脫一切有情，令他們盡皆進入無餘依涅槃；但真正的修行人要知道，在真如法界內，根本就沒有能度的佛和所度的有情。所以，佛在答云何修行時，便峰迴路轉地說，真修行是要「雖度如是無量有情令滅度已」，但實際上卻是「而無有情得滅度者」；要求修行人要不住於事相而修六度。換句話說，一日未成佛，一日未轉依；藉著行持菩薩行度脫有情，縱然在真如勝義境界層面來說，都是似假疑真；但在心所行境的世間層面來說，卻可讓我們透過積累福慧，逐漸斷除煩惱、所知二障，最終得大涅槃、大菩提，成就佛果。那麼，當我們修行時，若內心生起增上慢的話，便要緊扣和隨順真如理，遣除一切我相想和法相想，攝伏自心。更要對佛所說的三藏十二部經，不執以為實，亦不輕視以為妄言。[74] 行乎中道，就不會有偏差。

無著菩薩以「為施設大利法」來解釋前兩段經文。意思是說：修行人為上求佛地，心要恆常抱持甚麼都可以用來布施的意願；

除了自己受持般若法門外，還願意和別人分享。前者是財施，後者是法施。而最重要的是，不執著有能施的自己、所施的他人；這就是能利益自他的大利法。

丁四 為攝取法身

佛告善現：「於汝意云何？可以諸相具足觀如來不？」善現答言：「如我解佛所說義者，不應以諸相具足觀於如來。」佛言：「善現，善哉，善哉！如是，如是！如汝所說，不應以諸相具足觀於如來。善現，若以諸相具足觀如來者，轉輪聖王應是如來。是故不應以諸相具足觀於如來。如是，應以諸相非相觀於如來。」

佛對善現長老說：「善現，你意下如何？可否以三十二相來確認如來呢？」善現長老答：「不可以，世尊。」佛說：「善現，好啊！對了，對了！你不要以為佛圓滿無上菩提無漏功德必會招感三十二相來確認誰是佛。若然可以以三十二相來確認如來，那麼轉輪聖王也具足三十二相，他也成如來了。因此，不能透過三十二相來確認這就是如來！應知道具足三十二相的，只是佛為眾生示現的化身，並非佛的真身——法身。」

爾時世尊而說頌曰：「諸以色觀我，以音聲尋我，彼生履邪斷，不能當見我。應觀佛法性，即導師法身。法性非所識，故彼不能了。」

那時，佛說了一首偈頌：「若有人以色身是否具足三十二相作為標準，衡量我的修為，或是依隨著說法的聲音來尋找我的蹤影，這凡夫異生已踏上徒勞無功的冤枉路去修行，這些人是不能見到如來的。應該這樣想：無相的真如法性，即是釋迦牟尼導師的法身；這真如法性並非世間有分別的知識所能把觸，所以凡夫不能得見法身如來的本來面目。」

上文提到，當佛圓滿無上正等菩提時，祂的第八識內所攝持的，全都是純善無漏種子，所以有人臆度這些純善無漏種子會招感三十二相好的色身，然後推斷從外表觀察：若有人具足三十二相的話，這人便是真正的佛。佛恐修行人深陷執著追求人我相、法我相致使盲目修行；所謂「履邪斷」，斷是指很努力去修，但卻因走錯路去修，結果凭憑這人如何努力，也因偏離扣緊和隨順真如理來修正斷，始終徒勞無功。

無著菩薩以「心具足」中的「為攝取法身」來解釋這段經文。提醒修行人「相是色自性」，「體非菩提」；凡有相狀的東西，其自性只是物質現象，不是無上菩提。要上求佛地，修行人要攝取法身，就應知「導師法為身」；諸佛皆以真如為自性身這個道理。事實上，佛多番強調，所謂佛法，就是佛內證真如的教法。

丁五 為不住生死涅槃

佛告善現：「於汝意云何？如來、應、正等覺以諸相具足現證無上正等覺耶？善現，汝今勿當作如是觀。何以故？善現，如來、應、正等覺不以諸相具足現證無上正等菩提。

佛問善現長老：「你意下如何？如來是否透過以福德資糧為因，修成三十二相才證得無上正等菩提呢？善現啊！你不應有這樣的想法。為甚麼呢？善現，如來不是以福德資糧為因，而修成具足三十二相才證得無上正等菩提的。

「復次善現，如是發趣菩薩乘者，頗施設少法若壞若斷耶？善現，汝今勿當作如是觀；諸有發趣菩薩乘者，終不施設少法若壞若斷！

「還有，善現，那些發心修行大乘的人，會否說有些東西在因果作用上會壞會斷呢？善現，你現在不要有這種想法：以為在真如內找不到修福的人和福業，就否定世間有造福得樂的因果作用。我告訴你：那些發心修行大乘的人，不會說有些東西在因果作用上會壞會斷！

有人質疑：以無相修行才能證得法身，所以佛圓滿無上正等菩提時，在因位所積集的一切有相福德便應壞斷；此外，如來法身不是以福德為因所致，故成佛時亦應將往昔所積集的福德資糧捨棄。那麼修行大乘而經三大阿僧祇劫積集無量福慧資糧才能成佛，而菩薩修行期間，經千辛萬苦所作福業，豈非空作？同時，菩薩所作的福因在成辦佛果時，豈非壞斷？因勝果劣名「壞」，果不酬因名「斷」。

佛向善現長老說：如果菩薩所積集的福德資糧是由般若波羅蜜多無漏智所攝持，便是純善和清淨福聚，是菩薩所應攝取的；而成佛後，這些福聚會招感佛的「他受用身」、「他受用土」和化身化土，福不唐捐。相反，假若菩薩是為了滿足自身渴求而修福，所得到的福報，是可厭且會招惹煩惱相隨的，是菩薩不應攝取的福聚。[75] 祂更強調說：那些未見道的大乘人，於世間修行時，應以菩提心攝持福業，並以福業迴向眾生，共成無上菩提。這些由世俗菩提心或無漏智所攝持的福業因果等流相續，能完善成熟眾生的事業。

故此，佛再以功德校量世間財施，遠不及修行人透過了知一切人無我、法無我，得無生法忍，緊扣和隨順真如理而修行的功德大。

> **「復次善現，若善男子或善女人，以殑伽河沙等世界盛滿七寶，奉施如來、應、正等覺，若有菩薩於諸無我、無生法中獲得堪忍，由是因緣所生福聚，甚多於彼。復次善現，菩薩不應攝受福聚。」**
>
> 「再者善現，若然有善男子或善女人，以七寶盛滿如恆河沙數數量般多的世界用來供養佛；而另一方面有菩薩能緊扣和隨順真如，體證真如的二無我理和無生性；後者所獲福德，比前者多出無量無數。還有，善現，菩薩不應因為自己的貪求而執著有漏福聚，應攝受無漏福聚。」

經文中的「於諸無我、無生法中獲得堪忍」，謂菩薩見真如時能印證和持續傳承無我及無生的道理，遣除能所，無漏無分別的般若波羅蜜多便生起，登入初地。羅先生解釋無我云：「無我有二種：一、人無我：五蘊假合名之為人；於中無有一、常之主體也。二、法無我：一切有為法因緣所生，無實自體。菩薩於定中觀人、法空，離人我、法我二執；二執既離，一切能取、所取影像悉不現前，真如實體躍然顯露；即此真如，遠離所執二種我故，是二我空之所顯故，名無我性。」又解釋無生法說：「於真如中無三種生，一者、徧計所執人、法二相本性無故不生；二者、證真如時因緣所生諸法不現前故不生；三者、於真如中一切煩惱及苦果皆不生故。是以真如名無生法也。」[76] 常人所謂的「我」，一是指由淺智凡人和外道所執有一個永恆不變的靈魂，這是體、用俱無的遍計所執。二是指依緣五蘊假名為「我」，是一般有理智的凡夫所謂的我，體無而用有，虛妄不實。修行人要以無漏無分別智和大悲平等心見無我理，方能徹見眾生本來面目。

具壽善現即白佛言：「世尊，云何菩薩不應攝受福聚？」佛言：「善現，所應攝受，不應攝受，是故說名所應攝受。」

善現長老向佛說：「世尊！假若菩薩不攝受福聚的話，祂為何還要修持例如布施、持戒等福業？」佛說：「善現，菩薩應攝受能引發無上正等菩提的福聚，不應攝受世間貪求自身享樂的福聚，所以佛說無漏福聚，才是菩薩所應攝受的福聚。」

此外，未得無漏智的未見道修行人，可將所造的福德迴向無上菩提；願自他悉能成佛，這樣做才是大乘修行人所應攝受的福聚。

無著菩薩以「為不住生死涅槃」解釋這段經文。意思是：於上求佛地成佛後，修行人要憶記往昔在因地發菩提心所作福業，透過無住涅槃，實踐菩提心。

丁六 為行住淨

戊一 威儀行住

「復次善現，若有說言：『如來若去、若來、若住、若坐、若臥』，是人不解我所說義。何以故？善現，言如來者，即是真實真如增語，都無所去、無所從來；故名如來、應、正等覺。」

「還有，善現，若有人說如來是出生而來，入滅而去；曾說法而住，坐在菩提樹下而成道，臥於雙樹間而入滅的話，這人只注意到化身的生平行誼，尚未聽懂佛所說的，其實全部都是佛內證真如的教法。為甚麼呢？所謂『如』，是真實真如的同義詞；法身就是真如，根本都無所去，亦無所從來；這就是法身如來。」

有人質疑，前文既言：「應觀佛法性，即導師法身」，無相的真如法性即是釋迦牟尼導師的法身。又說，菩薩攝受無漏的福聚，當轉依成佛後，這些福聚等流相續顯現化身、化土，利益有情。事實上，我們從歷史得知有佛出世、成道、說法和涅槃這些有形相的生平行誼，究竟化身與法身是一是異呢？為何兩者有這麼大的差別呢？

無著菩薩以「為行住淨」中「威儀行住」來解釋這段經文。所謂威儀，是修行人在日常生活中行住坐臥的儀態；意思是要求修行人不單要內心具足福慧資糧，就是行住坐臥，也要處處表現具足菩薩威儀。

戊二 名色觀破自在行住

「復次善現，若善男子或善女人，乃至三千大千世界大地極微塵量等世界，即以如是無數世界色

像為墨如極微聚。善現，於汝意云何？是極微聚寧為多不？」善現答言：「是極微聚甚多，世尊！甚多，善逝！何以故？世尊，若極微聚是實有者，佛不應說為極微聚。所以者何？如來說極微聚，即為非聚；故名極微聚。

「再說，善現，假如有善男子或善女人把如微塵數量般多的三千大千世界，將之粉碎；然後將所有物質燒成灰末，再搓合成如小墨丸般的極微聚；善現，你意下如何？這些如小墨丸般的極微聚數量多嗎？」善現長老回答說：「這些如小墨丸般的極微聚甚多啊，世尊！甚多啊，善逝！為甚麼呢？佛口中所說的極微聚只是用來譬喻化身，不是真的指極微聚。為甚麼呢？如來現在所說一個三千大千世界，可以碎成數量甚多的極微聚，其實如來不是談論極微聚，而是說一個法身亦可成就無量化身。所以佛所說的極微聚其實只是指化身。

「如來說三千大千世界，即非世界；故名三千大千世界。何以故？世尊，若世界是實有者，即為一合執。如來說一合執，即為非執；故名一合執。」佛言：「善現，此一合執不可言說，不可戲論。然彼一切愚夫、異生彊執是法。

「而佛所說的三千大千世界，只是用來譬喻法身，不是指三千大千世界。另一方面，世界只是總攬眾多極微而成，不是實有。如果執有實的世界，這就是一合執。另一方面，佛雖然多次說有世界，但這只是隨順眾生的名言施設，不是認為真的有一合執。」佛補充說：「善現，這些一合執根本就如空中華不存在，不能視為法抑或非法；討論這些不存在的一合執，只是一場笑話鬧劇。只有那些愚夫異生才會執著一合執。

上文提到，同樣是佛的三身，為何法身是非相具足，化身則是諸相具足？究竟佛的法身與化身是一抑或異呢？佛除了在上文解釋到佛證得無上正等菩提，能證的無漏無分別智是無相可得外，所證的真如亦是無生、無我法；所以法身是無形無相的。但另一方面，佛往昔為菩薩修行時積集無數福慧資糧，在般若智攝持下，這些福德資糧等流相續；不單沒有壞斷，還招感無漏的三十二相、八十種好的色身——所謂報身和化身；見道的菩薩享用報身、報土設下的法宴，恆常在報土聽佛說法；而未見道的凡夫異生，一旦因緣成熟；佛就會以化身顯現其前，令他成熟。

根據彌勒菩薩說，當佛轉依後，以真如為自性身，而報身和化身都是依止於這個自性身，自利圓滿；為菩薩眾說法的是報身，利他圓滿的是化身。誠如彌勒菩薩綜合法身與報身、化身關係時說：「（自）性身及食身（報身），化身合三身，應知第一身（自性身），餘二（報身和化身）之依止。」[77] 又說：「應知佛三身，是佛身皆攝，自他利依止，示現悉三身。」並強調「三佛俱平等」、「三佛俱常住。」[78] 由這三頌可知化身依止法身，法身是透過顯現化身來利他圓滿。法身不是凡愚心、心所所行境；而化身則可在眾前顯現。

佛在這段經文以世界比喻為法身，以極微聚比喻作化身；將一個三千大千世界敲碎，燒成灰末，再搓成如小墨丸般的極微聚；那麼世界與極微聚不可說是一，因兩者外貌形態都不同；但亦不可說是異，因極微聚本身是來自敲碎後的世界。

佛不放鬆，進一步提醒修行人不應以諸相具足觀於如來，更不應於相想中生起我執、法執；藉加持善現長老指出：「認為具三十二相、八十種好的必定是佛，這都是一合執——愚夫異生對總體相狀的一種執著作祟。」例如世界本來是由大地微塵組成，「世界」只是一種言說概念，但愚夫異生卻把這種絲毫沒有實體的東西合成一種形狀，並對其產生實執，進而產生「創世」、「世界末日」等不切實際的戲論，其實這種邪見，壓根兒是由無明障蔽下所產生的煩惱。愚夫異生在積集假法中，因邪執而說為實有。

到此有人會質疑：於五蘊上執有實我是不合理，因為在五蘊中找不到「我」這個實體；但在經驗上，「我見」確存在於每個人腦海中；然則是否「我」雖無，但「我見」是實有呢？事實上，佛也多次在經文中提及眾生有「我見」。佛循循善誘告訴修行人，「我見」亦只是為了隨順眾生的言說方便，不是實有。為釋此疑，祂繼續說：

「何以故？善現，若作是言：『如來宣說我見、有情見、命者見、士夫見、補特伽羅見、意生見、摩納婆見、作者見、受者見』，於汝意云何？如是所說為正語不？」善現答言：「不也，世尊！不也，善逝！如是所說非為正語。所以者何？如來所說我見、有情見、命者見、士夫見、補特伽羅見、意生見、摩納婆見、作者見、受者見，即為非見；故名我見乃至受者見。」佛告善現：「諸有發趣菩薩乘者，於一切法，應如是知，應如是見，應如是信解，如是不住法想。何以故？善現，

法想、法想者，如來說為非想；是故如來說名法想、法想。」

「為甚麼呢？善現！如果有人說：『如來主張確實有我見、有情見、命者見、士夫見、補特伽羅見、意生見、摩納婆見、作者見、受者見。』你意下如何？這樣說法是否正確呢？」善現回答說：「不正確，世尊！不正確，善逝！這不是一個正確的說法，為甚麼呢？我們對五蘊現象生起一合執，佛為了隨順世俗，於是將這種執見安立為我見、有情見、命者見、士夫見、補特伽羅見、意生見、摩納婆見、作者見、受者見等等名相概念，用以開導我們要捨棄這些執見；非如凡夫外道執著實有的我見乃至受者見；所以佛所說的『我見』都是假立的名相概念。」佛再向善現長老說：「那些發心修行菩薩乘的人，應該透過聞慧了解法無我，以思慧觀察法無我道理，再以修慧於第四禪捨念清淨定，生起淨信慧解，引發無漏無分別根本智現證法無我，遣除法執；以無漏有分別後得智於出定後觀諸法現象時，雖有法想然不執之為實。為甚麼呢？善現，所謂法想，例如五蘊、十二處、十八界等名相概念，如來說是不能執之以為實的名相概念；因為這些名相概念都是如來假名施設，用來教導弟子修行證人無我、法無我的。」

無著菩薩在《金剛般若論》以「名色觀破自在行住」來解釋這段經文。意思是修行人要參破世俗精神上、物質上的種種假名施設，以「無所見方便」入「（與真如）相應的三昧」，這時修行人於任何法都不會分別，於無分別中知見勝解。無著菩薩更詳細描述，以無所見方便產生般若智時的活動狀況：「於中，若智依止奢摩他，故知；依止毘鉢舍那，故見。此二（知和見）依止三摩提故，勝解以三摩提自在故，解內攀緣影像，彼名勝解。」

戊三 不染行住

「復次善現，若菩薩摩訶薩以無量無數世界盛滿七寶，奉施如來、應、正等覺，若善男子或善女人，於此般若波羅蜜多經中乃至四句伽陀，受持、讀誦，究竟通利，如理作意，及廣為他宣説開示，由此因緣所生福聚，甚多於前無量無數。云何為他宣説開示？如不為他宣説開示，故名為他宣説開示。」

「再者善現，若有菩薩以金銀等七寶填滿無量無數世界，用來供養如來。另外若有善男子或善女人信受這本《能斷金剛般若波羅蜜多經》，甚至少至四句偈頌；如果他能記令不忘，並將經文背誦得滾瓜爛熟，除了自己徹底通曉內容文義外，又向別人詳細解釋，教人依經文修止觀。由此因緣，後者所獲福德聚，遠超於前者無量無數。怎樣去向大家宣說開示這部經典呢？就好像佛宣說這部經時沒有能所二取——宣說開示這部經時沒有能說法的我相，亦沒有聽受教法的有情相；這樣才是清淨無染，能利他圓滿的宣說開示。」

為甚麼化身佛可以流轉生死而自在無垢，說法利他而自在無垢呢？姚秦鳩摩羅什在自己的譯本中添加這句話：「云何為人演說？不取於相，如如不動。」[79] 全因佛看通現象界的虛妄本質，並因而緊扣真如諸法無生、無我的道理而修行，得入涅槃。

無著菩薩在《金剛般若論》以「不染行住」來解釋這段經文。又說：「不染行住於中二種：一為說法不染，二為流轉不染。」「此何所顯示？以有如是大利益故，決定應演說，如是演說而無所染。」意思是說：為了救度眾生，佛不住涅槃；以種種化身示現成熟有緣眾生。祂們雖在世俗示現，卻如蓮花出淤泥而不染，毫不玷染障垢；這就是流轉不染。此外，以佛法曉喻別人時，因「說（法）時不求信敬」，不求名聞利養而為眾生說法；這就是說法不染。

爾時世尊而說頌曰：「諸和合所為，如星、翳、燈、幻，露、泡、夢、電、雲，應作如是觀。」

那時佛為了指出如何在生死和說法時無垢自在，於是說了一首偈頌：「應以正智對世間依緣而生起的東西作如是觀：觀心法如星、觀境相如翳、觀報識如燈、觀居處如幻、觀身如露滴、觀受用如泡、觀過去如夢、觀現在如電、觀未來如雲。」

無著菩薩在《金剛般若論》解釋「九如」偈云：「此偈顯示四種有為相：一自性相，二者所住味相，三隨順過失相，四隨順出離相。」所謂自性相，是指前三種所觀相。第一觀心法如星，凡夫在無明黑闇中，相比起佛如浩日般的般若正智，「有智明中，無彼光故。」其照明度微不足道；斷除無明，唯有依靠佛所說的般若正智，凡夫分別心識根本起不到些毫作用。第二觀境相如翳，眼翳病患者常有毛髮幻現在前，「人法我見如翳」，其體實無。第三觀報識如燈，報識指每期生命主體的第八異熟識。古時油燈靠吸收油脂而燃亮，異熟識則因「渴愛潤取緣，故熾然。」意指第八識的業種子於中有身時受愛水牽引，重燃生命之火。「所住味相」專指第四觀居處如幻；所住味相意思是眾生各居住於不同器世界中，因「味著顛倒境界」故，例如人見是水，餓鬼見為濃痰，地獄見為銅汁；眾生皆由心靈這魔術師變出不同幻象，由味著顛倒這些幻象而有六道的區別。「隨順過失相」是指眾生執無常的五蘊身為常，所以應以第五觀身如露滴，對治無常計常的過失。眾生又執五蘊身這個苦體為能享樂者，所以應以第六觀所受用如泡，水泡極不安穩，故應知有受皆苦，以對治計苦為樂這過失。「隨順出離相」是指透過第七觀過去如夢，第八觀現在如電，第九觀未來如重雲；「如是知三世行轉生已，則通達無我！」無著菩薩的意思是：通過觀察過去、現在、未來三世種種虛妄不實的境相，領悟人無我、法無我的道理，從而厭患生死而出離。

甲三 流通分

> **時薄伽梵説是經已，尊者善現及諸苾芻、苾芻尼、鄔波索迦、鄔波斯迦、并諸世間天、人、阿素洛、健達縛等，聞薄伽梵所説經已，皆大歡喜，信受奉行。**
>
> 佛講完這部經後；善現長老、比丘們、比丘尼們、男居士們、女居士們、還有整個世界的天、人、阿素洛和健達縛等，聽過佛所説的經後，都生起大歡喜心，信解領受，並遵從佛的教示而修行。

真諦法師譯本和愛德華孔茲所根據的梵本，在四眾後有「與及諸菩薩眾」一句。這與序分只有孔茲所依據梵本，與義淨法師譯本有「與及菩薩眾」相同。

無著菩薩在〈勸信分〉嘆息說：「下人於此深大法，不能覺知及信向；世間眾人多如此，是以此法成荒廢！」聖人深恐眾生業重，不能信受《般若經》義理，遑論乎曉喻別人；從而令這部佛門瑰寶塵封經閣，最後因無人能解，變成荒廢。

註釋

1 根據釋彥悰著《大唐大慈恩寺三藏法師傳》卷七記載玄奘法師向唐太宗解釋經名時說：「今觀舊經（指鳩摩羅什法師所譯《金剛經》），亦微有遺漏。據梵本具云：『能斷金剛般若』，舊經直云：『金剛般若』。欲明菩薩以分別為煩惱，而分別之惑，堅類金剛，唯此經所詮無分別慧，乃能除斷，故曰：『能斷金剛般若』。」此外，文章亦解釋了為何玄奘法師要重譯《金剛經》的原因：「故知舊經（除了）失上二字。又如下文，三問闕一，二頌闕一，九喻闕三，如是等。」所以唐太宗下詔旨令玄奘法師依梵文「可更委翻，使眾生聞之具足。」

2 一般來說，智慧分聞、思、修三種。聞和思只能暫伏煩惱，並引生修慧。而修慧分有漏智和無漏智兩種；「漏」指煩惱。「有漏」者；為煩惱及煩惱習氣所隨逐；不能對治煩惱，並觀待煩惱而生起。有漏智本身不能對治煩惱障及所知障；只有「無漏智」才能對治煩惱。修行人在資糧位和加行位時，其智慧只是有漏智，無漏智要在見道位時，方始出現。誠如無著菩薩在《金剛般若論》〈立名〉解釋說：「『金剛』者，細牢故。細者，智因（指有漏智為引發無漏智之因）故；牢者，不可壞故。『能斷』者，般若波羅蜜多中，聞思修所斷，如金剛斷處而斷故。是名『金剛能斷』。」要言之，《能斷金剛般若波羅蜜多經》是佛教大乘修行人捨棄有漏智而引發無漏智來修行，才能與真如相應。

3 十八住分別是一、發心；二、波羅蜜相應行；三、欲得色身；四、欲得法身；五、於修道得勝中無慢；六、不離佛出時；七、願淨佛土；八、成熟眾生；九、遠離隨順外論散亂；十、色及眾生身搏取中觀破相應行；十一、供養給侍如來；十二、遠離利養及疲乏熱惱故不起精進及退失等；十三、忍苦；十四、離寂靜味；十五、於證道時遠離喜動；十六、求教授；十七、證道；十八、上求佛地。

4 薄伽梵譯作世尊。根據《佛地經論》卷一認為，佛具六德，能破四魔；所以稱為薄伽梵。哪四種魔怨？「能破壞煩惱魔、五蘊魔、死魔和自在天魔四種魔怨。」哪六種德？「謂諸如來永不繫屬諸煩惱故，具自在義；焰猛智火所燒煉故，具熾盛義；妙三十二大士相等所莊飾故，具端嚴義；一切殊勝功德圓滿，（世人）無不知故，具名稱義；一切世間親近供養，咸稱讚故，具吉祥義；具一切德常起方便利益，安樂一切有情，無懈廢故，具尊貴義。」

5 大苾芻眾一千二百五十人俱：「大苾芻」是指證入無學位的僧人；「眾」，梵語稱為僧伽，和合的意思。根據《過去現在因果經》卷四，釋尊度耶舍等五十人，舍利弗等一百人，目犍連等一百人，優樓頻螺迦葉等五百人，那提迦葉等二百五十人，第度那提迦葉等二百五十人，總合一千二百五十人。另《四分律》說，釋尊度優樓頻螺迦葉等五百人，迦耶迦葉三百人，那提迦葉二百人，舍利弗一百五十人，目犍連一百人，亦合一千二百五十人。這一千二百五十人原事外道，後皈佛教化而證得無學果，於是感佛之恩，每次法會都必定參加，常隨不離；所以佛經開首例有「一千二百五十人俱」這些常隨徒眾。

6 室羅筏城，古譯舍衛城，人稱豐德之城（地處北緯 27.52 東經 82.05，今印度沙耶馬耶附近），是古印度憍薩羅國首都城。據說這裡曾住了九十萬戶人。佛陀弘法四十五年，當中有二十五年是在這裡渡過。逝多林給孤獨園，古譯祇樹給孤獨園，簡稱祇園精舍，是須達多長者以金幣鋪滿整個園林，才得以向其主人祇陀太子買下來，供養給佛陀的。

7 鳩摩羅什將「發趣菩薩乘者」譯為「想發阿耨多羅三藐三菩提心」的人；意指那些想求取「至高無上的平等覺悟」，亦即佛果的人。

8 誠如月稱菩薩在《入中論》〈極喜地〉頌十說：「彼諸眾生皆求樂，若無資具樂非有；知受用具從施出，故佛先說布施論。」對需要化度的眾生而言，滿足基本的飯食資具這些最低的價值，是通向定善解脫和承托這種至高價值的必要條件。

9 誠如無著菩薩云：「相應三摩鉢帝（底）者，無分別三摩提（地）也。折伏散亂者，若彼三摩鉢帝心散，制令還住也。」三摩地為別境心所，於所觀境起平等持心，令心專注不散，並能生起抉擇智慧。三摩鉢底是指住於三摩地的狀態。一般來說，受持讀誦佛經，都應於高度精神集中的狀態。

10 見《金剛般若論》〈行所住處〉義句。

11《金剛般若論》〈種性不斷〉義句。

12 為令佛種不斷，善現長老向佛請問大乘菩薩欲得般若波羅蜜多，須云何住、云何修行、云何攝伏其心。無著菩薩以六因緣來解釋其中義理：一、為疑故：令那些福慧資糧未具足，內心未成熟的菩薩聽到佛的回答後，便能息除內心疑惑；二、為起信故：令福慧資糧具足的菩薩能信解；三、為入甚深義故：透過佛作出開示，菩薩才能進入般若甚深密意；四、為不退轉故：能令修行所得功德不會退轉；五、為生喜故：令將證或已證入淨心地者，即初地菩薩能登入極喜地；六、為正法久住故：般若為諸佛之母，若佛的般若法門能傳承下去，則正法亦能隨之久住。

13《金剛般若論》〈發起行相〉義句。

14 三摩提即三摩地，亦即別境中的「定」心所：「於所觀境，令心專注不散為性；智依為業。」能夠觀空及引發無漏智。

15 如云：「行深般若波羅蜜多時，照見五蘊皆空。」

16 見《金剛般若論》〈行所住處〉義句。

17 根據由地婆訶羅（613-687）翻譯功德施菩薩的《金剛般若波羅蜜經破取著不壞假名論》卷上解釋「無餘涅槃」說：「無餘涅槃者何義？謂了諸法無生性空，永息一切有患諸蘊；資用無邊，希有功能；清淨色相，圓滿莊嚴；廣利群生，妙業無盡。」如此看來，無論阿羅漢、辟支佛和佛入涅槃後，絕不是甚麼都沒有，只是進入苦因滅、苦果滅的生命境界；祂們仍能生起無漏用，現起身和五根的運動。所不同者，二乘人悲智小，功德劣；不及佛悲智大，功德勝。

18 龍樹菩薩《寶行王正論》〈出家正行品〉頌九十八。

19 寂天菩薩《入菩薩行》〈迴向功德品〉頌五十五。

20 愛德華孔茲解說：在《般若經》中，Vastu 指的是般若所行的境界，所以這個詞指涉的涵意範圍很廣泛，甚或矛盾。一、指真實法體，即真如自性；二、指有情心識所依處；三、當眾緣具備時生起的事物，四、能不斷提供受用之處。

21 如果為了世間目的而布施，就不是行持般若波羅蜜多；若然為的是報恩和樂果，即不是為菩提，而是為餘事而布施。

22 見上師寶著作《心止師教》第二部份頁一二八。

23 有些凡夫外道甚至連小乘，也誤解了在欲界享受五欲樂是涅槃，或入初禪以為是涅槃，或離尋伺入二禪是涅槃，或離喜受入三禪是涅槃，或離樂受入四禪是涅槃；上述五種不究竟的離苦得樂狀態，稱為現法涅槃。

24 賈曹杰（1364-1432）在解釋《六十頌正理論》〈善根回向〉中「由福智資糧，期獲二淨妙。」（頌六十一）時說：「由何法而得彼身（色身和法身）耶？是在後得位時，修習施戒等福德資糧，在根本定時通達無我慧；和（平日）修智慧的因——供養紙墨花等，令積集智慧資糧出生的。」

25《金剛般若論》〈欲得色身〉云：「經言『相成就』者，顯示如來色身故。」

26 誠如《入中論》〈究竟佛地〉頌十七解釋法身：「盡焚所知如乾薪，諸佛法身最寂滅，爾時不生亦不滅，由心滅故唯身證。」月稱菩薩在《自釋論》補充說：「由於此智真實義境，諸心心所畢竟不轉。」

27 宗喀巴在《入中論善顯密意疏》解釋法身時說：「佛智本性身由智慧火，盡焚一切如乾薪之二相（人相、法相）所知境，即如所知自性不生行相而轉。智慧自性不生行相之寂滅真實義，即是諸佛之法身。」換句話說，諸佛法身以智慧為體，以無相——沒有任何活動相狀為用。宗喀巴更引本經偈頌：「應觀佛法性，即導師法身；法性非所識，故彼不能了。」說明佛恆常安住在不生不滅的法性中，這就是諸佛導師的法身。世人以諸相具足，是見不到佛的，而只能看到各人心中自己用名言安立的「佛」而矣。

28《金剛般若論》〈欲得色身〉云：「於第一義，相具足為虛妄，非相具足為不虛妄。」第一義，指勝義諦。

29 一般說法謂釋尊滅後，正法五百年，像法一千年，末法一萬年。正法時期，教、行、證俱備；像法時期，只有教、行；末法時期，只有言說教法而無修無證。根據《大方等大集經》卷五十五，將後五百歲理解為五個五百年，分別將佛滅後第一年至第二千五百年分為五個各有特色的五百年。「於我滅後五百年中，諸比丘等猶如我法解脫堅固；次五百年我之正法禪定三昧得住堅固；次五百年讀誦多聞得住堅固；

次五百年於我法中多造塔寺得住堅固；次五百年我法中鬥諍言頌白法隱沒損減堅固。」堅固就是不動搖和決定的意思。經文意思是：佛滅後首個五百年，正法就像佛在世時一樣興盛，修行人都決定地得到解脱；但再過五百年，少人解脱，不過大多數人能得甚深禪定；再過五百年，修行人只熱衷聞思佛法，甚少實修。到塔寺堅固期，修行人多重形式，熱心於建塔寺造佛像。由佛滅後二千年至二千五百年，大多數修行人廢三學，以造口業，興諍訟；互設障礙，彼此嫉妒為能事。若以佛滅於西元前五四三年計算，二千五百年，相當於西元一九五七年。

30《金剛般若論》〈欲得法身〉義句。

31 誠如龍樹菩薩在《寶行王正論》〈安樂解脱品第一〉頌二十九、三十提到，對某東西例如五蘊有分別執著時，心念說：「這就是我了。」便是起「我想」；但如果了知五蘊不實，「我想」便不生起。「諸陰（五蘊）我執生，我執由義虛；若種子不實，芽等云何真？若見陰不實，我見則不生；由我見滅盡，諸陰不更起。」

32 修行人如何突破由欲得言說法身而進入證得法身，如何由文字般若轉入觀照般若、實相般若，如何確實斷除四種法相想、四種我相想，可參考寂天菩薩《入菩薩行》〈智慧品〉頌三十二至三十五，或上師寶傳講《入菩薩行講義下卷》頁五十六至五十九。

33 根據月稱菩薩《入中論》〈究竟佛地〉頌十八解釋佛報身時說：「此寂滅身無分別，如如意樹摩尼珠，眾生未空常利世，離戲論者始能見。」

34 見世親菩薩《能斷金剛般若波羅蜜多經論釋》頌十六。

35 如云：「善現，言如來者，即是真實真如增語，都無所去，無所從來；故名如來、應、正等覺。」

36 對應此句，秦譯本云：「無有定法名阿耨多羅三藐三菩提，亦無有定法如來可說。」

37 根據義淨法師譯世親菩薩《論釋》云：「由其聚聲，有二種義，一是聚積義，二是肩荷義。」所以「由此因緣所生福聚」可理解成：以布施積聚的福德是可以積聚，而且功德可以歸屬於布施者。

38 如《論釋》云：「彼福積聚，說為福聚；由其不能持荷菩提（福德不等於菩提），說為非聚。」

39 依世親菩薩說，出世的福聚是自己信受行持《般若經》，並且向別人宣說《般若經》。如經云：「於此法門乃至四句伽陀，受持、讀誦，究竟通利，及廣為他宣說開示，如理作意。」

40 誠如月稱菩薩《入中論》〈究竟佛地〉頌十七云：「諸佛法身最寂滅，爾時不生亦不滅，由心滅故由身證！」這裡所說「由身證」的身是指報身；報身是由法身等流而生。詳見上師實著作《入中論講義》頁六五三及六五九註釋 4。

41 依龍欽心髓的說法，報身有七種功德，分別是無自性（遠離虛妄建構出的實我、實法）、無滅、大悲周遍、相續不斷、大樂、和合和受用圓滿。

42 唯識學家將真如分成兩種：斷以我執為中心的煩惱障後顯出的真如，稱為生空真如；斷以法執為中心的所知障後顯出的真如，稱為法空真如。

43 宗喀巴在《入中論善顯密意疏》中引這段經文時解釋：「此謂若預流者，於能得人及所得果執為實有而作是念：『我能證得預流之果』，即為執我。蓋執補特伽羅實有，即補特伽羅我執；執果實有，即法我執。所言預流者不執實有能證果者，約彼無有實執所著之境；於後三果亦應如是知。」見法爾出版社版本頁七十六至七十七。

44 有關聲聞四果的斷證功德情況，詳見於無著菩薩《大乘阿毘達磨集論》卷六〈抉擇分中得品第三之一〉。

45《成唯識論述記》云：「如是總別十煩惱中；六通俱生及分別起，任運，思察俱得生故；疑後三見唯分別起，要由惡友及邪教力，自審思察方得生故。」（見中華書局版《成唯識論校釋》頁四一四）意思是：根本煩惱中的貪、瞋、癡、慢、疑、惡見為總。惡見再分為五種：薩迦耶見、邊執見、邪見、見取、戒禁取，此稱為別。貪、瞋、癡、慢、薩迦耶見（身見）和邊見這六種有的與生俱來，不待思慮任運生起，其行相深遠，叫俱生煩惱；有的要待邪説歪風及自身謬妄思慮分別然後生起，其行相粗顯，叫分別煩惱。而疑、邪見、見取和戒禁取只是分別煩惱。經文中所指的預流果，永斷的是薩迦耶見中分別煩惱部份、疑見和戒禁見。換言之，分別煩惱可在見道證預流果一時斷之；俱生煩惱卻要在修道證一來、不還、阿羅漢等果時，才漸漸斷除。

46《大乘阿毘達磨集論》〈得品〉云：「何等阿羅漢果補特伽羅？謂已永斷有頂第九品煩惱，安住彼究竟道。若阿羅漢永斷三界一切煩惱，何故但言永斷五順上分結（色貪、無色貪、掉舉、慢、無明），得阿羅漢果？最勝攝故。」

47《現觀莊嚴論》〈法身品〉卷九。

48 根據《俱舍論》〈分別賢聖品〉卷二十五説：「俱由得滅定，餘名慧解脱。」以無漏智斷一切煩惱障，但未能得滅盡定，稱慧解脱阿羅漢；能兼以無漏智與滅盡定斷煩惱障者，稱為俱解脱阿羅漢。因俱解脱比慧解脱殊勝，故經文以「最為第一」來形容善現長老是極利根的修行人。

49 修行人由我想而引發出：一、慢，「於修道得勝中無慢」對治。二、為離少聞，以「不離佛出時」對治。三、離小攀緣作念修道，以「願淨佛土」對治。四、對治捨離眾生，菩薩要經歷「成熟眾生」住處。五、為遠離樂隨外論散亂，菩薩要經歷的「遠離隨順外論散亂」住處。六、為離破影像相中無巧便，菩薩要經歷「色及眾生身摶取中觀破相應行」

住處。七、為離不具福德資糧，菩薩要經歷「供養給侍如來」住處。八、為離懈怠利養等樂味故，菩薩要經歷「遠離利養及疲乏熱惱故不起精進及退失」住處。九、為離不能忍苦，菩薩要經歷「忍苦」住處。十、為離缺少智慧資糧，菩薩要經歷「離寂靜味」住處。十一、為遠離禁不住享受肉身喜受，所以要經歷「於證道時遠離喜動」住處。十二、為遠離無教授，故經歷菩薩十八住的第十六個住處：「求教授」。第十六個菩薩住處相當於經文第二周說法的十七疑中的第一個疑：「佛告善現：『於汝意云何？如來昔於然燈如來、應、正等覺所，頗有少法能證阿耨多羅三藐三菩提不？』」

50 見吳月支優婆塞支謙（約三世紀人）譯《佛說太子瑞應本起經》卷上。

51《入中論》〈究竟佛地〉頌十八。

52 見《金剛般若論》〈供養給侍如來〉。

53 指定力和慧力高超，能斷煩惱和證入滅盡定的阿羅漢聖人。

54 如《大乘莊嚴經論》〈發心品〉頌八、九云：「親近正遍知，善集福智聚；於法無分別，最上真智生。諸法及眾生，所作及佛體，於此四平等，故得歡喜勝。」

55 誠如寂天菩薩在《入菩薩行》〈智慧品〉頌一說：「此等一切支，佛為智慧說；故欲息苦者，當啟空性慧。」

56 經文說無有想，亦非無想；是說明忍辱仙人在仍有知覺下不產生「我」相想。強調當時仙人仍處於清醒狀態中。

57 如聖天菩薩在《菩薩瑜伽行四百論》〈淨治弟子品〉頌十四述說釋尊認為持《般若經》是成佛因，功德遠超布施時說：「為下根說施，為中根說戒，為上說寂滅；常應修上者。」寂滅是說修般若法門能寂滅一切生死；故應常修。又在頌十五記述釋尊如何教人常修般若法門說：

「先遮遣非福，中應遣除我，後遮一切見；知此為智者。」先要起不害之心，不與人爭；接著要遣除一切我相、有情相、命者相、補特伽羅相；最後安住於遠離一切戲論的佛法身上。

58 事實上，能於依他起性的五蘊上遣除能取的我相和所取的有情相，即現證真如，圓成實性。

59 誠如窺基法師在《金剛般若贊述》所說：「如來三界獨尊，天人師；既為法界王，作五趣醫；脫屣在家之上師，棄捨輪王之大祚；道成正覺，所欲皆成。既不規名利，復不求安樂，何忽有妄語乎！」

60 般若波羅蜜多即無漏智，見世親菩薩釋，真諦法師譯無著菩薩論文《攝大乘論釋》。T31n1595PO245a20(00)

61 如本經前文所說：「以諸賢聖補特伽羅皆是無為之所顯！」無為、真如、法身和心之本性，都是同義，只是從不同角度探索，使用不同的名稱而已。

62 法身就是真如的說法，除了本經前文提到包括佛在內，一切賢聖都是無為法（真如）之所顯；世親菩薩在《攝大乘論釋》說：「『真如清淨相故』者，清淨真如體是常住，顯成佛故，應知如來常住為相。」T31n1597PO371b19(06) 所以說佛以真如為自性身。

63 離言自性是指由名言所代表某件事物的本身。

64 如世親菩薩《大乘五蘊論》云：「云何真如？謂諸法法性，法無我性。」意思是說：甚麼是真如呢？它除了是指宇宙實體外，還要修成觀一切法空的無漏智來遣除人我、法我後所顯的離言實體。

65「真」者，甚麼都是假，只有它是唯一的真；「如」者，恆常如此，保持不變。

66 法性者，指諸法實性，真如的同義詞。諸法實性，法爾如是，不能找到它的起點，本自不生，後亦不滅；故稱之為無生法性。

67 永斷道路的道路，指萬物皆由這點而來；借喻真如為萬物之共依實體。而在真如當中，有漏及苦皆永斷。故永斷道路亦是真如的同義詞。

68 畢竟不生：世間現象皆有因果關係，但凡夫以為因果各有自性，而執有實際的生滅。從簡單的邏輯分析就知道，事物若是由緣而生，則必無自性；亦即是說諸法從未生起過，即無生，何來有滅？龍樹菩薩在《中論》〈觀因緣品〉頌一就分析過諸法不可能有生滅：「諸法不自生，亦不從他生，不共不無因，是故知無生。」所以，畢竟不生亦是真如的另一同義詞。

69 修行人因我執產生的十二種障礙，在前文已詳述。「雖能自攝而無教授」，是指雖然修行人能禪修，但因我執而生起我慢，導致沒有善知識從旁指導，終不能讓般若波羅蜜多現行。

70《現觀莊嚴論略釋》卷三〈引發三身之殊勝道〉。

71 愛德華孔茲在註釋中引《大寶積經》說：「過去已滅，未來未生，現在只存於剎那間。」又說念頭看似在前面，但當我們嘗試去把觸它時，怎樣也會慢它一步。其次是，正如火不自燒，刀不自割；念頭是見不到念頭的，能夠認知念頭的，都是虛妄的意識。凡夫希望能透過將每個剎那的念頭串連起來，看似一個獨立體；諸佛了知沒有一個連繫力可將無數念頭串連起來，形成「心流注」。

72「心具足」分了六點說明，這些都是無著菩薩提出上求佛地的修行德目；包括：為念處、為正覺、為施設大利法、為攝取法身、為不住生死涅槃和為行住淨。

73 相傳禪宗五祖弘忍就是以這個於真如中無所得，判別慧能已真正達致見道的境界。如云：「菩提本無樹，明鏡亦非臺，本來無一物，何處惹塵埃？」

74 如前文說：「復次善現，如來現前等所證法，或所說法，或所思法，即於其中非諦非妄。」

75 義淨法師將菩薩應攝受的福聚稱為「正取」，不應攝受的福聚稱為「越取」。越一作趣，有執著的修福稱為「趣取」。

76 見羅時憲先生《能斷金剛般若波羅蜜多經纂釋》。

77《大乘莊嚴經論》〈菩提品〉頌六十。

78《大乘莊嚴經論》〈菩提品〉頌六十五及六十六。

79 愛德華孔茲說：「鳩摩羅什譯本在九如偈前明確地加入這一句，說明了修行人如果看通了現象界種種虛妄的相想活動，就可以達致隨順和緊扣真如理而修行，最後證入空性和涅槃。」凡夫修行人雖不能見真如勝義境，但只須透過日積月累斷除執著塵世種種相縛，就可逐漸到達涅槃境界。

參考書目

1.《大般若經》 眾生出版
2. 無著菩薩《金剛般若論》漢藏三譯對照
   瀋陽北塔翻譯組2013年元月
3.《能斷金剛般若波羅蜜多經纂釋》羅時憲撰　佛教法相學會
4.《大乘莊嚴經論講義》〈發心品〉〈真實品〉〈神通品〉
   〈菩提品〉 金剛阿闍黎莫炳昌傳講
5. Buddhist Wisdom Books – The Diamond and the Heart Sutra
   Edward Conze

《能斷金剛般若波羅蜜多經》現代標點白話語譯

漢　　　譯：唐三藏法師玄奘奉詔譯
傳　講　者：金剛阿闍黎莫炳昌
編　　　校：鄔波斯迦吳燕珠
出　　　版：賢創作
設　　　計：葉俊雄
排版及美術：Match Idea Box Ltd
發　　　行：香港聯合書刊物流有限公司
承　　　印：匯彩制作
國際書號：978-988-77547-2-5
定　　　價：港幣138 元
香港出版：第一版 2016 年 12 月

鳴謝贊助人：梁劍峰先生　Ms Kay

迴向普為出資受持輾轉流通者

願以此功德	迴向諸有情	消除宿現業	圓滿勝善根
增長眾福慧	速發菩提心	人各習十善	勤修利他行
一切出資者	捐資印送者	咸皆得善利	先亡獲超昇
風雨常調順	往生安樂剎	法界諸含識	皆共成佛果

賢創作　email : yincreation@gmail.com
香港英皇道郵政信箱35310
賢創作

世親菩薩
論釋

金剛能斷

般若波羅蜜多經

現代標點白話語譯

金剛阿闍黎莫炳昌傳講

目錄

序

佛教由慈悲救世度生，到修行解脫成佛，內涵之精深廣博，眾所周知；君愈是修學研讀，愈感讚歎，套用現代說法，一定得到無數的「LIKE」。惜正值五濁惡世，人心均被名利佔據，煩惱熾盛，寧選擇俗世短暫享樂，甚或因福德智慧不足，對佛陀稀有寶貴的教法望而卻步的人多，慎思欲解脫出離煩俗痛苦的世間，矢志走上涅槃寂靜之佛道者，可謂儼如清晨的星星般稀少難得。

今幸有具德具慧金剛阿闍黎莫炳昌上師，為有緣信眾開講唐三藏玄奘法師奉詔譯之《能斷金剛般若波羅蜜多經》，簡稱《般若三百頌》，確是天、人共讚頌，現得以出版面世，更是讀者之喜訊。

慈悲的上師從 2014 年 9 月 27 日至 2016 年 8 月 27 日，分成二十三次佛學講座宣講這部經典，為此經加上現代標點，就恰似畫龍點睛般，除了賦予讀者更清晰更精準之「視野」外，還以無著菩薩、世親菩薩分別用十八個菩薩行所住處、釋二十七疑之闡解方法來詳析，白話語譯，開啟般若智慧，直探佛所說之甚深義，藉以斷除煩惱痛苦根源，得證菩提，實非不可能之事。

初學佛的讀者若是首持本書，這是您多生多世修來之福德，如今因緣成熟，您要感恩己福，繼續未圓滿之修學，使之圓滿，全因學佛是您一切福善之泉源。希望讀者於中能增廣對佛學名相的理解，糾正一些人云亦云、不能導引致安樂解脫的見解，從而靠近諸佛共說的大乘自利利他意趣，對於日後進階修持，裨益匪淺。

本書設計別具意義，橫排一面，是無著菩薩用十八個菩薩的行所住處，即菩薩修行所經歷的十八個階段，闡解《能斷金剛般若波羅蜜多經》經文內容；而直排的一面，是世親菩薩用釋二十七疑，即一般人對佛法所存的疑惑，來解釋經文內容，慈悲的上師逐一詳細白話淺釋。所以本書沒有封底，只有封面，這樣的鋪排，讀者更容易掌握。

一釋不住相因得有相果之疑
P.37

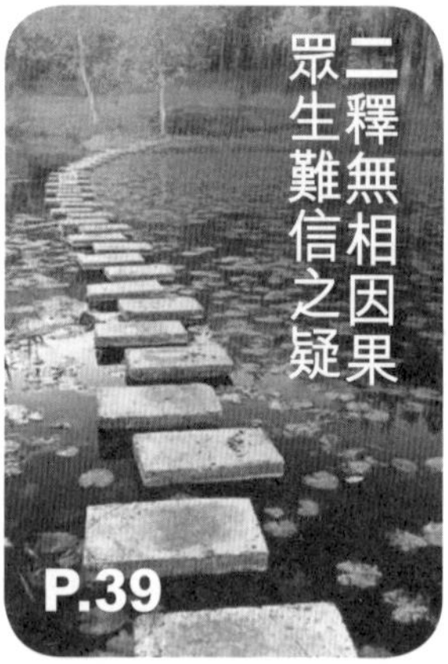
二釋無相因果眾生難信之疑
P.39

三釋於無相果所生之疑
P.46

四釋聲聞得果是取之疑
P.54

五釋釋迦然燈有取有說之疑
P.58

六釋菩薩莊嚴佛土之疑
P.59

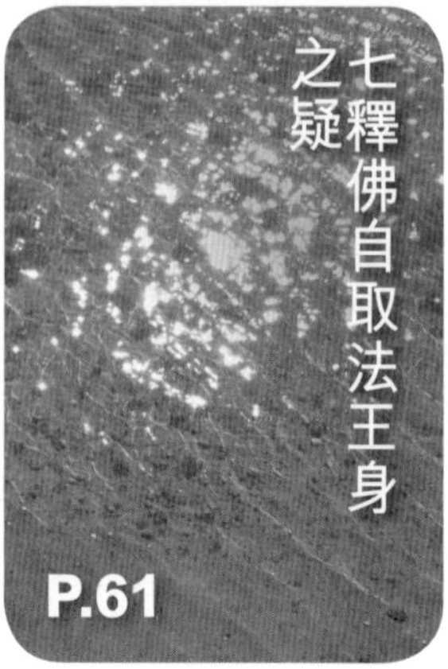
七釋佛自取法王身之疑
P.61

八釋持經行忍得福應劣之疑
P.74

九釋若人無我如何證得真如之疑
P.80

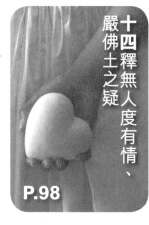

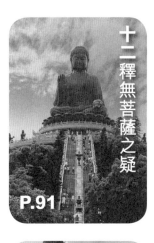

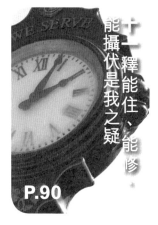

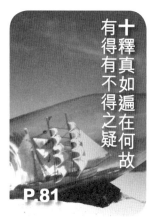

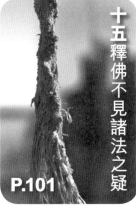

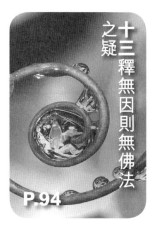

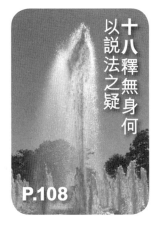

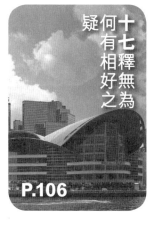

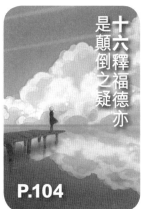

十九釋深法恐無人信之疑
P.109

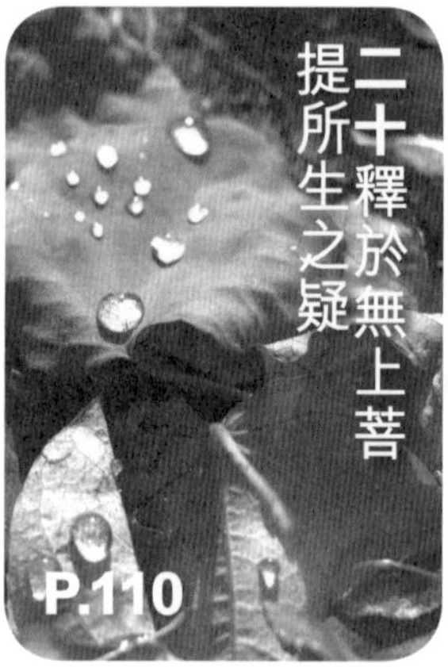
二十釋於無上菩提所生之疑
P.110

二十一釋所說無記非無上菩提因之疑
P.113

二十二釋平等云何度生之疑
15
10
5
0
30
Marsh
Instrument
Company
P.115

二十三釋以具相比知真佛之疑
P.117

二十四釋菩薩修福無功之疑
P.119

二十五釋有情不得見佛之疑
P.123

二十六釋法身化身一異之疑
P.124

二十七釋化身教法受持無福之疑
P.129

《能斷金剛般若波羅蜜多經》現代標點白話語譯

Vajracchedikā Prajñāpāramitā Sūtra

唐三藏法師玄奘奉詔譯

金剛阿闍黎莫炳昌傳講

如是我聞。一時薄伽梵在室羅筏，住逝多林給孤獨園，與大苾芻眾千二百五十人俱。爾時世尊，於日初分，整理常服，執持衣缽，入室羅筏大城乞食。時薄伽梵於其城中行乞食已，出還本處；飯食訖，收衣缽，洗足已，於食後時，敷如常座，結跏趺坐，端身正願，住對面念。

時諸苾芻來詣佛所，到已，頂禮世尊雙足，右繞三匝，退坐一面。具壽善現亦於如是眾會中坐。爾時眾中，具壽善現從座而起，偏袒一肩，右膝著地，合掌恭敬而白佛言：「希有世尊！乃至如來、應、正等覺，能以最勝攝受，攝受諸菩薩摩訶薩；乃至如來、應、正等覺，能以最勝付囑，付囑諸菩薩摩訶薩。世尊，諸有發趣菩薩乘者，應云何住？云何修行？云何攝伏其心？」作是語已。

爾時世尊告具壽善現曰：「善哉，善哉！善現，如是，如是！如汝所說，乃至如來、應、正等覺能以最勝攝受，攝受諸菩薩摩訶薩；乃至如來、應、正等覺能以最勝付囑，付囑諸菩薩摩訶薩。是故，善現，汝應諦聽，極善作意！吾當為汝分別解說，諸有發趣菩薩乘者，應如是住，如是修行，如是攝伏其心。」具壽善現白佛言：「如是，世尊，願樂欲聞！」

佛言：「善現，諸有發趣菩薩乘者，應當發起如是之心：所有諸有情，有情攝所攝，若卵生、若胎生、若濕生、若化生，若有色、若無色，若有想、若無想，若非有想、非無想，乃至有情界施設所施設，如是一切，我當皆令於無餘依妙涅槃界而般涅槃。雖度如是無量有情令滅度已，而無有情得滅度者。何以故？善現，若諸菩薩摩訶薩有情想轉，不應說名菩薩摩訶薩。所以者何？善現，若諸菩薩摩訶薩，不應說言有情想轉。如是命者想、士夫想、補特伽羅想、意生想、摩納婆想、作者想、受者想轉，當知亦爾。何以故？善現，無有少法名為發趣菩薩乘者。復次善現，菩薩摩訶薩不住於事應行布施，都無所住應行布施，不住於色應行布施，不住聲、香、味、觸、法應行布施。善現，如是菩薩摩訶薩，如不住相、想應行布施。何以故？善現，若菩薩摩訶薩都無所住而行布施，其福德聚不可取量。」佛告善現：「於汝意云何？東方虛空可取量不？」善現答言：「不也！世尊！」「善現，如是南、西、北方，四維上下，周遍十方一切世界虛空可取量不？」善現答言：「不也！世尊！」佛言：「善現，如是，如是。若菩薩摩訶薩都無所住而行布施，其福德聚不可取量，亦復如是。善現，菩薩如是如不住相、想應行布施。」

佛告善現：「於汝意云何？可以諸相具足觀如來不？」善現答言：「不也，世尊！不應以諸相具足觀於如來。何以故？如來說諸相具足，即非諸相具足。」說是語已。佛復告具壽善現言：「善現，乃至諸相具足，皆是虛妄；乃至非相具足，皆非虛妄；如是，以相、非相應觀如來。」說是語已。

具壽善現復白佛言：「世尊，頗有有情，於當來世，後時後分，後五百歲，正法將滅時分轉時，聞說如是色經典句，生實想不？」佛告善現：「勿作是說：『頗有有情，於當來世後時後分，後五百歲，正法將滅時分轉時，聞說如是色經典句，生實想不？』然復善現，有菩薩摩訶薩，於當來世後時後分，後五百歲，正法將滅時分轉時，具足尸羅，具德、具慧。復次善現，彼菩薩摩訶薩，非於一佛所承事供養，非於一佛所種諸善根；然復善現，彼菩薩摩訶薩，於其非一、百、千佛所承事供養，於其非一、百、千佛所種諸善根，乃能聞說如是色經典句，當得一淨信心。善現，如來以其佛智悉已知彼，如來以其佛眼悉已見彼。善現，如來悉已覺彼一切有情，當生無量無數福聚，當攝無量無數福聚。何以故？善現，彼菩薩摩訶薩，無我想轉，無有情想，無命者想，無士夫想，無補特伽羅想，無意生想，無摩納婆想，無作者想，無受者想轉。善現，彼菩薩摩訶薩無法想轉、無非法想轉，無想轉、亦無非想轉。所以者何？善現，若菩薩摩訶薩有法想轉，彼即應有我執、有情執、命者執、補特伽羅等執；若有非法想轉，彼亦應有我執、有情執、命者執、補特伽羅等執。何以故？善現，不應取法，不應取非法。是故如來密意而說筏喻法門：『諸有智者法尚應斷，何況非法！』」

佛復告具壽善現言：「善現，於汝意云何？頗有少法，如來、應、正等覺證得阿耨多羅三藐三菩提耶？頗有少法，如來、應、正等覺是所說耶？」善現答言：「世尊，如我解佛所說義者，無有少法，如來、應、正等覺證得阿耨多羅三藐三菩提；亦無有少法，是如來、應、正等覺所說。何以故？世尊，如來、應、正等覺所證、所說、所思惟法皆不可取，不可宣說；非法，非非法。

何以故？以諸賢聖補特伽羅皆是無為之所顯故。」佛告善現：「於汝意云何？若善男子或善女人，以此三千大千世界盛滿七寶，持用布施，是善男子或善女人，由此因緣所生福聚，寧為多不？」善現答言：「甚多，世尊！甚多，善逝！是善男子或善女人，由此因緣所生福聚，其量甚多。何以故？世尊，福德聚、福德聚者，如來說為非福德聚；是故如來說名福德聚、福德聚。」佛復告善現言：「善現，若善男子或善女人，以此三千大千世界盛滿七寶，持用布施；若善男子或善女人，於此法門，乃至四句伽陀，受持、讀誦，究竟通利，及廣為他宣說開示，如理作意；由是因緣所生福聚，甚多於前無量無數。何以故？一切如來、應、正等覺阿耨多羅三藐三菩提皆從此經出，諸佛世尊皆從此經生。所以者何？善現，諸佛法、諸佛法者，如來說為非諸佛法，是故如來說名諸佛法、諸佛法。」

佛告善現：「於汝意云何？諸預流者頗作是念：『我能證得預流果』不？」善現答言：「不也，世尊，諸預流者不作是念：『我能證得預流之果。』何以故？世尊，諸預流者，無少所預，故名預流；不預色、聲、香、味、觸、法；故名預流。世尊，若預流者作如是念：『我能證得預流之果。』即為執我、有情、命者、士夫、補特伽羅等。」佛告善現：「於汝意云何？諸一來者頗作是念：『我能證得一來果』不？」善現答言：「不也，世尊，諸一來者不作是念：『我能證得一來之果。』何以故？世尊，以無少法證一來性，故名一來。」佛告善現：「於汝意云何？諸不還者頗作是念：『我能證得不還果』不？」善現答言：「不也，世尊，諸不還者不作是念：『我能證得不還之果。』何以故？世尊，以無少法證不還性，故名不還。」佛告善現：「於汝意云何？

諸阿羅漢頗作是念：『我能證得阿羅漢』不？」善現答言：「不也，世尊，諸阿羅漢不作是念：『我能證得阿羅漢性。』何以故？世尊，以無少法名阿羅漢，由是因緣名阿羅漢。世尊，若阿羅漢作如是念：『我能證得阿羅漢性。』，即為執我、有情、命者、士夫、補特伽羅等。所以者何？世尊，如來、應、正等覺說我得無諍住最為第一。世尊，我雖是阿羅漢，永離貪欲，而我未曾作如是念：『我得阿羅漢，永離貪欲。』世尊，我若作如是念：『我得阿羅漢，永離貪欲』者，如來不應記說我言：『善現，善男子得無諍住最為第一。』以都無所住，是故如來說名無諍住、無諍住。」

佛告善現：「於汝意云何？如來昔在然燈如來、應、正等覺所，頗於少法有所取不？」善現答言：「不也！世尊，如來昔在然燈如來、應、正等覺所，都無少法而有所取。」

佛告善現：「若有菩薩作如是言：『我當成辦佛土功德莊嚴。』如是菩薩非真實語。何以故？善現，『佛土功德莊嚴、佛土功德莊嚴』者，如來說非莊嚴，是故如來說名『佛土功德莊嚴、佛土功德莊嚴。』是故善現，菩薩如是都無所住應生其心；不住於色應生其心，不住非色應生其心；不住聲、香、味、觸、法應生其心，不住非聲、香、味、觸、法應生其心；都無所住應生其心。」

佛告善現：「如有士夫具身、大身，其色自體假使譬如妙高山王；善現，於汝意云何？彼之自體為廣大不？」善現答言：「彼之自體廣大，世尊！廣大，善逝！何以故？世尊，彼之自體如來說非彼體，故名自體；非以彼體故名自體。」

佛告善現：「於汝意云何？乃至殑伽河中所有沙數，假使有如是沙等殑伽河，是諸殑伽河沙寧為多不？」善現答言：「甚多，世尊！甚多，善逝！諸殑伽河尚多無數，何況其沙！」佛言：「善現，吾今告汝，開覺於汝；假使若善男子或善女人，以妙七寶盛滿爾所殑伽河沙等世界，奉施如來、應、正等覺；善現，於汝意云何，是善男子或善女人，由此因緣，所生福聚寧為多不？」善現答言：「甚多，世尊！甚多，善逝！是善男子或善女人，由此因緣，所生福聚其量甚多。」佛復告善現：「若以七寶盛滿爾所沙等世界，奉施如來、應、正等覺。若善男子或善女人，於此法門乃至四句伽陀，受持、讀誦，究竟通利，及廣為他宣說開示，如理作意；由此因緣，所生福聚甚多於前無量無數。復次善現，若地方所，於此法門乃至為他宣說開示四句伽陀，此地方所尚為世間諸天及人、阿素洛等之所供養，如佛靈廟。何況有能於此法門，具足究竟書寫、受持、讀誦，究竟通利，及廣為他宣說開示，如理作意；如是有情，成就最勝希有功德。此地方所，大師所住，或隨一一尊重處所，若諸有智同梵行者。」說是語已。具壽善現復白佛言：「世尊，當何名此法門？我當云何奉持？」作是語已。佛告善現言：「具壽，今此法門，名為『能斷金剛般若波羅蜜多』，如是名字，汝當奉持。何以故？善現，如是般若波羅蜜多，如來說為非般若波羅蜜多，是故如來說名般若波羅蜜多。」佛告善現：「於汝意云何？頗有少法如來可說不？」善現答言：「不也，世尊，無有少法如來可說。」佛告善現：「乃至三千大千世界大地微塵，寧為多不？」善現答言：「此地微塵甚多，世尊！甚多，善逝！」佛言：「善現，大地微塵，如來說非微塵，是故如來說名大地微塵。諸世界，如來說非世界，是故如來說名世界。」佛告善現：「於汝意云

何？應以三十二大士夫相觀於如來、應、正等覺不？」善現答言：「不也，世尊，不應以三十二大士夫相觀於如來、應、正等覺。何以故？世尊，三十二大士夫相，如來說為非相；是故如來說名三十二大士夫相。」

佛復告善現言：「假使若有善男子或善女人，於日日分，捨施殑伽河沙等自體，如是經殑伽河沙等劫數捨施自體；復有善男子或善女人，於此法門乃至四句伽陀，受持、讀誦、究竟通利，及廣為他宣說開示，如理作意；由是因緣所生福聚，甚多於前無量無數。」爾時，具壽善現，聞法威力，悲泣墮淚，俛仰捫淚而白佛言：「甚奇希有，世尊！最極希有，善逝！如來今者所說法門，普為發趣最上乘者作諸義利，普為發趣最勝乘者作諸義利。世尊，我昔生智以來，未曾得聞如是法門。世尊，若諸有情聞說如是甚深經典，生真實想，當知成就最勝希有。何以故？世尊，諸真實想、真實想者，如來說為非想；是故如來說名真實想、真實想。世尊，我今聞說如是法門，領悟信解，未為希有。若諸有情，於當來世後時後分，後五百歲，正法將滅時分轉時，當於如是甚深法門，領悟信解、受持、讀誦、究竟通利，及廣為他宣說開示，如理作意；當知成就最勝希有。何以故？世尊，彼諸有情無我想轉，無有情想，無命者想，無士夫想，無補特伽羅想，無意生想，無摩納婆想，無作者想，無受者想轉。所以者何？世尊，諸我想即是非想，諸有情想、命者想、士夫想、補特伽羅想、意生想、摩納婆想、作者想、受者想即是非想。何以故？諸佛世尊離一切想。」作是語已。爾時世尊告具壽善現言：「如是！如是！善現，若諸有情，聞說如是甚深經典，不驚，不懼，無有怖畏，當知成就最勝希有。何以故？善現，如來說最勝波羅蜜多，謂般若波羅

蜜多。善現，如來所說最勝波羅蜜多，無量諸佛世尊所共宣說，故名最勝波羅蜜多。如來說最勝波羅蜜多，即非波羅蜜多；是故如來說名最勝波羅蜜多。

「復次善現，如來說忍辱波羅蜜多，即非波羅蜜多；是故如來說名忍辱波羅蜜多。何以故？善現，我昔過去世，曾為羯利王斷支節肉，我於爾時，都無我想、或有情想、或命者想、或士夫想、或補特伽羅想、或意生想、或摩納婆想、或作者想、或受者想。我於爾時都無有想，亦非無想。何以故？善現！我於爾時若有我想，即於爾時應有恚想。我於爾時若有有情想、命者想、士夫想、補特伽羅想、意生想、摩納婆想、作者想、受者想，即於爾時應有恚想。何以故？善現，我憶過去五百生中，曾為自號忍辱仙人。我於爾時，都無我想、無有情想、無命者想、無士夫想、無補特伽羅想、無意生想、無摩納婆想、無作者想、無受者想。我於爾時都無有想，亦非無想。是故善現，菩薩摩訶薩，遠離一切想，應發阿耨多羅三藐三菩提心。不住於色應生其心，不住非色應生其心；不住聲、香、味、觸、法應生其心；不住非聲、香、味、觸、法應生其心；都無所住應生其心。何以故？善現，諸有所住，則為非住。是故，如來說諸菩薩應無所住而行布施，不應住色、聲、香、味、觸、法而行布施。復次善現，菩薩摩訶薩為諸有情作義利故，應當如是棄捨布施。何以故？善現，諸有情想即是非想。一切有情，如來即說為非有情。」

「善現，如來是實語者，諦語者，如語者，不異語者。復次善現，如來現前等所證法，或所說法，或所思法，即於其中非諦非妄。」

「善現，譬如士夫入於闇室，都無所見；當知菩薩若墮於事，謂墮於事而行布施，亦復如是。善現，譬如明眼士夫，過夜曉已，日光出時，見種種色；當知菩薩不墮於事，謂不墮事而行布施，亦復如是。」

「復次善現，若善男子或善女人，於此法門，受持、讀誦，究竟通利，及廣為他宣說開示，如理作意；則為如來以其佛智悉知是人，則為如來以其佛眼悉見是人，則為如來悉覺是人；如是有情，一切當生無量福聚。復次善現，假使善男子或善女人，日初時分以殑伽河沙等自體布施，日中時分復以殑伽河沙等自體布施，日後時分亦以殑伽河沙等自體布施，由此法門，經於俱胝那庾多百千劫以自體布施，若有聞說如是法門，不生誹謗，由此因緣所生福聚，尚多於前無量無數；何況能於如是法門，具足畢竟書寫、受持、讀誦，究竟通利，及廣為他宣說開示，如理作意；復次善現，如是法門不可思議，不可稱量；應當希冀不可思議所感異熟。善現，如來宣說如是法門，為欲饒益趣最上乘諸有情故，為欲饒益趣最勝乘諸有情故。善現，若有於此法門，受持、讀誦，究竟通利，及廣為他宣說開示，如理作意；即為如來以其佛智悉知是人，即為如來以其佛眼悉見是人，則為如來悉覺是人。如是有情，一切成就無量福聚，皆當成就不可思議、不可稱量、無邊福聚。善現，如是一切有情，其肩荷擔如來無上正等菩提。何以故？善現，如是法門，非諸下劣信解有情所能聽聞，非諸我見，非諸有情見，非諸命者見，非諸士夫見，非諸補特伽羅見，非諸意生見，非諸摩納婆見，非諸作者見，非諸受者見所能聽聞。此等若能受持、讀誦，究竟通利，及廣為他宣說開示，如理作意，無有是處。復次善現，若地方所聞此經典，此地方所當為世間諸

天及人、阿素洛等之所供養，禮敬右繞，如佛靈廟。復次善現，若善男子或善女人，於此經典受持、讀誦，究竟通利，及廣為他宣說開示，如理作意；若遭輕毀，極遭輕毀，所以者何？善現，是諸有情宿生所造諸不淨業，應感惡趣；以現法中遭輕毀故，宿生所造諸不淨業，皆悉消盡，當得無上正等菩提。何以故？善現，我憶過去於無數劫復過無數，於然燈如來、應、正等覺先復過去，曾值八十四俱胝那庾多百千諸佛，我皆承事；既承事已，皆無違犯。善現，我於如是諸佛世尊，皆得承事；既承事已，皆無違犯。若諸有情，後時後分後五百歲，正法將滅時分轉時，於此經典受持、讀誦，究竟通利，及廣為他宣說開示，如理作意；善現，我先福聚，於此福聚，百分計之所不能及；如是千分、若百千分、若俱胝百千分、若俱胝那庾多百千分，若數分，若計分，若算分，若喻分，若鄔波尼殺曇分亦不能及。善現，我若具說，當於爾時，是善男子或善女人所生福聚，乃至是善男子是善女人所攝福聚，有諸有情則便迷悶，心惑狂亂。是故善現，如來宣說如是法門，不可思議，不可稱量；應當希冀不可思議所感異熟。」

爾時具壽善現復白佛言：「世尊，諸有發趣菩薩乘者，應云何住？云何修行？云何攝伏其心？」佛告善現：「諸有發趣菩薩乘者，應當發起如是之心：『我當皆令一切有情，於無餘依妙涅槃界而般涅槃；雖度如是一切有情令滅度已，而無有情得滅度者。』何以故？善現，若諸菩薩摩訶薩有情想轉，不應說名菩薩摩訶薩。

「所以者何？若諸菩薩摩訶薩，不應說言有情想轉。如是命者想、士夫想、補特伽羅想、意生想、摩納婆想、作者想、受者想轉，當知亦爾。何以故？善現，無有少法名為發趣菩薩乘者。」

佛告善現：「於汝意云何？如來昔於然燈如來、應、正等覺所，頗有少法能證阿耨多羅三藐三菩提不？」作是語已。具壽善現白佛言：「世尊，如我解佛所說義者，如來昔於然燈如來、應、正等覺所，無有少法能證阿耨多羅三藐三菩提。」說是語已。佛告具壽善現言：「如是，如是，善現，如來昔於然燈如來、應、正等覺所，無有少法能證阿耨多羅三藐三菩提。何以故？善現，如來昔於然燈如來、應、正等覺所，若有少法能證阿耨多羅三藐三菩提者，然燈如來、應、正等覺不應授我記言：『汝摩納婆於當來世名釋迦牟尼如來、應、正等覺。』善現，以如來無有少法能證阿耨多羅三藐三菩提，是故然燈如來、應、正等覺授我記言：『汝摩納婆於當來世名釋迦牟尼如來、應、正等覺。』」

「所以者何？善現，言如來者，即是真實真如增語；言如來者，即是無生法性增語；言如來者，即是永斷道路增語；言如來者，即是畢竟不生增語。何以故？善現，若實無生，即最勝義。善現，若如是說：『如來、應、正等覺能證阿耨多羅三藐三菩提』者，當知此言為不真實。所以者何？善現，由彼謗我，起不實執。何以故？善現，無有少法如來、應、正等覺能證阿耨多羅三藐三菩提。善現，如來現前等所證法，或所說法，或所思法，即於其中非諦非妄。是故如來說一切法皆是佛法。善現，一切法、一切法者，如來說非一切法；是故如來說名一切法、一切法。」佛告善現：「譬如士夫具身、大身。」具壽善現即白佛言：「世尊，如來所說士夫具身、大身，如來說為非身；是故說名具身、大身。」

佛言：「善現，如是，如是。若諸菩薩作如是言：『我當滅度無量有情』，是則不應說名菩薩。何以故？善現，頗有少法名菩薩不？」善現答言：「不也，世尊；無有少法名為菩薩。」佛告善現：「有情、有情者，如來說非有情，故名有情。是故如來說一切法無有有情、無有命者、無有士夫、無有補特伽羅等。善現，若諸菩薩作如是言：『我當成辦佛土功德莊嚴』，亦如是說。何以故？善現，佛土功德莊嚴、佛土功德莊嚴者，如來說非莊嚴，是故如來說名佛土功德莊嚴、佛土功德莊嚴。善現，若諸菩薩於無我法、無我法深信解者，如來、應、正等覺說為菩薩。」

佛告善現：「於汝意云何？如來等現有肉眼不？」善現答言：「如是，世尊，如來等現有肉眼。」佛言：「善現，於汝意云何？如來等現有天眼不？」善現答言：「如是，世尊，如來等現有天眼。」佛言：「善現，於汝意云何？如來等現有慧眼不？」善現答言：「如是，世尊，如來等現有慧眼。」佛言：「善現，於汝意云何？如來等現有法眼不？」善現答言：「如是，世尊，如來等現有法眼。」佛言：「善現，於汝意云何？如來等現有佛眼不？」善現答言：「如是，世尊，如來等現有佛眼。」佛告善現：「於汝意云何？乃至殑伽河中所有諸沙，如來說是沙不？」善現答言：「如是，世尊！如是，善逝！如來說是沙。」佛言：「善現，於汝意云何？乃至殑伽河中所有沙數，假使有如是等殑伽河，乃至是諸殑伽河中所有沙數，假使有如是等世界。是諸世界寧為多不？」善現答言：「如是，世尊！如是，善逝！是諸世界，其數甚多。」佛言：「善現，乃至爾所諸世界中所有有情，彼諸有情各有種種，其心流注我悉能知。何以故？善現，心流注、心流注者，如來說非流注，是故如來說名心流注、心流注。所以者何？善現，過去心不可得，未

來心不可得，現在心不可得。」

佛告善現：「於汝意云何？若善男子或善女人，以此三千大千世界盛滿七寶，奉施如來、應、正等覺，是善男子或善女人，由是因緣所生福聚，寧為多不？」善現答言：「甚多，世尊！甚多，善逝！」佛言：「善現，如是，如是，彼善男子或善女人，由此因緣所生福聚，其量甚多。何以故？善現，若有福聚，如來不說福聚、福聚。」

佛告善現：「於汝意云何？可以色身圓實觀如來不？」善現答言：「不也，世尊，不可以色身圓實觀於如來。何以故？世尊，色身圓實、色身圓實者，如來說非圓實；是故如來說名色身圓實、色身圓實。」佛告善現：「於汝意云何？可以諸相具足觀如來不？」善現答言：「不也，世尊，不可以諸相具足觀於如來。何以故？世尊，諸相具足、諸相具足者，如來說為非相具足；是故如來說名諸相具足、諸相具足。」

佛告善現：「於汝意云何？如來頗作是念：『我當有所說法』耶？善現！汝今勿當作如是觀！何以故？善現，若言『如來有所說法』即為謗我，為非善取。何以故？善現，說法、說法者，無法可得；故名說法。」

爾時具壽善現白佛言：「世尊，於當來世後時後分，後五百歲，正法將滅時分轉時，頗有有情，聞說如是色類法已，能深信不？」佛言：「善現，彼非有情、非不有情。何以故？善現，一切有情者，如來說非有情；故名一切有情。」

佛告善現：「於汝意云何？頗有少法，如來、應、正等覺現證無上正等菩提耶？」具壽善現白佛言：「世尊，如我解佛所說義者，無有少法如來、應、正等覺現證無上正等菩提。」佛言：「善現，如是，如是。於中少法無有、無得，故名無上正等菩提。復次善現，是法平等，於其中間無不平等；故名無上正等菩提。以無我性，無有情性，無命者性，無士夫性，無補特伽羅等性平等故，名無上正等菩提。一切善法無不現證，一切善法無不妙覺。善現，善法、善法者，如來一切說為非法；是故如來說名善法、善法。」

「復次善現，若善男子或善女人，集七寶聚，量等三千大千世界其中所有妙高山王，持用布施。若善男子或善女人，於此般若波羅蜜多經中乃至四句伽陀，受持、讀誦，究竟通利，及廣為他宣說開示，如理作意。善現，前說福聚於此福聚，百分計之所不能及，如是千分，若百千分，若俱胝百千分，若俱胝那庾多百千分，若數分，若計分，若算分，若喻分，若鄔波尼殺曇分，亦不能及。」

佛告善現：「於汝意云何？如來頗作是念：『我當度脫諸有情』耶？善現，汝今勿當作如是觀。何以故？善現，無少有情如來度者。善現，若有有情如來度者，如來即應有其我執，有有情執，有命者執，有士夫執，有補特伽羅等執。善現，我等執者，如來說為非執；故名我等執，而諸愚夫異生彊有此執。善現，愚夫異生者，如來說為非生；故名愚夫異生。」

佛告善現：「於汝意云何？可以諸相具足觀如來不？」善現答言：「如我解佛所說義者，不

應以諸相具足觀於如來。」佛言：「善現，善哉，善哉！如是，如是！如汝所說，不應以諸相具足觀於如來。善現，若以諸相具足觀如來者，轉輪聖王應是如來。是故不應以諸相具足觀於如來。如是，應以諸相非相觀於如來。」爾時世尊而說頌曰：「諸以色觀我，以音聲尋我，彼生履邪斷，不能當見我。應觀佛法性，即導師法身。法性非所識，故彼不能了。」

佛告善現：「於汝意云何？如來、應、正等覺以諸相具足現證無上正等覺耶？善現，汝今勿當作如是觀。何以故？善現，如來、應、正等覺不以諸相具足現證無上正等菩提。復次善現，如是發趣菩薩乘者，頗施設少法若壞若斷耶？善現，汝今勿當作如是觀；諸有發趣菩薩乘者，終不施設少法若壞若斷！復次善現，若善男子或善女人，以殑伽河沙等世界盛滿七寶，奉施如來、應、正等覺，若有菩薩於諸無我、無生法中獲得堪忍，由是因緣所生福聚，甚多於彼。復次善現，菩薩不應攝受福聚。」具壽善現即白佛言：「世尊，云何菩薩不應攝受福聚？」佛言：「善現，所應攝受，不應攝受，是故說名所應攝受。」

「復次善現，若有說言：『如來若去、若來、若住、若坐、若臥』，是人不解我所說義。何以故？善現，言如來者，即是真實真如增語，都無所去、無所從來；故名如來、應、正等覺。」

「復次善現，若善男子或善女人，乃至三千大千世界大地極微塵量等世界，即以如是無數世界色像為墨如極微聚。善現，於汝意云何？是極微聚寧為多不？」善現答言：「是極微聚甚多，世尊！甚多，善逝！何以故？世尊，若極微聚是實有者，佛不應說為極微聚。所以者何？如來說

極微聚，即為非聚；故名極微聚。如來說三千大千世界，即非世界；故名三千大千世界。何以故？世尊，若世界是實有者，即為一合執。如來說一合執，即為非執；故名一合執。」佛言：「善現，此一合執不可言說，不可戲論。然彼一切愚夫、異生彊執是法。何以故？善現，若作是言：『如來宣說我見、有情見、命者見、士夫見、補特伽羅見、意生見、摩納婆見、作者見、受者見』，於汝意云何？如是所說為正語不？」善現答言：「不也，世尊！不也，善逝！如是所說非為正語。所以者何？如來所說我見、有情見、命者見、士夫見、補特伽羅見、意生見、摩納婆見、作者見、受者見，即為非見；故名我見乃至受者見。」佛告善現：「諸有發趣菩薩乘者，於一切法，應如是知，應如是見，應如是信解，如是不住法想。何以故？善現，法想、法想者，如來說為非想；是故如來說名法想、法想。」

「復次善現，若菩薩摩訶薩以無量無數世界盛滿七寶，奉施如來、應、正等覺，若善男子或善女人，於此般若波羅蜜多經中乃至四句伽陀，受持、讀誦，究竟通利，如理作意，及廣為他宣說開示，由此因緣所生福聚，甚多於前無量無數。云何為他宣說開示？如不為他宣說開示，故名為他宣說開示。」

爾時世尊而說頌曰：「諸和合所為，如星、翳、燈、幻，露、泡、夢、電、雲，應作如是觀。」

時薄伽梵說是經已，尊者善現及諸苾芻、苾芻尼、鄔波索迦、鄔波斯迦、并諸世間天、人、阿素洛、健達縛等，聞薄伽梵所說經已，皆大歡喜，信受奉行。

此經即玄奘法師奉詔譯《大般若波羅蜜多經》第九會〈能斷金剛分〉，摘出別行，名《能斷金剛般若波羅蜜多經》；亦稱為《般若三百頌》。「金剛」指煩惱和有煩惱相隨的有漏智。「能斷金剛」指「般若」；這個「般若」狹義地專指無漏無分別智。這無漏智能伏斷如金剛般堅固的煩惱和有漏智所衍生的分別概念和增上慢，所以稱作「能斷金剛」。「波羅蜜多」譯作到彼岸，指修行人依無漏無分別智，便能斷除煩惱，離諸過染，到達涅槃之彼岸。「經」是指尊者大德以美妙文句，結集貫綴出佛陀所說教言。

誠如世親菩薩（400-480）在《大乘莊嚴經論》〈述求品〉頌一註釋說，經藏的特性，以為弟子釋疑解惑為主：「立修多羅者，為對治疑惑。若人於義處處起疑，為令彼人得決定故。」佛在此經為弟子解決修學般若法門種種疑問，為令弟子依此法門得無上正等菩提。然佛在證得無上菩提，以般若無漏智內證真如時，發覺真如境界有無生、無我、純善二利圓滿的性相，與凡夫、二乘，甚至初基地上菩薩的修行者，於認知上大相徑庭，遂加持弟子善現長老，以二十七個設問，藉解答這些設問，一一剖析能證無上菩提的般若無漏智，與及所證的真如勝義境界的特性，從而令弟子透過如斯珍貴的導引，最終成就佛果。

從表面文句來看，整部經是透過佛與弟子間之質疑解惑，談論如何捨棄初基修行時所生的有漏智，採用無分別無漏智熏生無分別三摩地，熏長大悲心和勝義菩提心。若從密意來看，整部經由發心開始至上求佛地終止，是佛教凡夫由信解行地，經淨心地至如來地究竟成佛的修行教科書。

甲一　序分

乙一　禮敬

南無薄伽梵聖般若波羅蜜多

乙二　緣起

如是我聞。一時薄伽梵在室羅伐，住逝多林給孤獨園，與大苾芻眾千二百五十人俱。

我是這樣從佛處聽說的。佛當時住在室羅伐逝多林給孤獨園，和大比丘眾一千二百五十人和很多大菩薩一起。

這裡具足所謂五圓滿：一、尊師圓滿：教化之主是薄伽梵[三]，釋迦牟尼佛；二、眷屬圓滿：大比丘眾一千二百五十人[四]和眾多大菩薩；三、法圓滿：《能斷金剛般若波羅蜜多經》所詮甚深法義；四、地處圓滿：室羅筏城的逝多林給孤獨園[五]；五、時圓滿：說法者和聞法者共相會聚，時分無別，所謂「一時」。愛德華孔茲（1904-1979）所據之梵文本和義淨法師（653-713）異譯本除常隨徒眾「大苾芻千二百五十人」外，另有「及大菩薩眾」一句，明確指出本經的主要說法對象是大乘菩薩，當然亦包括那些迴小向大的二乘修行人。而此經主要的說法對象是發趣菩薩乘者[六]及地上菩薩。經文末段提到：「如來今者所說法門，普為發趣無上乘者作諸義利，普為發趣最勝乘者作諸義利。」上師寶又認為此經分二周說法：第一周是佛為未見道，無漏智

未起但想發菩薩乘俗稱「地前菩薩」的修行人而說，包括了前十疑；第二周是為已見道的地上菩薩說法，包括第十一疑至二十七疑，說法對象包括地上菩薩。

爾時世尊，於日初分，整理常服，執持衣缽，入室羅筏大城乞食。時薄伽梵於其城中行乞食已，出還本處；飯食訖，收衣缽，洗足已，於食後時，敷如常座，結跏趺坐，端身正願，住對面念。

佛在大清早，披著袈裟，托著缽盂，到室羅筏大城化緣乞食。佛在城中次第乞食之後，返回祇園精舍，享用飯菜後，收起袈裟和缽盂，洗淨雙足後便坐在為祂敷設的座位，身體挺直，跏趺而坐；注意力集中在面之前。

為何經文要花篇幅敘述佛出城乞食，再回精舍享用飯食；和清洗衣具呢？因為佛教要解決的問題，不單是至高無上的價值，所謂「定善解脫」；修行人最先要解決的是承托「定善解脫」的「勝生安樂」，而「勝生安樂」最基本的是受用資具不匱，例如必需的飯食。當然，對聖人而言，飯食是微不足道的事，既然修行人心依止正法，便應過簡樸的生活。所以僧團過著少欲知足的生活，例如茹素和過午不食。[七]「端身正願，住對面念」是指保持身體挺直；令心不動搖，集中注意力，繫念於面前；進入持續三摩地狀態，準備宣說《能斷金剛般若波羅蜜多經》。

甲二 正宗分

乙一　初周為初基修行人釋疑除散亂

丙一　嘆德請問

時諸苾芻來詣佛所，到已，頂禮世尊雙足，右繞三匝，退坐一面。具壽善現亦於如是眾會中坐。爾時眾中，具壽善現從座而起，偏袒一肩，右膝著地，合掌恭敬而白佛言：「希有世尊！乃至如來、應、正等覺，能以最勝攝受，攝受諸菩薩摩訶薩；乃至如來、應、正等覺，能以最勝付囑，付囑諸菩薩摩訶薩。世尊，諸有發趣菩薩乘者，應云何住？云何修行？云何攝伏其心？」作是語已。

接著，一大群比丘和大菩薩眾走到佛前，恭敬頂禮佛足，從祂身邊右繞三匝，然後退坐一旁。這時，善現長老亦坐在會眾中，隨後從大眾中站起來；並將上衣搭在左手一邊肩膊，袒其右肩，右膝著地，恭敬地合掌向佛說：「稀有難遇的世尊！確是稀有難遇的世尊啊！如來、應供、正等覺啊！祢能夠攝受眾多已成熟的大菩薩令祂們獲得利益，增長善法，成就利他。祢又能夠付囑祂們去指導修行還未到家的菩薩，於未得者令其得，於已退者令其進修。世尊啊！請問那些想發心趣往大乘的修行人；要發動和保持甚麼的意趣來行持般若波羅蜜多？有甚麼有效的方法來發揮無漏和無分別的般若波羅蜜多來修行？當修行般若波羅蜜多出現散亂等分別煩惱時，應當如何控御其心？」

丙二 如來正答

爾時世尊告具壽善現曰：「善哉，善哉！善現，如是，如是！如汝所説，乃至如來、應、正等覺能以最勝攝受，攝受諸菩薩摩訶薩；乃至如來、應、正等覺能以最勝付囑，付囑諸菩薩摩訶薩。是故，善現，汝應諦聽，極善作意！吾當為汝分別解説，諸有發趣菩薩乘者，應如是住，如是修行，如是攝伏其心。」具壽善現白佛言：「如是，世尊，願樂欲聞！」

説罷，佛對善現長老説：「問得好啊，問得好啊；正是這樣，善現；正是這樣。如你所説，如來以最殊勝的助力，幫助那些已成熟的菩薩摩訶薩；以最大的安樂，利益修行尚未到家的菩薩。所以，善現，請諦審聆聽，起心動念時更要慎密細緻，我將為你解説那些踏上菩薩道的修行人；要發動何等心願來行持般若波羅蜜多；有甚麼有效的方法來行持無漏無分別的般若波羅蜜多；當修學般若波羅蜜多出現散亂等分別煩惱時，應如何控御其心。」善現長老説：「就這樣；我當洗耳恭聽！」

對於佛弟子來説，佛陀的恩德是最大的。由佛的加持，修行道路上方無障礙，而修行人亦樂於將自己的慧命交託給佛陀。為了把握佛陀説法的契機，十大弟子中解空第一的善現長老代表眾人請佛説法。為了表示恭敬、坦誠和降伏我慢心，善現長老「合掌恭敬，偏袒一肩和右膝著地」；這是佛教尊師重道的吉祥傳統。善現長老先讚歎佛的功德事業，祂形容能遇上佛陀，

是需要眾生的福業成熟。再者，聽聞佛陀說法，更是世間稀有難得的事；「稀有世尊」就是說：我們要珍惜諸佛出世，此乃懸遠難遇的機會。善現長老續以「如來、應、正等覺」來讚美佛德。「如來」是指佛已證得真如而來到世間；「應」是指佛應受人天供養；「正等覺」是指如其勝義覺知諸法。最後，善現長老點出：佛就是依「般若波羅蜜多」而成就「稀有世尊、如來、應和正等覺」。所以，般若波羅蜜多是諸佛之母。佛最偉大之處，是希望眾生能像自己一樣，依般若波羅蜜多而得解脫，成就佛果。

善現長老說佛能以最勝攝受，攝受諸菩薩摩訶薩；讚美佛以般若波羅蜜多攝受眾多已成熟的大菩薩，令祂們獲得利益，增長善法，成就利他；又能付囑這些大菩薩去指導修行未到家的菩薩，於修學般若波羅蜜多未得者令其得，於已退者令其進修。佛和弟子們就是以這種「種性不斷」的關係，將覺悟的心傳承下去。基於「種性不斷」的精神[八]，善現長老向佛請教行持般若波羅蜜多的三個疑問：「諸有發趣菩薩乘者，應云何住？云何修行？云何攝伏其心？」字面的解釋大致是：那些想修大乘者應如何立定決心趣向所求目標？既發心已，當如何修行？在修行時如煩惱障、所知障生起，應如何降伏呢？所謂散亂，是「於所緣境，令心流蕩為性，能障正定，惡慧所依為業。」初基修行人心想得到太多，對修行目標拿捏不定，令心更易散亂。所以第一周說，釋尊要修行人特別降伏散亂的心，專心一志修般若波羅蜜多；第二周說法時，修行道上已得寸進，釋尊便要行者降伏增上慢。

由於整部經都是佛為了正法（大乘教）久住，令佛種不斷；所以整部《能斷金剛般若波羅蜜多經》都是佛教菩薩修持般若無漏智的。而「云何住」是指菩薩要發動和保持甚麼意趣來持守般若波羅蜜多呢？「云何修行」是指菩薩有甚麼有效方法來發揮般若波羅蜜多的無漏性和無分別性來修行呢？「云何攝伏其心」是指當修行般若波羅蜜多出現散亂等分別煩惱時，如何控御其心呢？

上師寶認為佛加持善現長老提出云何住？云何修行？云何攝伏其心？這是佛藉這三個問題帶出後面的重點。重點是在說明佛因體證真如時，發現只有生起般若波羅蜜多這種無漏無分別智，才能找到無生、無我和二利純善的真如理。如依隨順和緊扣這些真如理修行，必無礙地獲證無上正等菩提。

丁一　答云何住

戊一　明廣大利益意樂

佛言：「善現，諸有發趣菩薩乘者，應當發起如是之心：所有諸有情，有情攝所攝，若卵生、若胎生、若濕生、若化生，若有色、若無色，若有想、若無想，若非有想、非無想，乃至有情界施設所施設，如是一切，

佛陀告訴善現：「凡是趨入菩薩乘的修行者，應當這樣發心：所有有情界，『有情』

這一假名所蓋括的種種有情類；譬如卵生、胎生、濕生、化生；又或譬如有色界、無色界；又或譬如有想天、無想天，非有想、非無想天；總之，由名言安立『有情界』所指任何形式的有情；

戊二 明最勝利益意樂

「我當皆令於無餘依妙涅槃界而般涅槃。

「我一定會引領他們全部皆進入涅槃，達致無餘依涅槃界。

戊三 明至極利益意樂

「雖度如是無量有情令滅度已，而無有情得滅度者。何以故？善現，若諸菩薩摩訶薩有情想轉，不應說名菩薩摩訶薩。

「雖然有無量有情眾生被引領達致涅槃，但實際上沒有一個有情被引領致涅槃界。為甚麼呢？佛答道：如果菩薩認為離身外有一個實有有情的念頭生起的話，他不應名為菩薩。

戊四 明無顛倒利益意樂

「所以者何？善現，若諸菩薩摩訶薩，不應說言有情想轉。如是命者想、士夫想、

補特伽羅想、意生想、摩納婆想、作者想、受者想轉，當知亦爾。何以故？善現，無有少法名為發趣菩薩乘者。

「為甚麼呢？善現，若然菩薩有例如『有情』、『命者』、『士夫』、『補特伽羅』、『意生』、『摩納婆』、『作者』、『受者』等形形式式的『我見』生起，就不能稱為菩薩！為甚麼？善現，行持般若波羅蜜多時，根本沒有一種東西稱為『發趣菩薩乘的修行人』！

上文提到，為令佛種不斷，所以善現長老向佛請教有關行持般若波羅蜜多三個疑問：「云何住？」菩薩要發動和保持甚麼意趣來持守般若波羅蜜多？「云何修行？」菩薩有甚麼有效方法來發揮般若波羅蜜多的無漏性和無分別性來修行？「云何攝伏其心？」修行般若波羅蜜多時，如出現散亂等分別煩惱，應如何控制其心？佛接著一一解答善現長老的疑問。

修菩薩行首先要經歷的處境就是「發心」。佛一開始要修行人發心，就是要在阿賴耶識中找出無漏根本智種子，然後再藉以修行來營造無漏根本智現行，以遣除能、所二取及第七識執阿賴耶見分為我這種同起無明，初見真如的無生、無我和純善二利境界。

世親菩薩在《論釋》說：「修行人要具備四種利益眾生的意樂，才是大乘人的發心，才能在證佛果時功德圓滿。哪四種利益意樂呢？一、廣大；二、最勝；三、至極；四、無顛倒。」[九]

所謂一切有情，經文將之分為三類九種。第一類是依個體出生時的情況分成「卵生」，例如雞等飛禽；「胎生」，例如人；「濕生」，例如蝴蝶等昆蟲；和出生時已完整具備五根四肢的「化生」，例如中有和諸天。第二類是依有無物質身體而分成「有色」，包括三界中的欲界和色界所有眾生；以及「無色」，指無色界眾生二種。第三類是依有無粗顯的想心所來分成「有想」，指色界第四禪廣果天以下，一切眾生都屬「有想類」；「無想」，即指色界第四禪之無想天的眾生；「非有想非無想」，指沒有欲界或色界的粗顯想心所，而只存有一種貪執禪悅的想，這裡專指三界中非想非非想天的眾生。而菩薩發心利益的對象，就是上述所說九種眾生，實際包括了一切正在輪迴流轉的眾生。因為要拔濟攝受的眾生是何其廣大，所以發心的對象亦要同樣廣大；故說為廣大平等利益有情意樂。

「我當皆令於無餘依妙涅槃界而般涅槃。」所謂涅槃，是指苦因盡，苦果亦盡的生命境界。傳統上，佛教將涅槃分成兩類：一、有餘依涅槃：能生有苦身之因已盡，尚餘有苦的所依身未盡。例如釋尊在菩提樹下獲證涅槃，但祂仍未捨盡五蘊身，而以之說法度生四十餘年，這時稱為有餘依涅槃。又如月稱菩薩舉監獄為例，雖然仍有監獄這座建築物，但獄中完全沒有囚犯。二、無餘依涅槃：有漏生死因盡，有苦的所依身亦盡；例如釋尊在雙林示滅。「涅槃界」的「界」解作守持，謂涅槃能維持苦不生起和無漏用現行。[十] 因為若得無餘依涅槃，眾生便能究竟地離苦得樂；其功德超過世間善趣所有勝生安樂。今欲令無邊有情皆證得無餘依涅槃，所以發心的

目標要最勝，故說為最勝究竟利益有情意樂。

「雖度如是無量有情令滅度已，而無有情得滅度者。何以故？善現！若諸菩薩摩訶薩有情想轉，不應說名菩薩摩訶薩。」一世親菩薩解釋說：「此何意耶？謂菩薩於一切有情，悉皆攝同己體，由斯度他即度己，無己身外有情。若作己身外別有情之想，而不視他同己者，即不應名菩薩。」[十一] 菩薩有大悲心，對菩薩而言，真正的解脫是自己與所有眾生成為一體，並一齊得到解脫，不會執著身外另有一個由自己救度的有情的想法。所以發心要視自己與一切眾生同體，「若攝為己體，即是至極不捨。」故說是至極不捨利益意樂。

質疑：若果說一切有情皆攝同己體，那麼被救度的有情是否實有？發趣菩薩乘的修行人是否實有？

解惑：發趣菩薩乘的修行人無自性，發心也如鹿渴般幻化，被救度的有情亦非實有。眾生錯將五蘊執有自性，又將依五蘊而假名為我的「我」執為實我，起惑造業，輪迴生死。如果明白五蘊並非真實，虛構出來的「我見」便不再生起；如是徹底斷除「我見」，輪迴生命中待眾緣而生起的這個五蘊體便不再生起。[十二]

菩薩發心時，若羼入「我見」，就會顛倒。而這個「我見」，在經文中有八種別名：第一、有情想：舊譯眾生相。有情（Sattva 薩埵），亦譯眾生，指具有情、識而由五蘊和合的相續體。

第二、命者想：舊譯壽者相。第三、士夫想（Purusa 補盧沙）：舊譯人相，謂具有人格作用者。第四、補特伽羅想（Pudgala）：意譯數取趣；數數投生六道者。第五、意生想：例如中有，從意而生，隨意轉變。第六、摩納婆想（Mānavaka 儒童）：古印度有信奉毘紐天外道，執人身中有勝妙之我。第七、作者想：外道執人身中能作事業之我。第八、受者想：外道執能受業報之我。世親菩薩接著解釋為甚麼有分別心（想）生起：「由依有身見故，我等想生。」這個身指五蘊身，五蘊非一亦非常，但眾生執五蘊身是常；依相起想，執五蘊相而起分別念；認為這五蘊相即是我。世親菩薩又強調生起這些「有情想」、「命者想」等執，「我見」就未除，就是顛倒。世親菩薩要求修行人要將「身見」、「我見」一概「為令正斷」，要在斷除種種「我見」的狀態下來發心，就是「無顛倒利益意樂」了。

佛在「云何住」結尾時強調：修行人在發動和保持「廣大」、「最勝」、「至極」和「無顛倒」這四種利益眾生意樂，來行持般若波羅蜜多時，會發覺沒有實有的「發趣菩薩乘者」，發心要救度的有情亦無自性；甚至「發心」都如鹿渴般如幻如化。這便是「善現，無有少法名為發趣菩薩乘者。」的意思。

丁二 答云何修行

「復次善現，菩薩摩訶薩不住於事應行布施，都無所住應行布施，不住於色應行布

施，不住聲、香、味、觸、法應行布施。

「此外，善現，菩薩應不執著於事而行布施度；菩薩不為了達成世俗報恩或其他任何目的而行布施；亦為了不出現散亂，所以不執於色境而行布施，亦不執著聲、香、味、觸和思想概念而行布施。

丁三 答云何攝伏其心

戊一 正答前問

「善現，如是菩薩摩訶薩，如不住相、想應行布施。

「善現，依照這個意思，菩薩不執著由境相上所生起的分別心。

戊二 釋疑

「何以故？善現，若菩薩摩訶薩都無所住而行布施，其福德聚不可取量。」

「為甚麼呢？如果菩薩不為達成世俗目的而行持布施，祂所得到的福德，不可思量。」

佛告善現：「於汝意云何？東方虛空可取量不？」善現答言：「不也！世尊！」「善現，如是南、西、北方，四維上下，周遍十方一切世界虛空可取量不？」善現答言：

「不也！世尊！」佛言：「善現，如是，如是。若菩薩摩訶薩都無所住而行布施，其福德聚不可取量，亦復如是。善現，菩薩如是如不住相、想應行布施。」

「善現，你意下如何？東方虛空的邊際能夠測度思量嗎？」善現答道：「無法測度思量！世尊！」「同樣；善現，南、西、北方、東南、西南、東北、西北以及上下十方虛空，可以測度思量嗎？」善現回答說：「無法測度思量！」佛說道：「善現，對了，對了；同樣，菩薩如果不執著境相上的分別而行持布施，祂所得到的福德也是不可測度思量的。所以，善現，我就是這樣說：『菩薩不應執著境相上的分別而行持布施。』」

上文提到以般若波羅蜜多發心，要具備廣大、最勝、至極和無顛倒四種利益有情意樂；基於菩薩的大悲心，祂能於一切有情攝同己體；又由於行者冥契真如，斷除我見；所以不執實有發趣菩薩乘者，視發心如鹿渴，被救度的有情亦非實有；這樣來發動和保持修行動機，才能貫徹菩薩誓言：「一人未解脫，於有隨生道；願我為彼住，不先取菩提。」[十三]「乃至有虛空，以及眾生住；願吾住世間，盡除眾生苦。」[十四]此外，我們亦必須留意，要時刻修持處於與三摩鉢帝相應的「無我」觀，每當發現內心有「我見」散亂生起，便要立刻折伏散亂。這就是「發心」。

既已發心，便要修行。修般若波羅蜜多不光是依聞思理論，一定要透過身體力行，與生活

相應才是圓滿。所以佛解答完發心，便教導弟子如何修行；在修行時遇上障礙，如何攝伏自心。

佛諄諄教導弟子要不住於事應行布施。所謂「事」，梵文是Vastu[十五]，這個字的語根是Vas，意思是居住在或留在；一般指的是作為有情心識所依的對境。「不住」謂內不起分別，外不著相；「不住於事而行布施」，是抽象地指不為達成任何世俗目的（例如報恩）而去行持布施。具體來說，菩薩為了修行時不出現散亂等煩惱，所以不執著色、香、味、觸及一切思想等六種境相，而在這些境相生起分別概念情況下而行布施。[十六]

質疑：波羅蜜多有六種，為何經文只舉布施一種呢？

解惑：如世親菩薩說：「六度皆名施，由財無畏法；此中一二三，名修行不住。」[十七]祂認為「大菩薩修行之處，即是以一施聲，收盡六度。」因為布施包括財施、法施和無畏施。由財施令受者受用不匱；這是狹義的布施度，此中攝一度。無畏施能止損害，令人與人之間無怨讎，這就是持戒度；令已作惡者遠離罪報怖畏，這就是忍辱度；故無畏施攝持持戒和忍辱二度。法施是指能隨機為不同根器者說法，孜孜不倦地教導眾生如何斷惡修善攝精進度；能明了眾生根器攝靜慮度；向眾生說如實法攝智慧度；故法施攝精進、靜慮和智慧三度。所以說布施度攝六種波羅蜜。

巴楚仁波切（1808-1887）舉飯食布施給乞丐為例，說明單是財施亦可具足六度。「譬如下

施飲食給乞丐；當施與施者和受施者眾緣和合時，而又實踐了布施的行為，就是布施度。以自己會吃的去布施，不是以劣質或變壞的食物行布施，是為持戒度。被乞丐再三索求也不瞋不惱的，就是安忍度。只管布施，從沒有想過疲累或困難，就是精進度。沒有被世俗報恩等念頭所分散，就是靜慮度。了知主體、客體和布施行三者皆無自性，就是智慧度。」[十八]

質疑：如果修行人住於事而行布施等六度，會有甚麼後果？

解惑：初基修行人如執著境相而生起分別心，在這情況下修持六度，所得的是「人天福報」和「勝生安樂」。

接著，佛回答善現第三個提問：修行時出現障礙，例如「我見」生起時，應如何「攝伏自心」？佛這樣回答：「如不住相、想應行布施。」菩薩平日修行就總體來說，是不為希求世俗些甚麼目的回報來行持布施。具體來說，為了防止修行時出現散亂，所以對色、聲、香、味、觸、法六個境相不起分別心，所謂「於相離想」；並且將這種精神境界與三摩鉢帝相應。初基菩薩未能任運處於三摩鉢帝，萬一出現散亂，「我見」生起，佛教修行人應當下察覺散亂，隨即壓止散亂，制令還住於「不住相、想」的三摩鉢帝狀態之中。甚麼是「相想」呢？就是在境相上起分別心。另外，世親菩薩介紹了一種「不住相想」的法門：「攝伏在三輪[十九]，於相心除遣。後後諸疑惑，隨生皆悉除。」[二十] 修行人對於所捨之物，所施眾生，并能施者；於此三處除著相

心。換言之，不於施者相、受者相和施物相生起分別執著想。除此之外，世親菩薩又提到要攝伏自心，除以三輪體空來修行六度外，還要陸續明白經後所提到的二十七個修「無相」般若波羅蜜多時出現的疑問；並徹底斷除疑見。

在佛向善現長老解釋若修行人不著相、想，懂得三輪體空，便可以有效地「不住於事而行布施」後，就開示「不住相想」所得的福報，比「住於相想」希求世間的福報更廣大，甚至廣大得不可取量。佛首先舉東方虛空以喻「不住相想」布施；而以山河大地、日月星辰喻「住相布施」；山河大地，甚至日月星辰，皆大小有限，但虛空卻廣大無限。然後再類推其餘九方虛空，說明十方虛空皆無邊限，無法測度計量。同樣，「不住相想」的布施，福報亦廣大無限，無法測度計量。所以佛最後作出結論：「善現，如是，如是。若菩薩摩訶薩都無所住而行布施，其福德聚不可取量，亦復如是。善現，菩薩如是如不住相、想應行布施。」

丁四 斷疑生信

戊一 初重校量斷疑

己一 釋不住相因得有相果之疑

佛告善現：「於汝意云何？可以諸相具足觀如來不？」善現答言：「不也，世尊！不應以諸相具足觀於如來。何以故？如來說諸相具足，即非諸相具足。」說是語已。

佛繼續說：「善現，應否以具足相好來衡量如來呢？」善現答：「不可以，世尊！不能見到具足相好就認為這就是佛。為甚麼呢？所謂諸相具足，只不過是化身佛三相遷異的諸相具足，並非法身佛離開三相遷異的諸相具足。」

佛復告具壽善現言：「善現，乃至諸相具足，皆是虛妄；乃至非相具足，皆非虛妄；如是，以相、非相應觀如來。」說是語已。

佛又告訴善現：「化身佛雖具足勝妙相好，但皆是虛妄不實的有為法，法身佛離開這些三相遷異的相好，雖以無相為相，卻並非虛妄。所以，若遠離相、非相這些心所行境，就能見到如來。」

要成就佛果，就必須積累無量福德、智慧資糧，前者能獲證具足三十二相、八十種好的佛色身；後者能證佛智慧法身。[二十一]眾生因煩惱障蔽慧眼，妄執佛色身是實有；忽視了佛果最珍貴的法身。[二十二]何以凡夫會忽視佛的法身？因為佛的法身總不是凡夫心識活動的範圍（心所行境）；換句話說，以世俗的語言概念是認識不到佛的法身的。[二十三]所以佛在本經後段第二十三疑說了這偈頌：「諸以色觀我，以音聲尋我，彼生履邪斷，不能當見我。應觀佛法性，即導師法身。法性非所識，故彼不能了。」換言之，在勝義諦來說，具足三十二相、八十種好的「相具足」的化身佛是虛妄不實；另一方面，在勝義諦來說，「非相具足」的法身佛卻是真實不虛。[二十四]如果

我們明白不單是佛所顯現的各種身相是虛幻，就連一切法所顯現的相狀亦皆虛妄；我們就能克服執著種種相想，繼而達致前文所說：「善現，如是菩薩，如（依著）不住相、想應行布施。」

世親菩薩從有為法的觀點分析，認為化身佛的諸相具足，皆具三相遷異，即有生、住、滅的現象；故毫無價值，不是勝相。「若將為集造，妙相非勝相；三相遷異故。」相反，法身佛不由造作，全無三相遷異，由於離開三相遷異，即以無相為相；這才是如來真正的本性；「無此（三相遷異）謂如來。」[二十五] 世親菩薩叮嚀追求佛果尤其是積聚福德資糧的修行人要明白，「以無相為相」是如來性，在修行時便不會迷失。[二十六]

己二 釋無相因果眾生難信之疑

庚一 善現問

具壽善現復白佛言：「世尊，頗有有情，於當來世，後時後分，後五百歲，正法將滅時分轉時，聞說如是色經典句，生實想不？」

善現問道：「世尊，未來例如五百年後，如來正法將滅時，第六百年開始的眾生，聽到這樣具有特色的般若經典語句時，會否生起真實的信心？」

庚二 佛釋疑

辛一 後世有具戒德慧之菩薩能信此經

佛告善現：「勿作是說：『頗有有情，於當來世，後時後分，後五百歲，正法將滅時分轉時，聞說如是色經典句，生實想不？』然復善現，有菩薩摩訶薩，於當來世後時後分，後五百歲，正法將滅時分轉時，具足尸羅，具德、具慧。

世尊答道：「善現，不要這樣說！即使後五百歲正法將滅時，亦會有持戒清淨、福德圓滿、具有能力斷除我想、法想之智慧的菩薩，聽聞這樣有特色的般若經典語句，相信這是真理。

在解答前面第一個疑問時，佛先開示了甚深法義，例如修行佛法不能停滯於勝生安樂的層面，最重要是追求定善解脫。在追求佛果的同時，我們要明白佛果包括佛色身和佛法身；前者是以積聚無量福德資糧為因，而且佛色身諸相具足。後者以積聚無量智慧資糧為因；由於佛法身不是心所行境，所以是以無相為相的。最重要的是，佛指出於世俗諦見到化身佛諸相具足是虛妄，而見到非相具足的佛法身不是虛妄；從而肯定以般若獲得的佛法身，更顯價值彌珍。但善現腦海生起了疑問：世俗凡夫的慧眼被無明障蔽了，心靈已處處顯得愚昧；如果五百年後正法將滅，遇上末法時期二十七，修行人會相信甚深教法嗎？這時佛解開善現長老的憂慮疑問，說：就算是末法時代，只要修行人具足戒、德、慧，並且過去世曾值遇如來教導和能去除我想、法想，這些菩薩是會相信般若法門的。

辛二 明其曾值遇如來積信因

「復次善現，彼菩薩摩訶薩，非於一佛所承事供養，非於一佛所種諸善根；然復善現，彼菩薩摩訶薩，於其非一、百、千佛所承事供養，於其非一、百、千佛所種諸善根，乃能聞說如是色經典句，當得一淨信心。

「再者，善現，應當知道這些具戒、德和慧的菩薩不只曾經讚美承侍一位佛陀，亦不只在一佛處種下善根；而是曾讚美承侍過成千上萬的佛陀，在成千上萬的佛處種下善根；這些具足三學，曾值遇如來的菩薩，當聽聞這些有特色的般若經典時，是會產生清淨信心的。

「善現，如來以其佛智悉已知彼，如來以其佛眼悉已見彼。善現，如來悉已覺彼一切有情，當生無量無數福聚，當攝無量無數福聚。

「善現，如來用祂的佛智和佛眼，以現量完全了知這些具足三學，曾值遇如來教導的有情，全部都生起了無量無數的福德資糧，並且薰攝無量無數的福德資糧。

上文已述第二疑：釋無因果俱深眾生難信之疑。世親菩薩首先解釋何謂「因果俱深」；發趣菩薩乘者因要依於菩提心，不為世俗任何目的；遠離我見，不住相、想而修六度，這就是「因深」；我們一向愛敬「諸相具足」的化身佛竟是虛妄，而凡夫不能認識的「非相具足」的法身

佛才是非虛妄；這就是「果深」。善現長老憂慮末世眾生不能接受般若經典所說無因果如斯深奧道理；尤其是在沒有人能成就阿羅漢的年代，就連「人無我」這道理也體證不了，遑言以體證空性來對治煩惱的根本——無明。世尊安慰善現說：末法時代也有具戒、具德和具慧的修行人，他們過去世曾承侍供養佛，並已積集無數福德資糧；他們亦從諸佛處學習過斷除我想、法想的道理；當他們聽到般若經典，是會涕淚交加，並生起淨信的[二十八]。事實上，經文第三功德校量時亦提到，善現長老曾「聞法威力，悲泣墮淚，俛仰抆淚」。

世親菩薩在《論釋》讚歎這些「得一淨信心」的修行人，「由彼信解力，信故生實想。」[二十九]所謂「實想」，是指淨信者能隨順相應無漏根本智而趣入諸法實相。

辛三　明其過去曾修二無我致令福德薰習不斷，具足智慧

質疑：為甚麼這些曾經承侍供養諸佛的修行人有如此深厚的福德，能夠值遇如來，承侍供養如來呢？

解惑：因為祂們遠離四種我想、四種法想，所以除了現世生起無量無數福聚外，這些福聚更於未來世仍能相續，薰習不斷。

壬一　以斷除四種我想故得

「何以故？善現，彼菩薩摩訶薩，無我想轉，無有情想，無命者想，無士夫想，無補特伽羅想，無意生想，無摩納婆想，無作者想，無受者想轉。

「為甚麼祂們有這麼廣大的福德？因為這些菩薩遠離一切我見，所以沒有我想、有情想、命者想和補特伽羅想生起。

梵本經文只列出了四種我想；將士夫想、意生想、摩納婆想、作者想和受者想歸入外道所執之我想。佛在前文教修行人如何攝伏其心時，反覆叮嚀說：「如是菩薩摩訶薩，如不住相、想應行布施。」「相」，指的是對境相狀，「想」，是起分別心的意思；由於執著五蘊身實有，所以生起我想。[三十] 誠如世親菩薩說：「此於別別五蘊有情，自生斷割，為『我想』故；見相續起，作『有情想』；乃至壽存，作『壽者（即命者）想』；卻根既謝，轉求後有，作『更求趣（補特伽羅）想』。」[三十一] 一個具慧的修行人，必定具有斷除上述四種我想的潛能或能力，這人歷劫以前，必曾值遇如來，承侍供養如來；肯定祂生生世世必逢善知識，傳承空性學說。

世親菩薩不放鬆，再提到「具慧」菩薩不單只要斷除「四種我想」，還要斷除「四種法想」。「能斷於我想，及以法想故；此名為具慧，二四殊成八。」（《論釋》頌十一）。

壬二 以斷除四種法想故得

「善現，彼菩薩摩訶薩無法想轉、無非法想轉，無想轉、亦無非想轉。

「同時，菩薩因了解緣起的意義而不會執著任何東西都實有，同時亦不會執著任何東西都是實無；因了解空性的意義而不會執著空性可以用言語概念表達出來；亦不反對可以藉著言說概念向初基凡夫傳播空性學說。

世親菩薩在《論釋》說：「能取的東西例如六根，所取的東西例如六境，都不是實有，而一些愚癡的眾生卻執為實有，這就是『法想』；不執著法想，就是『無法想轉』。另一方面，雖然諸法不是實有，但眾緣聚集時所顯現的東西卻不是實無；不過，一些更愚癡的眾生卻執這些如幻因緣和合的東西實無，這就是『非法想』；不執著非法想，就『無非法想轉』。而諸法這種非實有、非實無的現象，稱為緣起自性空，這種『空性』不能用『想』——所謂言語概念表達出來。『想轉』，就是執著空性可以用言語概念表達出來；這不能契合空性離開相想的特性，故修行人要『無想轉』，不執著世俗的心智言語可以完全表達出空性。相反，一些愚者聽聞空性不可說，便謂有言皆非；這便是『非想轉』。具慧修行人應『無非想轉』，不反對可藉著世間言語概念來安立法教[三十二]，向世俗凡夫傳播空性學說。」[三十三]

「所以者何？善現，若菩薩摩訶薩有法想轉，彼即應有我執、有情執、命者執、補特伽羅等執；若有非法想轉，彼亦應有我執、有情執、命者執、補特伽羅等執。

「若要無漏智生起，修行人便不應執著任何名相，所謂法與非法之分別。因為無論有『法想』生起或有『非法想』生起，都會連帶著有我執、有情執、命者執和補特伽羅等執生起。」

當具戒、具德和具慧的修行人因夙世因緣值遇如來的教授，經久修行斷除四種我想和四種法想之空觀；直至經歷欲求言說法身的最後階段時，除了要斷除內心染上煩惱的「非法想」，看破它們的無自性外，還要斷除認為空觀是絕對完美的「法想」。所謂「空性」，都是約定俗成的名言而已；如此一方面釋放在「對境」框架內綑縛的東西，一方面警惕自己如果在任何「法相」上起分別想，或在任何「非法相」上起分別想的話，都會帶出一個問題：誰在對境上起分別心？這個「誰」就是四種我想了。所以佛在此特別強調：「如有法相想、非法相想，都必定連帶有四種我相想生起。有我相想生起，見道、證得法身、無漏智現起，便成空話。」[三十四] 要過渡這個樽頸位，作為過來人的寂天菩薩提供了一個善巧方便：「若久修空性，必斷實有習；由修無所有，後亦斷空執。當云皆無實，不得所觀法。無實離所依，彼豈依心前？若實無實法，悉不住心前，彼時無餘相，無緣最寂滅。摩尼如意樹，無心能滿願；因福與宿願，諸佛亦現身。」事實上，如前文所說，具戒、具德和具慧的佛弟子，無論在甚麼時候和地點，只要憑著「一淨信心」；無心能滿願的佛眼、佛智，便會像如意寶珠一樣[三十五]，加持護念著佛弟子，由「言說法身」過渡到「證得法身」哩！

「何以故？善現，不應取法，不應取非法。是故如來密意而說筏喻法門：『諸有智者法尚應斷，何況非法！』」

「為甚麼執著法想就有我想呢？微細的我執不顯現時，會躲藏在內心深處，待例如是有法想、非法想等緣便會出現。善現！由於這緣故，如來教修行人以般若體證空性，要捨棄修福慧的有關言教。就像船筏之喻一樣，既然到達了彼岸，便應捨去船筏。佛的深層意思是指：『隨順定善解脫的言教『法』尚且要捨去，何況是未能隨順空性的勝生安樂言教『非法』呢！』」

這裡所謂的「法」，是指積聚智慧資糧的教法；所謂「非法」，是指積聚福德資糧的教法。前者依之能達定善解脫，後者依之能達勝生安樂。前者能契合空性，藉著後者能令我們順緣增上，獲證菩提。至於作為大乘到彼岸的這艘船筏，只荷負福慧二資糧，當船一旦抵岸，修行人就必須抽身捨筏，方能夠上岸。所謂「密意」，是指佛囑咐修行人要以智慧為重，喻之為「法」；福德為輕，喻之為「非法」。再上一層的密意是「證得法身」為真實，「言說法身」為虛妄；所以佛緊接經文在第三疑和初重至四重功德校量再深入分析這兩重密意，「證不住於法，為是隨順故；猶如捨其筏，是密意應知。」[三十六]

己三　釋於無相果所生之疑

佛復告具壽善現言：「善現，於汝意云何？頗有少法，如來、應、正等覺證得阿耨多羅三藐三菩提耶？頗有少法，如來、應、正等覺是所說耶？」

世尊問：「善現，你意下如何？法身如來是否曾經獲得過一些實有的無上正等正覺？法身如來是否曾開示過一些實有的教法？」

善現答言：「世尊，如我解佛所說義者，無有少法，如來、應、正等覺證得阿耨多羅三藐三菩提；亦無有少法，是如來、應、正等覺所說。

善現答道：「沒有，以我聽過世尊的開示，從沒有提到如來曾獲得過實有的無上正等正覺，亦沒有提過如來曾開示過實有的教法。

所謂如來，是指法身佛；佛經常用如來表示法身佛，佛轉依後，以真如為自性身，其智稱法身，稱為如來法身[37]；法身無相，故稱無相果。一般來說，菩薩以無相修行，見無為真如，證法身如來。有人會生起疑問：佛在菩提樹下證得阿耨多羅三藐三菩提（意譯為無上正等正覺），又向弟子們宣說如何能得證無上正等正覺的教法，這一切都是有相果；和以前所說修無相因得無相果顯然有矛盾。

為了解釋這個疑難，佛便向善現先作設問：「法身如來是否有得證無上正等正覺呢？是否有向弟子宣說過有關的教法呢？」經文中所說的如來、應供和正等覺都是對佛的稱號，而且三

種稱號在《大般若經》更經常一并出現。

善現長老的答案是否定的。「依我所理解佛的言教內容，如來所證的無上正等正覺，根本不可能有能證、所證；執著有能證、所證，能說、所說，一定不是如來的想法。」[三十八]接著再以兩重理由，先後解釋無相果既無法可得，法亦不能說。

「何以故？世尊，如來、應、正等覺所證、所說、所思惟法皆不可取，不可宣說；非法，非非法。」

「為甚麼呢？如來所證得、所宣說和所思惟的無為法，都是不可執取，不可言說的；不能說它是實有，亦不能說它是實無。」

一般來說，無為法即是真如。無為法與凡夫由意識虛構出來的實法不同，「無為」是指無自性，「法」不是指客觀存在的東西，而是以名言安立，菩薩通過修行，以深淺的無漏智達到涅槃的相應高低境界。世親菩薩從唯識角度以「真如」來解釋無為法，祂在《論釋》說：「『非法、非非法』此據真如道理而說。彼非是法，謂是法『無』（唯識宗慣以『無』表示空，而中觀慣以無自性表空。）為其性故；復非非法，由彼無自性體是有故。」[三十九]彼非是法，即是經文的「非法」，這個法是無自性，所以不是實有。復非非法，即是經文中「非非法」，由於無為法是以無自性為體，亦即真如；所以不是實無。另一方面，無為真如是離開一切心、心所活動

的，所以如來無法、非法可說，聽者亦不能聽到法、非法的教法。[四十]

「何以故？以諸賢聖補特伽羅皆是無為之所顯故。」

「此外，由於賢聖們隨順修行真如理時有深淺的境界，所以有修行上不同的高低階位出現。」

無為法不是一種客觀存在的實體，而是由名言安立；詮表菩薩通過修行而以無漏智達到與涅槃相應而有高低不同的境界。在未逮涅槃前，可以世俗諦來區分於無為真如得滿分的清淨者名佛，部份清淨者為菩薩；從而安立不同賢聖階位。由於佛提到，作為無相果的無為法不可取、不可說；於是引發出疑問：為何二乘聖人有聲聞四果、辟支佛果等可取之果？又為何往昔釋尊為七地菩薩時，於然燈佛處能聽教法，並能得第八地果位？又為何菩薩經歷劫修行，積集無量福慧，成就三身；變現報土，攝受地上菩薩，並在報土上宣說甚深教法？這都是對無為法不可取、不可說的質疑。

佛為了重申彰顯無相修行得無相果功德比有相修行殊勝，並呼應「云何修行」中，大乘菩薩不應為了世俗目的，而應該只為成就無上菩提而修行；祂舉外財施和聞思修本經的功德作一比較。

己四 初重功德校量

佛告善現：「於汝意云何？若善男子或善女人，以此三千大千世界盛滿七寶，持用布施，是善男子或善女人，由此因緣所生福聚，寧為多不？」善現答言：「甚多，世尊！甚多，善逝！是善男子或善女人，由此因緣所生福聚，其量甚多。何以故？世尊，福德聚、福德聚者，如來說為非福德聚；是故如來說名福德聚、福德聚。」

佛繼續問：「善現，你意下如何？若善男子或善女人以金銀等七寶盛滿整個三千大千世界，然後用來供養如來、應、正等覺等；他們會因這種供養積聚得到大量的福德嗎？」善現長老回答說：「很多啊，世尊！很多啊，善逝！為甚麼呢？為甚麼以七寶盛滿三千大千世界來供養如來，對世間凡夫來說有很大福德呢？世俗人以財施所招感的福德聚，雖然不是招感定善解脫的出世間福德聚；但仍能在世俗招感得到勝生安樂有益的福德聚。」

佛首先肯定在世俗來說，通過布施給眾生、供養三寶福田，是可以積聚福德的，而這些福德果報亦可以歸屬[四十一]於布施者。在了解經義前，我們要先注意三點常識上的問題：第一、很多譯師包括秦譯鳩摩羅什、魏譯菩提流支、陳譯真諦、唐譯玄奘和義淨翻譯到「若善男子或善女人，以此三千大千世界盛滿七寶，持用布施；」這句時，都沒有說明布施給誰；只有隋譯達摩

笈多和梵文本才有特別指向以佛作為福田。上師寶在不違原典的大前題下，用布施眾生和供養福田來兼容兩種譯法。第二、所謂三千大千世界，其實是指一個大千世界。由小世界為單位，一千小世界為一小千世界，如此類成三次，便成大千世界。七寶，雖則不同朝代所譯佛經有不同說法，但一般以鳩摩羅什在《阿彌陀經》所說的金、銀、琉璃、玻璃、硨磲、赤珠、瑪瑙是為最廣泛接受的說法。以七寶供養賢聖，佛說這樣做很有功德，亦是毋庸置疑的；但有人會問：金銀等七寶對賢聖而言，作用不大；用來施予有需要的人，倒能幫助他們離苦，才算是有意義的事；所以前面提到的譯師，包括玄奘法師在內，都翻譯成持用布施，略去供養三寶福田。上師寶所指出的是，這部經所提倡的，不是要「不應住於事而行布施」嗎？不論布施的對象是福田、恩田抑或是悲田，均必須是「不住相想而行布施」的無相布施。

最後，我們要留意福德聚中的「聚」字的解釋。聚，梵語塞建陀（skandha），有儲存和供應兩個意思。福德能在修證無上菩提的過程中扮演甚麼角色呢？一方面，福德能儲存，正如前面經文說當生、當攝無量無數福聚；「生」指福德生起，「攝」指生起後，福德仍能相續薰習不斷；這時福德為修證無上菩提的修行人提供了每期生命也活得更快樂、更美滿的助緣。所以佛說「福德聚」能儲存福德。另一方面，是否可以直接從福德中生起無上菩提呢？佛認為福德雖能為無上菩提提供資糧助緣，但福德本身並非等同無上菩提；所以說為「非福德聚」[四十二]。而經文中「福德聚、福德聚者，如來說為非福德聚；是故如來說名福德聚、福德聚。」應解作：

以三千大千世界盛滿七寶，用來上供福田、下施眾生，在世俗來說，有很大福德，不過這種財施卻不能招感定善解脱的出世福德聚[四十三]，只能在世俗招感勝生安樂有益的福德聚。

佛復告善現言：「善現，若善男子或善女人，以此三千大千世界盛滿七寶，持用布施；若善男子或善女人，於此法門，乃至四句伽陀，受持、讀誦，究竟通利，及廣為他宣説開示，如理作意；由是因緣所生福聚，甚多於前無量無數。」

佛又對善現説：「但假如有人將本經般若法門其中至少四句頌領納在心，記令不忘；除將經文背誦得滾瓜爛熟，徹底通曉內容文義外，又向別人詳細解釋，教人依這種教言修止觀，他會因此比之前以七寶盛滿三千大千世界持用布施的人，獲得更多甚至無量無數的福德聚。」

四句伽陀，泛指《能斷金剛般若波羅蜜多經》內任何四行共三十二音節構成的偈頌。經文中佛以「多」來形容由財施而獲得的福德聚；用「無量無數」來形容以無相法施所得到的福德聚。

「何以故？一切如來、應、正等覺阿耨多羅三藐三菩提皆從此經出，諸佛世尊皆從此經生。」

「為甚麼？若受持、讀誦，究竟通利，廣為別人宣説開示這本《能斷金剛般若波

羅蜜多經》，教人依這法門修止觀，竟有如此大功德呢？因為聽聞此經，繼而依教修行，才能得無上菩提，顯露法身真如；而且以此經為緣，能生報身和化身。

自己受持、讀誦，究竟通利，並向他人宣說開示，如理作意此經教，以此為緣，可證得佛三身。世親菩薩提醒修行人要注意：何解無上菩提用「出」字，而諸佛世尊用「生」字？「何故菩提言『出』，諸佛言『生』？」前者所謂如來、應、正等覺，指佛之三身；因為法身真如雖為一切有情及宇宙的共同實體，但為二障（煩惱障及所知障）所覆，不得顯露；現以聞、思、修此經，斷盡二障習氣而得無上菩提，法身真如才得以顯露。法身由隱覆而顯露，故用「出」字。後者的佛、世尊，是報身和化身，修行人依此經發心、不住於事、不住相想而修六度，積累無量福慧資糧；得無上菩提後生起報身和化身；因法身本有，而報身、化身皆依無漏福智生出，以前沒有，現在才有謂之生；所以用「生」字。誠如世親菩薩在《論釋》這樣說：「言菩提者，即是法身……是得彼之因，非是『生因』。若望此餘，受用（報身）化身，是生因故，由此親能持菩提故，生福甚多。」

「所以者何？善現，諸佛法、諸佛法者，如來說為非諸佛法，是故如來說名諸佛法、諸佛法。」

「為甚麼《能斷金剛般若波羅蜜多經》有這麼大的功德呢？因為這是十方諸佛親

證真如的最勝教法，不是普通世俗人所知、能證的教法；所以《能斷金剛般若波羅蜜多經》堪稱十方諸佛共證的教法，是佛最勝的教法。」

戊二　二重校量斷疑

己一　釋聲聞得果是取之疑

佛告善現：「於汝意云何？諸預流者頗作是念：『我能證得預流果』不？」善現答言：「不也，世尊，諸預流者不作是念：『我能證得預流之果。』何以故？世尊，諸預流者，無少所預，故名預流；不預色、聲、香、味、觸、法；故名預流。世尊，若預流者作如是念：『我能證得預流之果。』即為執我、有情、命者、士夫、補特伽羅等。」

佛再問：「善現，你意下如何？得到預流果的人會這樣想：『我已證得預流果』嗎？」善現回答說：「不會，世尊；為甚麼呢？祂因為未曾執著過取得預流果，所以才能斷除分別煩惱，趣入聖賢之流，故稱為預流者賢聖。因為祂不於色、聲、香、味、觸、法的境相起分別煩惱，所以稱為預流者賢聖。如果預流者起分別思慮，認為實有預流果可取可證，那麼這人便有我執，與凡夫外道無異。」

上文提到無為果不可取、不可說。有人便質疑：在經中常提到某人得預流果，佛亦常授記

某人得阿羅漢果；那麼作為無為果的聲聞四果便應有取。佛以兩點解釋此疑。

首先，聲聞四果都是依修行人斷除以我執為中心的煩惱障的深淺程度而名言安立有預流果、一來果、不還果和阿羅漢果之不同階位。當聲聞修行人斷煩惱障，現量證生空真如[四十四]時，是不會有任何我想、我執的；所以證得預流果的賢聖，不曾於現量證生空真如時生起「我現在證得預流果」這種念頭。[四十五]

其次，所謂「預流」，是指預入聖賢之流的意思，預流果是聲聞乘修行人住於見道第十六心刹那位；[四十六]並且永斷薩迦耶見（執取五蘊身為我之惡見）、戒禁取見和疑見等分別煩惱。[四十七]由於祂已預入出世聖人之流，所以不會預入世俗的色、聲、香、味、觸、法六塵，更不會在世俗六塵的境相生起我執、有情執、命者執和補特伽羅執；所以亦不會執「我現在證得預流果」。

佛告善現：「於汝意云何？諸一來者頗作是念：『我能證得一來果』不？」善現答言：「不也，世尊，諸一來者不作是念：『我能證得一來之果。』何以故？世尊，以無少法證一來性，故名一來。」

世尊問：「你意下如何？善現，一來者會這樣想：『我已證得一來果』嗎？」善現長老答：「世尊，不會。為甚麼？不執著『我所有』的任何東西中實有來去，所以以名言安立祂為一來者。」

聲聞人於修道中已斷除欲界九品俱生煩惱中六品；修行人此期生命終結時，一往欲界天，一來人間，便證阿羅漢果；故名「一來」。

佛告善現：「於汝意云何？諸不還者頗作是念：『我能證得不還果』不？」善現答言：「不也，世尊，諸不還者不作是念：『我能證得不還之果。』何以故？世尊，以無少法證不還性，故名不還。」

世尊問：「你意下如何？善現，那些不還者會這樣想：『我已證得不還果』嗎？」

善現答：「世尊，不會。為甚麼？不執著『我所有』的東西中有實有的『還』與『不還』，所以以名言安立祂為不還者。」

聲聞修行人盡斷欲界九品俱生煩惱，當祂生命完結時，便生於色界；而且更不再投生欲界，故名「不還」。

佛告善現：「於汝意云何？諸阿羅漢頗作是念：『我能證得阿羅漢』不？」善現答言：「不也，世尊，諸阿羅漢不作是念：『我能證得阿羅漢性。』何以故？世尊，以無少法名阿羅漢，由是因緣名阿羅漢。世尊，若阿羅漢作如是念：『我能證得阿羅漢性。』，即為執我、有情、命者、士夫、補特伽羅等。

世尊問：「你意下如何？善現，阿羅漢會否這樣想：『我已證得阿羅漢』嗎？」

善現答：「不會，世尊。為甚麼？因為祂不執著有任何實有的東西稱為『阿羅漢』，所以祂稱之為阿羅漢。世尊，假如阿羅漢認為『我已證得阿羅漢』，那麼這便意味著祂仍有我執、有情執、命者執和補特伽羅執。

阿羅漢意譯為殺賊，盡斷煩惱障的意思；煩惱障是以「我執」為中心的九品俱生煩惱[四十八]；換言之，完全沒有我執和俱生煩惱的，方可稱為阿羅漢；所以若修行人執自己能取阿羅漢果，他肯定不是阿羅漢。接著，善現長老引自己的親身經驗為證。

「所以者何？世尊，如來、應、正等覺說我得無諍住最為第一。世尊，我雖是阿羅漢，永離貪欲，而我未曾作如是念：『我得阿羅漢，永離貪欲。』世尊，我若作如是念：『我得阿羅漢，永離貪欲』者，如來不應記說我言：『善現，善男子得無諍住最為第一。』以都無所住，是故如來說名無諍住、無諍住。」

「為甚麼呢！世尊，如來、應、正等覺稱說我是得『無諍住』中最勝者；此外，我雖是離開爭勝貪欲的阿羅漢，但當我體證生空真如，證得人無我時，我並沒有『我是阿羅漢，已離爭勝貪欲』的想法。世尊，如果我有得阿羅漢果的想法，如來、應、正等覺便不會授記稱說：『善現善男子是得無諍住中最勝者。』由於對任何東西都沒有『我』的相想，與人無諍；所以如來說我得無諍住。」

無諍住又名無諍定，彌勒菩薩說：「聲聞無諍定，離見者煩惱。」四十九 佛在世時，得無諍住的阿羅漢要前往村落乞食前，會先入定觀察，若會引起村民討厭或煩惱事，就避而不往。此外，「無諍」、「離欲」和體證生空真如，與斷以我執為中心的煩惱障有很大關係；與人有諍，必然有我、有情、命者、補特伽羅等執；所謂離欲，是遠離爭勝的欲望；所以要先不與人競勝，造就無諍的基礎；而且無諍是體證人無我的法門，從經文看到善現長老能入無諍住，足可見祂不單能以無漏智證人無我得慧解脫，更能入滅盡定「無諍住」得俱解脫五十，所以經文說如來稱說善現長老等無諍住最為第一。

愛德華孔茲在註釋這段經文時提到，佛在世時確有很多聲聞弟子在修行期間自揣已證阿羅漢果。例如在《天業譬喻經》中提及毘多輸柯長老在禪修時得喜和樂，於是心想：「我是阿羅漢。」當然得二禪的修行人也可有身心上的喜樂，難以判別毘多輸柯長老是否已證得阿羅漢。另外，馬鳴菩薩在《美難陀》詩歌中提到難陀如何向釋尊表達出自己的修行境界：「我生已盡，梵行已立；所作已作，自知不受後有！」當然，在《雜阿含經》亦可以找到很多同樣的事例，以我們盲無慧目亦難判斷這些修行人是否證得阿羅漢果。

己二 釋釋迦然燈有取有說之疑

佛告善現：「於汝意云何？如來昔在然燈如來、應、正等覺所，頗於少法有所取不？」

善現答言：「不也！世尊，如來昔在然燈如來、應、正等覺所，都無少法而有所取。」

世尊問善現長老：「你意下如何？如來往昔在然燈佛前，是否得過些甚麼教法？」

善現答道：「世尊，沒有；如來在然燈佛前並未取得過任何教法。」

全經第五疑：如果無為法不可取的話，為甚麼往昔釋尊為儒童菩薩時，以七枚青蓮華供然燈佛（或譯為定光佛）；又見地濯濕，解髮布地令佛蹈而過；除得佛授記「汝當作佛」外，又得無生法忍。[五十一]

世親菩薩解釋時重申：「在然燈佛所，言不取證法；由斯證法成，非所取所說。」[五十二]如果釋尊往昔作為儒童菩薩聽然燈佛說法「有所取」的話，這只是以分別心去執取的佛法，不是儒童菩薩以無分別無漏智證真如的證法[五十三]。所以無為法只能以無相、無願的無分別智去證，不能以有形相的言說分別去說去取。

己三 釋菩薩莊嚴佛土之疑

佛告善現：「若有菩薩作如是言：『我當成辦佛土功德莊嚴。』如是菩薩非真實語。何以故？善現，『佛土功德莊嚴、佛土功德莊嚴』者，如來說非莊嚴，是故如來說名『佛土功德莊嚴、佛土功德莊嚴。』

世尊向善現長老說：「假如有菩薩這樣說：『我將莊嚴一個華麗的佛土』，這句是假話，為甚麼呢？善現，佛土功德莊嚴這句話所指，是用來莊嚴佛土的，並非是有形相的七寶等華麗物質，而是指透過修行戒定慧斷除煩惱障來莊嚴佛土。所以佛說這種淨化內心垢障後所現起的精神境界，才是真正莊嚴佛土的功德。

有人質疑：「如果無為法不可取的話，為何菩薩經歷劫修行，積聚無量福德，成佛後能取得變現報土的成就，又能於報土以法王身為眾多十地菩薩說法？」

世親菩薩以唯識瑜伽士的觀點解釋說：「智流唯識性，國土非所執。」[五十四] 我們在內心已法爾本有清淨華麗佛土的種子，但因為以我執為中心的煩惱障障礙了這些本有的清淨莊嚴種子不能甦醒。到了修行人在見法身（見道）時斷除這些煩惱障，內心莊嚴佛土的種子便甦醒，再託佛等流而出的淨識作為本質，見道菩薩自己內心變現起七寶莊嚴佛土世界，這就是所謂「智流唯識性」。由於莊嚴佛土只是諸佛和地上菩薩互為眷屬、無形無相的修行境界，所以不能執莊嚴佛土為實有一個七寶建構而成的有形相世界。這就是「國土非所執」的意思。

「是故善現，菩薩如是都無所住應生其心；不住於色應生其心，不住非色應生其心；不住聲、香、味、觸、法應生其心，不住非聲、香、味、觸、法應生其心；都無所住應生其心。」

「所以善現，菩薩摩訶薩要不執著一切相而生起真正莊嚴佛土的清淨心。不執著色、聲、香、味、觸、法，亦不執著非色、非聲、非香、非味、非觸、非法；不執著一切相而生起真正莊嚴佛土的清淨心。」

如果修行人執著用有形相的七寶來莊嚴佛土的話，他當然會說：「我當成辦佛土功德莊嚴。」但佛說這是妄語；而錯謬之原因就是這位修行人對色、非色等境界心有所住；所以佛提醒善現長老，菩薩要不執著一切相，才能生起真正莊嚴佛土的清淨心。

己四 釋佛自取法王身之疑

佛告善現：「如有士夫具身、大身，其色自體假使譬如妙高山王；善現，於汝意云何？彼之自體為廣大不？」善現答言：「彼之自體廣大，世尊！廣大，善逝！何以故？世尊，彼之自體如來說非彼體，故名自體；非以彼體故名自體。」

佛問善現長老：「世間凡夫例如阿修羅王的身體像須彌山一樣高大；善現，你意下如何？他的身體巨大不巨大？」善現長老回答：「就世間凡夫而言，他的身體確是巨大，世尊；但不如佛的報身般巨大啊！善逝！為甚麼呢？佛的報身，如來說不是凡夫以分別心執著的身體，而是十地菩薩以無分別智照見無形相的報身，這才是真正廣大的身體。事實上，報身不是被眾生所執著的身體，而是無執著的報身自體。」

透過凡夫有執取與佛無執取的身量比較，前者就算是傳說中阿修羅王如同須彌山的身量，亦不及佛報身如虛空般莊嚴廣大。所以，善現長老這樣解釋報身不可取，同時，作為修行人最高境界的「報身」，亦是依無為法所顯；「彼之自體，如來說非彼體；故名自體。」意思是說：佛的報身，如來說並非如凡夫般有取的有漏身體，所以如來說這是無分別的無漏報身。最後又再強調，報身是遠離凡夫的執著例如身量大、小，有、非有的戲論。「非以彼體故名自體。」五十五

己五 二重約外財施功德校量

庚一 判持經功德勝

佛告善現：「於汝意云何？乃至殑伽河中所有沙數，假使有如是沙等殑伽河，是諸殑伽河沙寧為多不？」善現答言：「甚多，世尊！甚多，善逝！諸殑伽河尚多無數，何況其沙！」佛言：「善現，吾今告汝，開覺於汝；假使若善男子或善女人，以妙七寶盛滿爾所殑伽河沙等世界，奉施如來、應、正等覺；善現，於汝意云何，是善男子或善女人，由此因緣，所生福聚寧為多不？」善現答言：「甚多，世尊！甚多，善逝！是善男子或善女人，由此因緣，所生福聚其量甚多。」佛復告善現：「若以七寶盛滿爾所沙等世界，奉施如來、應、正等覺。若善男子或善女人，於此法門乃至四句伽陀，受持、讀誦，究竟通利，及廣為他宣說開示，如理作意；由此因緣，所生福聚甚多於前無量無數。

佛問善現長老：「你意下如何？好像恆河沙數那麼多條的恆河；再集合這麼多條恆河的所有沙，這些沙的數量多否？」善現長老回答：「非常多，世尊！非常多，善逝！僅就恆河數數量那麼多條的恆河，已多得無法計算，何況再集合這麼多條恆河的所有沙呢？」佛說：「善現，為了令你了解事實，我告訴你：假使有善男子或善女人用上述多條恆河沙數的三千大千世界，滿載七寶，然後用來供養如來、應、正等覺，你認為這樣的布施功德大不大呢？」善現長老回答：「偉大啊，世尊！偉大啊，善逝！這些善男子或善女人供養的功德很大！」佛再告訴善現長老：「事實上，以七寶滿載眾多恆河沙數三千大千世界再用來供養如來、應、正等覺的功德，反不及依般若法門及將這部《能斷金剛般若波羅蜜多經》其中至少四句偈頌，領納在心，記令不忘；除將經文背誦得滾瓜爛熟，徹底通曉內容文義外，又向別人詳細解釋，教人依這種教言修止觀的功德多。

釋尊在這段經文，透過層層遞進，先用三千大千世界盛滿七寶，現再用多條恆河沙數的三千大千世界盛滿七寶；與受持讀誦、究竟通利，及廣為眾人宣說開示，如理作意這部《能斷金剛般若波羅蜜多經》相比較，突顯出後者的功德無量、無法計算；功德遠超前者。釋尊再從在處尊勝、諸佛共說、財施為染因和持經為淨因這四點，具體說明修無相般若法門較有相布施更為殊勝。

庚二 明勝所以

辛一 此經在處處勝，在人人尊

「復次善現，若地方所，於此法門乃至為他宣說開示四句伽陀，此地方所尚為世間諸天及人、阿素洛等之所供養，如佛靈廟。何況有能於此法門，具足究竟書寫、受持、讀誦，究竟通利，及廣為他宣說開示，如理作意；如是有情，成就最勝希有功德。此地方所，大師所住，或隨一一尊重處所，若諸有智同梵行者。」說是語已。

「如果某處有人在講授這部《能斷金剛般若波羅蜜多經》，即使只是四句偈頌，這塊土地也會像佛舍利塔般，應成為世間人、非天、諸天供養之處；更何況能將這部經領納在心，記令不忘；除將經文背誦得滾瓜爛熟，徹底通曉內容文義外；又向別人詳細解釋，教人依這種教言修止觀呢！事實上，這位講授《能斷金剛般若波羅蜜多經》的人，真的獲得莫大殊勝稀有功德；而講習這法門的地方，變成釋迦牟尼導師的道場，應受到眾多有智慧修清淨梵行的人所尊敬。」

釋尊接著向善現長老解釋，為何奉持般若法門例如受持、讀誦、究竟通利，廣為他宣說、開示，如理作意《能斷金剛般若波羅蜜多經》其中至少四句偈頌所產生的功德，較以七寶盛滿恆河沙數三千大千世界供養如來的功德更為增盛廣大，其原因可歸納為四點：在處尊勝、諸佛

共說、財施為染因和持經為清淨因。佛首先說明奉持《能斷金剛般若波羅蜜多經》在處尊勝，在人人尊。

世親菩薩解釋這段經文說：「兩成尊重故，由等流殊勝。」意思是說：《能斷金剛般若波羅蜜多經》是從法身佛淨智等流而出，所以「在處尊勝」；修習這法門的地方，就好像是有佛駐錫的道場一樣；或像佛塔一樣成為天人供養之地；而傳承般若法門的人，「在人人尊」，宛如佛的使者[五十六]，應受「有智同梵行」者尊重。接著，釋尊再從此經是十方諸佛同說同讚作闡釋；因為此經能摧破如金剛一樣堅牢的煩惱障和所知障。

辛二　此經能遣除二障

具壽善現復白佛言：「世尊，當何名此法門？我當云何奉持？」作是語已。佛告善現言：「具壽，今此法門，名為『能斷金剛般若波羅蜜多』，如是名字，汝當奉持。

善現長老再請問佛說：「應該怎樣為這部經命名？我等佛弟子又應怎樣信受奉持此經呢？」世尊告訴善現長老說：「這部經就取名為《能斷金剛般若波羅蜜多經》。因為這部經是十方諸佛同說同讚，能斷盡如金剛般堅牢的煩惱障和所知障。

辛三　此經是諸佛同說同讚

「何以故？善現，如是般若波羅蜜多，如來說為非般若波羅蜜多，是故如來說名般若波羅蜜多。」佛告善現：「於汝意云何？頗有少法如來可說不？」善現答言：「不也，世尊，無有少法如來可說。」

「因這緣故，你等佛弟子應當信受奉行此經；為甚麼呢？因為這般若波羅蜜多法門，不是一佛例如單是釋迦牟尼佛一佛所獨說，而是諸佛所同說的般若波羅蜜多法門。」佛再對善現長老說：「你意下如何？是否真的有如來所獨說的般若波羅蜜多呢？」善現長老回答說：「沒有啊，世尊！沒有般若波羅蜜多是如來所獨說。」

世親菩薩在《論釋》說：「『頗曾有法是如來說不』者，此明何意？言無有法是如來獨說，皆是諸佛共宣揚故。」

本段經文是解釋奉持《能斷金剛般若波羅蜜多經》比以恆河沙數三千大千世界盛滿七寶來供養佛的功德還殊勝，而佛說的般若波羅蜜多，不單是釋尊所獨說，而是諸佛同說同讚的般若波羅蜜多。因此，奉持本經甚至是至少四句偈頌，比起以七寶盛滿恆河沙數三千大千世界用來供養如來的功德，多出無量無數。

愛德華孔茲依梵文本對這段經文解釋，並沒有承接二重功德校量的思想脈絡；換言之，在解釋「如是般若波羅蜜多，如來說非般若波羅蜜多，是故如來說名般若波羅蜜多。」沒有像世

親菩薩以「般若法門是諸佛同說同讚，並非是釋尊所獨說」的觀點。所以如依梵文本，這句經文則解作：「佛所說的無上智慧般若波羅蜜多，不是以外表言說的無上智慧，而是佛內證所得圓滿的無上智慧。」就連下文提到的微塵、世界和三十二相，愛德華孔茲的思路也是這樣：我們從有形相的表面看不到事物實質的真實，所以要先否定對這些外表的執著，才可見到事物背後的真相。孔茲依梵文本解釋，有他的道理；不能質疑它的價值。

接著是第三個原因，釋尊以微塵和微塵所聚世界為喻，說明因外財施為能染因，功德不及奉持般若法門般殊勝。

辛四 外財施為能染因

佛告善現：「乃至三千大千世界大地微塵，寧為多不？」善現答言：「此地微塵甚多，世尊！甚多，善逝！」佛言：「善現，大地微塵，如來說非微塵，是故如來說名大地微塵。諸世界，如來說非世界，是故如來說名世界。」

佛又對善現長老說：「如果將整個三千大千世界碎為微塵，那麼這些微塵的數目多不多呢？」善現長老回答：「這時大地上的微塵數目多不勝數啊！」佛再告訴善現長老：「同理，我以世界比喻持經，微塵比作持經所產生的功德；持經雖少，但產生功德極多。相反，財施雖可得天人福報，可是若耽著享樂，則必招感無量

無邊煩惱。所以這裡所說的『大地微塵』，並不是指外在有形相的大地微塵，而是我用譬喻持經所得清淨功德，或是財施所得煩惱多如大地微塵。同樣，我所說的三千大千世界不是外在的世界，而是用來譬喻持經或者財施。」

世親菩薩以「煩惱因性故」解釋這段經文。因為財施的確可得勝生安樂；但如果這位施主不懂得利用勝生安樂的優勢來追求無上菩提的話，那麼他可能因財施而成為財主富翁，甚至有權勢的領導。假若一味耽著享樂或弄權，此等福業恐反成煩惱因。反之，持經則令行者六根清淨，能專心追求解脫。所以這段經文所指的「世界」和「微塵」，可以用持經招引無量清淨功德的勝喻來解釋，亦可以用財施招感無數煩惱來解釋。

最後，佛認為財施只能成辦有相果，但持經能成就清淨法身；故勝。

辛五 持經能成就清淨法身

佛告善現：「於汝意云何？應以三十二大士夫相觀於如來、應、正等覺不？」善現答言：「不也，世尊，不應以三十二大士夫相觀於如來、應、正等覺。何以故？世尊，三十二大士夫相，如來說為非相；是故如來說名三十二大士夫相。」

「善現，你意下如何？應否以具足三十二相好來衡量如來嗎？」善現長老回答：「不可以，世尊，不能見到具足三十二相的就認為是佛。為甚麼呢？因為佛說具

足三十二相的化身佛，是由財施染因招感而來，不是佛真正的法身；而無分別的法身佛，是由持經清淨因而來，是佛真正的法身。」

世親菩薩以「由劣亦勝故」五十七來解釋這段經文，說：「又彼能成大丈夫相所有福業，媲此成菩提因——持說法門之福，亦為是劣。由彼眾相，非是正覺之體性故，為此名為大丈夫相。」大略是說：雖然財施能成就三十二相福業，但因不能成就無上菩提，而持誦本經之福業則能成就無上菩提，所以財施得福比持經為劣。

戊三　三重約內財施校量

佛復告善現言：「假使若有善男子或善女人，於日日分，捨施殑伽河沙等自體，如是經殑伽河沙等劫數捨施自體；復有善男子或善女人，於此法門乃至四句伽陀，受持、讀誦、究竟通利，及廣為他宣說開示，如理作意；由是因緣所生福聚，甚多於前無量無數。」

佛又對善現長老說：「假如有善男子或善女人每天都捐捨身命，如是者經歷恆河沙數劫。而又另有善男子或善女人，奉持般若法門及將這部《能斷金剛般若波羅蜜多經》其中至少四句偈頌，領納於心，記令不忘；除將經文背誦得滾瓜爛熟，徹底通曉內容文義外，又向別人詳細講解，教人依這教言修止觀；由這因緣所招

感的福德，比前者多出得無法比擬。」

爾時，具壽善現，聞法威力，悲泣墮淚，俛仰抆淚而白佛言：「甚奇希有，世尊！最極希有，善逝！如來今者所說法門，普為發趣最上乘者作諸義利，普為發趣最勝乘者作諸義利。世尊，我昔生智以來，未曾得聞如是法門。世尊，若諸有情聞說如是甚深經典，生真實想，當知成就最勝希有。

當時善現長老聽聞教法後，喜極而泣，感動落淚；拭乾眼淚後，向世尊說：「世尊，這真是善妙；善逝，極其善妙啊！如來所說的般若法門，真的能為奉行這般殊勝法門的修行人帶來世間和出世間利益。世尊，想我證得一切智以來，從未曾聽聞過如此善妙的教法。世尊，假如有人聽聞信受此經，認為此經中所說都是真實的話，那麼這便成就世間第一稀有功德。

這段經文解釋為何持此經比內財施殊勝四個原因中的第一個：「昔未曾聞故勝」；就連善現長老也未曾聽過《般若經》這種稀有善妙的法門。從這段經文見到善現長老是一位典型迴小向大的修行人；祂本來已是得「俱解脫」[五十八]的阿羅漢；可惜因未曾聽聞過佛說《般若經》，至使大乘本性住種子未能完全甦醒。現一經釋尊這位大善知識開示般若法門，祂的成佛種子頓然甦醒，而且瞬間受釋尊開啟引發世俗菩提心，更由於祂已得「俱解脫」的關係，迅速生起於一

切法遠離能取、所取的無分別智，親見佛的法身；瞬即證得大乘見道位，生起勝義菩提心。由於勝義菩提心和無分別智的牽引，無緣大悲心生起諸法、眾生、所作和佛體四種自他平等性，這時心靈上達致極喜的境界，比世間帝釋、梵天和四果賢聖還要歡喜[五十九]，故善現長老的「悲泣墮淚」，是喜極而泣，非凡夫因情緒困擾的哭泣。

此外，「生智」是指善現長老證慧解脫時所得的「一切智」。一切智是指證人無我的無漏智，因為人無我的道理普遍存在於一切法中，故稱「一切智」。

「何以故？世尊，諸真實想、真實想者，如來說為非想；是故如來說名真實想、真實想。世尊，我今聞說如是法門，領悟信解，未為希有。若諸有情，於當來世後時後分，後五百歲，正法將滅時分轉時，當於如是甚深法門，領悟信解、受持、讀誦、究竟通利，及廣為他宣說開示，如理作意；當知成就最勝希有。」

「為甚麼這樣就會成就世間第一稀有功德呢？相信《般若經》所說的真實語是無分別和不可執取，而不是執著《般若經》表面上有言說分別的文字；如來說這才是《般若經》所說的真實語。世尊，我現在接受信解這部經典，並非難事；但對於未來五百年後，正法將滅的末法眾生而言，若他們聽到這部經典，領悟信解般若法門，銘記於心，除了將經文背誦得滾瓜爛熟，徹底通曉內容文義外，又向眾人詳細解釋，教人依《般若經》修止觀；這人才是成就世間第一稀有殊勝功德。

這段經文說明奉持此經比捐捨身命的功德殊勝的第二個原因：「生真實想故勝」；相信《般若經》所說的都是真實；這人便會成就世間第一稀有功德，較於恆河沙數劫日日捐捨身命更殊勝。

「何以故？世尊，彼諸有情無我想轉，無有情想，無命者想，無士夫想，無補特伽羅想，無意生想，無摩納婆想，無作者想，無受者想轉。所以者何？世尊，諸我想即是非想，諸有情想、命者想、士夫想、補特伽羅想、意生想、摩納婆想、作者想、受者想即是非想。何以故？諸佛世尊離一切想。」作是語已。

「為甚麼這人能成就世間第一稀有功德呢？因為在他看到的所取境中，沒有我相、有情相、命者相、補特伽羅相。同時，這人能取的心中亦沒有我想、有情想、命者想和補特伽羅想等顛倒的執想。能遣除所取、能取，便得無分別智，再輾轉薰修，便當成佛；所以持經遠勝於捨身之功德。」

這段經文說明了奉持此經遠勝捐捨身命的功德殊勝的第三個原因。《般若經》有一個特點是其他法門沒有的。透過斷除對所取境相例如五蘊身的執著，與及清淨內心能取的顛倒想，就能產生無分別智；有了這無分別智，便即見道；再以此為緣，輾轉薰修，勝進十地，便能成佛。而所謂「佛」，就是將一切相想都除遣無餘。所以，從定善解脱的角度來評審，相信《般若經》所說是實語；奉持此經確比捨身功德殊勝。

爾時世尊告具壽善現言：「如是！如是！善現，若諸有情，聞說如是甚深經典，不驚，不懼，無有怖畏，當知成就最勝希有。何以故？善現，如來說最勝波羅蜜多，謂般若波羅蜜多。善現，如來所說最勝波羅蜜多，無量諸佛世尊所共宣說，故名最勝波羅蜜多。如來說最勝波羅蜜多，即非波羅蜜多；是故如來說名最勝波羅蜜多。

佛印可善現長老說：「就是這樣！善現，若果末法時有人聽到《般若經》甚深教法而不驚駭、不惶恐、不畏懼的話；這人將會得很善妙的成就。為甚麼呢？善現，佛所說六種波羅蜜多中，尤以般若波羅蜜多最殊勝；而般若波羅蜜多更是諸佛內證，得無上菩提後所共說的法門，不是二乘凡夫所能理解，所以最為殊勝。如來所說這最勝的波羅蜜多，不是一般人所體驗到片面的，不能藉以到彼岸的波羅蜜多；而是經佛內證，能度眾生到彼岸的最勝波羅蜜多。

這是行持般若法門並深信《般若經》所說是真實語，較捐捨身命的功德殊勝的第四個原因。《般若經》常提到透過布施等六種波羅蜜多，不住於事而行布施，就可以從生死輪迴的此岸，到達涅槃解脫的彼岸。佛在經文強調，六種波羅蜜多中，尤以般若波羅蜜多最殊勝，因為布施、持戒、安忍、精進和靜慮都是為了教導世人如何藉著般若而息滅一切煩惱痛苦，到達彼岸而施設的[六十]。此外，一般人包括二乘賢聖都不完全懂得如何透過般若而達致彼岸，而只有諸佛才有這殊勝的能力。所以世親菩薩在《論釋》中說：「境岸非知故，於餘不共故。」[六十一]故此，若有

末法時期眾生相信《能斷金剛般若波羅蜜多經》所說是真實語；對般若法門不驚、不怖、不畏；進一步能受持讀誦，究竟通利及廣為他宣說開示，如理作意的話，他的功德不單比以恆河沙數劫捐捨身命殊勝，而且更能成就世間第一稀有功德。

戊四 第四重約捨身校量

己一 釋持經行忍得福應劣之疑

「復次善現，如來說忍辱波羅蜜多，即非波羅蜜多；是故如來說名忍辱波羅蜜多。」

「還有，著相的忍辱波羅蜜多，不是真正的波羅蜜多，只有離相而修忍辱的波羅蜜多，才是真正的波羅蜜多。」

在未作約捨身命而與持經功德來比較之前，佛再為善現長老就無相修行釋疑。首先，既然以前說過捐捨身命功德不及持經，那麼依佛經中本生故事學習釋尊往昔為忍辱仙人時，行忍所得福德應劣。釋尊指出，一般人若執有我相，當捨身或行忍時，無論怎樣，內心也懷有苦惱怨懟，更甚者是會退失菩提心。所以佛在前文回應善現長老提問：「云何修行？」時說：「菩薩摩訶薩不住於事應行布施，都無所住應行布施，不住於色應行布施，不住聲、香、味、觸、法應行布施。」所以說，著相捨身行忍，便非忍辱波羅蜜多，只有無相捨身行忍，方是修持忍辱波羅蜜多。

「何以故？善現，我昔過去世，曾為羯利王斷支節肉，我於爾時，都無我想、或有情想、或命者想、或士夫想、或補特伽羅想、或意生想、或摩納婆想、或作者想、或受者想。我於爾時都無有想，亦非無想。何以故？善現！我於爾時若有我想，即於爾時應有恚想。我於爾時若有有情想、命者想、士夫想、補特伽羅想、意生想、摩納婆想、作者想、受者想，即於爾時應有恚想。」

「為甚麼呢？善現，往昔我被羯利王割截肢肉時，當時我沒有我想、有情想、命者想或補特伽羅想；當時除了沒有我想外，我還是神志清醒，內心只有悲憫損惱者的念頭。為甚麼？善現，若我當時有我想的話，我便會生起惡念；同樣，若我當時有有情想、命者想或補特伽羅想的話，亦會生起惡念。」

根據《賢愚經》卷二〈羼提波梨品〉記載：釋尊過去世曾是忍辱仙人，住在一個樹林中修忍辱。一天，羯利王與大臣、宮女來到林中，碰到修忍辱的仙人；國王拔劍向仙人說：「我要考驗你是否真的能夠忍辱！」於是用劍割斷仙人雙手，問他：「你是否還說在忍辱？」仙人答：「是的，我在修忍辱。」接著，國王又陸續砍斷仙人雙腳、耳朵、鼻子；但仙人神色不變，仍然清醒地回答：「無論你對我做甚麼事，讓我承受何等痛苦；我都能安忍，內心不起惡念。」這時忍辱仙人儘管遭受斷肢割肉的痛苦，除了忍辱波羅蜜多外，還因與人無我的無漏根本智相應，沒有我想、有情想、命者想、補特伽羅想，更加遠離恚想。我們要注意經文所說：「我於

爾時都無有想亦非無想！」「無有想」是指沒有我想，「非無想」是指忍辱仙人神志清醒，遭受割肉斷肢，內心唯有慈悲之想。[六十二]

「何以故？善現，我憶過去五百生中，曾為自號忍辱仙人。我於爾時，都無我想、無有情想、無命者想、無士夫想、無補特伽羅想、無意生想、無摩納婆想、無作者想、無受者想。我於爾時都無有想，亦非無想。

「為甚麼？我以神通回憶過去世五百次轉生中，曾為修忍辱的仙人；當捨身行忍時，都無我想、有情想、命者想和補特伽羅想。當時我神志清醒，內心只有悲憫損惱者的念頭。

接著，釋尊憶述過去五百世中曾多次投生修忍辱的仙人；在現存的佛經中，雖沒有記錄這些本生故事，但我們相信釋尊歷劫修行，積集無量福慧資糧，尤其是當祂的勝義菩提心在第三地時，忍辱波羅蜜多特別增勝；多次投生為忍辱仙人，並非奇事。

世親菩薩在《論釋》中提到忍辱仙人被斷肢節肉時，身心非但沒有苦受，反生悲樂。「由無恚怒情，不名為苦性；有安樂大悲，行時非苦果。」[六十三]

「是故善現，菩薩摩訶薩，遠離一切想，應發阿耨多羅三藐三菩提心。

「善現，因此菩薩摩訶薩在遠離一切相想後，應發趣安住於無形相的無上菩提。

質疑：當忍辱仙人遭羯利王斷肢節肉，境相面前，修行人如何於相離相，離相行忍？

解惑：一般資糧位和加行位的修行人不易離相行忍，因為無漏智未起，未獲勝義菩提心。那麼地前菩薩如何隨順離相行忍呢？當修行人境相面前，便要先遣除一切相想，然後安住在無形相的無上菩提，亦即佛法身上，才去行忍。[六十四]

佛首先教善現長老於相離相，離相行忍的第一步，令不住相。這裡的「住」，解作執著。一般未見道的修行人只能做到這步為止。

「不住於色應生其心，不住非色應生其心；不住聲、香、味、觸、法應生其心；不住非聲、香、味、觸、法應生其心；

「菩薩摩訶薩不會執著包括色、聲、香、味、觸和法等一切境相；亦不會執著一切非境相，包括非色、非聲、非香、非味、非觸和非法；

「都無所住應生其心。

「一切所依其實都是無所依。所以修行人應當於能、所二取皆空的狀態下安住於無相法身。

接著，佛教善現長老如何離相行忍的第二步，孔茲依梵文本這樣解說：「一切所依實是無所依；只能究竟地依於空性（法身）。」所以「都無所住應生其心」的「心」，就是安住於無相的法身真如的心。這裡的「住」，解作安住；因為只有安住於無相法身，才能遣除我想、有情想、命者想和補特伽羅想；遣除能取、所取。安住於無相法身，所謂「都無所住應生其心」，才能生起無分別智，見佛法身；才能生起勝義菩提心。有了勝義菩提心，在任何劇苦情況下，為了利益有情，菩薩也能生起極喜，能離相行忍。所以，只有地上菩薩才可以以無住心，安住於無相法身。

「何以故？善現，諸有所住，則為非住。是故，如來說諸菩薩應無所住而行布施，不應住色、聲、香、味、觸、法而行布施。

「菩薩要離相行忍，先要遣除一切對境相的執著，接著要安住於無形相的法身。為甚麼呢？因為執著境相的所住，都是不合理的所住！不能真正安住於佛法身。所以，佛說菩薩如果要安住於佛法身，就不能執著色等六塵而修六度，例如布施。

修行人如執著境相為實有，便有能取、所取，無漏無分別智、勝義菩提心等便不能生起；換言之，尚未能見佛法身，不能登極喜地。當面臨劇苦境相時，便會生起瞋恚，退失菩提心；違言離相行忍。所以要離相行忍的話，先要遠離能、所二取，不執為實。《論釋》云：「此謂

入初地勝義之心，得忍邊際行，無住心即是。」又云：「若於色等境，有住著心者，此必不能進求佛果故。」

「復次善現，菩薩摩訶薩為諸有情作義利故，應當如是棄捨布施。何以故？善現，諸有情想即是非想。一切有情，如來即說為非有情。」

「再者善現，為了一切有情的世間和出世間利益，菩薩應以不著相，並住於能取、所住皆空的心態捨棄財物去行布施。因為，執著身外有一個實有的有情作為自己布施對象的想法，是一個不合理的想法。如來又說，一切有情都是依緣五蘊，假名安立；都不是實有的有情。」

世間利益名為「義」，出世間利益名為「利」，佛於此一再強調：登地後的菩薩要以勝義菩提心，再透過六度為一切有情謀求世間和出世間利益。而勝義菩提心的前提，是遠離能取的主體例如我，和所取的客體例如一切有情。簡言之，菩薩在行六度利益一切有情時，要不執取有情所有事相樣貌。「應知正行者，是利生因故；於有情事相，應知遍除遣。」[六十五] 佛說一切有情的生命現象都不是實有；而只不過是依緣五蘊假名安立而已。能夠體證這種我想、法想皆無的修行人，就能與佛的實語、諦語、如語、不異語相應。誠如世親菩薩所說：「彼事（一切有情生命現象）謂名聚，最勝除其想（我、法二想）；諸世尊無此，由真見相應。」[六十六]

己二　釋若人無我如何證得真如之疑

「善現，如來是實語者，諦語者，如語者，不異語者。復次善現，如來現前等所證法，或所說法，或所思法，即於其中非諦非妄。」

「為甚麼說『一切有情，如來即說為非有情』？因為這是佛體證無上菩提時發現的人無我、法無我的道理。善現，佛不妄說得無上菩提，對二乘人不妄說四諦道理，對大乘人不妄說無我能顯真如的道理，亦不向任何人妄說任何授記。還有，佛如今以現量相續平等地內證得到的道理，向你們宣說，讓你們思考；你們既不應執以為實，亦不能輕視以為妄言。」

前文提到世尊能遣除我想、法想，以現量相續平等地體證真如中人無我、法無我的特性；所以經文強調：「一切有情，如來即說非有情。」於是會有人質疑：「如果人無我的話，誰人證悟法身真如呢？」佛就這樣安慰這位疑人：「要證得法身真如，便一定要遣除人我、法我的妄念謬見；這是我體證真如的真實體驗；我所說的教法皆根據真實見而來，請你不用懷疑。」六十七既然佛要求弟子們要相信祂所說都是真實見，為甚麼佛又要求弟子不要執著祂所說的教法，亦不要將教言視為妄言呢？其實這只是重覆以前佛說過修行人要「無法想轉、無非法想轉；無想轉、亦無非想轉。」又強調要得般若波羅蜜多，便「不應取法，不應取非法。」「諸有智者法

尚應斷，何況非法！」

己三 釋真如遍在何故有得有不得之疑

「善現，譬如士夫入於闇室，都無所見；當知菩薩若墮於事，謂墮於事而行布施，亦復如是。善現，譬如明眼士夫，過夜曉已，日光出時，見種種色；當知菩薩不墮於事，謂不墮事而行布施，亦復如是。」

「善現，就好像一個置身於闇室的人看不到室內任何東西一樣，菩薩若以有住心而行持例如布施等的六度，祂便不能得見法身真如。相反，菩薩若以無住心行持例如布施等六度，便會好像夜去晝來，太陽一出，光明照遍大地；便能一清二楚地看到法身真如。」

又有人質疑：「既然法身真如好像虛空一樣，無處不在，為甚麼有人證得真如，但仍有不少人未證真如？」釋尊舉如人入於闇室為喻，其實居室內有很多傢具佈置，卻因為夜間照明不足，以致看不到這些傢俬；但天亮後，在充足光線的照明下，便能看清楚所有傢俬了。菩薩修行亦如此，如果祂具有遺除人我、法我顛倒執著的能力，而且安住於法身真如的定力夠強的話，便能圓滿證見法身真如。正如釋尊在前文曾說：「以諸賢聖補特伽羅皆是無為之所顯故」；修行階位高低取決於修行人以般若波羅蜜多體證真如的能力強弱。就好像日光照明強，就能見全

部傢俬擺設；日光略暗，便只能見部份傢俬一樣。這裡的「墮於事」是指心執著事相。

己四 第四重功德校量

庚一 持經功德勝

「復次善現，若善男子或善女人，於此法門，受持、讀誦，究竟通利，及廣為他宣説開示，如理作意；則為如來以其佛智悉知是人，則為如來以其佛眼悉見是人，則為如來悉覺是人；如是有情，一切當生無量福聚。

「還有，善現！如果有善男子、善女人信受此經，並將經文銘記、背誦、修學及廣為宣揚；那麼，善現；如來以佛智知道他們，如來以佛眼完全見到他們；如來深切了解他們；善現啊！這些善人積聚並獲得無量無數的福德聚。

「復次善現，假使善男子或善女人，日初時分以殑伽河沙等自體布施，日中時分復以殑伽河沙等自體布施，日後時分亦以殑伽河沙等自體布施，由此法門，經於俱胝那庾多百千劫以自體布施，若有聞説如是法門，不生誹謗，由此因緣所生福聚，尚多於前無量無數；何況能於如是法門，具足畢竟書寫、受持、讀誦，究竟通利，及廣為他宣説開示，如理作意；

「善現，又若有善男子或善女人上午以恒河沙數這麼多的身體用作布施，中午和

黃昏亦同樣將如恆河沙數這麼多的身體用作布施，如是者經歷一千萬個十萬劫，每天都是這樣布施；而另外有人聽聞此經後，能生淨信，不起誹謗；單憑這樣所生起的福聚，已超出前者無量無數。更何況是那些將《般若經》經文從頭到尾抄寫、領納經義，記令不忘；並將經文背誦得滾瓜爛熟，徹底通曉內容文義，又向別人詳細解釋，教人依《般若經》修止觀的修行人，所獲福聚，更是不言而喻了。

佛在本經分別進行了四次功德校量，比較有相的布施，無論是外財施抑或是內財施，都比不上奉持《般若經》之功德。第一次以三千大千世界盛滿七寶作外財施；第二次以恆河沙數三千大千世界盛滿七寶作外財施；第三次以恆河沙數劫捐捨恆河沙數身命作內財施；今次進一步以每日三次用恆河沙數這麼多的身體，經俱胝那庾多百千劫這天文數字的時間捐捨身體布施；與對《般若經》生起淨信，並將《般若經》畢竟書寫，受持讀誦，究竟通利，並為他宣說開示，如理作意比較；佛說後者功德多出前者無量無數。佛的意思是說：前者雖長時捨身，得福無量，但終因無法激發般若無漏智，故不能走出生死苦海；所以就算一些未能勝解《般若經》義理，但只要對此經生起淨信的修行人，以此為增上緣，終能增長無漏智，見法身佛；再地地勝進，當獲無上菩提，脫離生死苦海。因此，站在解脫生死的觀點，布施確能解決生死輪迴時生活上，例如得勝生安樂的問題，卻解決不了生死輪迴的根本問題，故說持經功德確比內施和外施勝出一籌！

庚二　釋持此經有六種殊勝功德

辛一　此經德大福圓

「復次善現，如是法門不可思議，不可稱量；應當希冀不可思議所感異熟。善現，如來宣說如是法門，為欲饒益趣最上乘諸有情故，為欲饒益趣最勝乘諸有情故。

「再者，善現；受持這部經有無量功德，是意想不到的，用甚麼也不能比擬的；這部經是佛特意為那些發了菩提心，行持廣大菩薩行者而說的。

「善現，若有於此法門，受持、讀誦，究竟通利，及廣為他宣說開示，如理作意；即為如來以其佛智悉知是人，即為如來以其佛眼悉見是人，則為如來悉覺是人。如是有情，一切成就無量福聚，皆當成就不可思議、不可稱量、無邊福聚。

「對於那些信受此經，並將經文領納在心，記令不忘，除將經文背誦得滾瓜爛熟，徹底通曉內容文義外，又向別人詳細解釋，教人依經文修持的人；如來用祂的佛智、佛眼，以現量完全了知他們。善現，這些有情將會獲得不可思議、不可比擬和不能窮盡的福德聚。

世親菩薩在《論釋》以三頌具體說明《能斷金剛般若波羅蜜多經》有六點殊勝功德，能依之修行將獲廣大福德。「非境性獨性，能依是大人；及難可得聞，無上因增長。若但持正法，

所依處成器，蠲除諸業障，速獲智通性。世妙事圓滿，異熟極尊貴，於此法修行，應知獲斯業。」[六十八] 意思是說：二乘人是讀不懂這部經，只有最上乘、最勝乘的菩薩大人才有根器去讀懂它，並依之修持。劣根的人不欲聽此經，聽此經者更是難尋，所以接受此經的很快就種下無上菩提的因。不單這樣，受持此經的人既受天人所尊敬，又能遣除業障，故很快便能生起無分別智來通達二無我而見佛法身。持此經者即使在世間亦奇妙地諸事圓滿，更得人中尊貴的果報。

辛二 持此經即會與佛一同分享無上菩提經驗

「善現，如是一切有情，其肩荷擔如來無上正等菩提。何以故？善現，如是法門，非諸下劣信解有情所能聽聞，非諸我見，非諸有情見，非諸命者見，非諸士夫見，非諸補特伽羅見，非諸意生見，非諸摩納婆見，非諸作者見，非諸受者見所能聽聞。此等若能受持、讀誦，究竟通利，及廣為他宣說開示，如理作意，無有是處。

「善現，持本經教的人將會與如來一同分享無上菩提。為甚麼呢？這種無上教法不會是稟性下劣，又或是有我見、有情見、命者見、補特伽羅見的人有機會聽聞，更何況要他們接受、銘記、背誦、修持及推廣發揚呢？不可能吧！

辛三 此經在處皆可尊重

「復次善現，若地方所聞此經典，此地方所當為世間諸天及人、阿素洛等之所供養，禮敬右繞，如佛靈廟。」

「再者，善現！若有任何地方開講這經，該處將受一切天、人、阿修羅尊重供養；該處就好像有佛塔一樣，一切有情皆應恭敬、頂禮和右旋轉繞。」

辛四 此經能轉業障

「復次善現，若善男子或善女人，於此經典受持、讀誦，究竟通利，及廣為他宣說開示，如理作意；若遭輕毀，極遭輕毀，所以者何？善現，是諸有情宿生所造諸不淨業，應感惡趣；以現法中遭輕毀故，宿生所造諸不淨業，皆悉消盡，當得無上正等菩提。」

「善現，如果有善男子或善女人信受此經，記令不忘；除將經文背誦得滾瓜爛熟，徹底通曉內容文義外，又向別人詳細解釋，教人依經文修止觀；他們因此應受到眾人尊敬，相反，若遭到別人輕賤，甚至嚴重賤視的話；這話怎說？這些善男子或善女人先世曾經種下應墮惡趣的不淨業，由於受到別人輕賤或損害，今生只需感受這些輕微苦報，以前的罪業能淨化殆盡，更將成就無上菩提。」

為甚麼奉持《能斷金剛般若波羅蜜多經》能令前生惡業轉輕，甚至逐漸消滅呢？奉持此經

能生般若波羅蜜多，這是一種無漏智，[六十九]能對抗煩惱，煩惱因之不能增長，反而日漸萎縮。般若波羅蜜多還有一種顯露我們心性的能力，[七十]而心性本自清淨，常遠離煩惱；所以當我們修持般若法門愈精勤，便能顯露多一分清淨心性，惡業勢力便愈減弱。當惡業減弱，苦報便轉輕；當修持般若法門一旦成就，例如初地菩薩永斷下墮三惡道；進而地地勝進，宿世一切不淨業漸趨消盡；十地菩薩達致最後心金剛喻定時，二障現行種子和習氣完全斷捨，罪報無法生起。

接著，釋尊以自己經驗為例，提到不單無量捨身布施的功德不及奉持空性學說與般若法門，就算無量長期持戒清淨，也不及持此經功德；並強調持此經有速證菩提的功德。

辛五　持此經較持淨戒更能速證菩提

「何以故？善現，我憶過去於無數劫復過無數，於然燈如來、應、正等覺先復過去，曾值八十四俱胝那庾多百千諸佛，我皆承事；既承事已，皆無違犯。善現，我於如是諸佛世尊，皆得承事；既承事已，皆無違犯。

「善現，我以神通回憶往昔值遇然燈佛之前，在無數個無數劫的過去世，曾遇到八十四千萬個十萬這麼多數目的佛；並在祂們足下承事供養，期間未有違犯過祂們的教示。

「若諸有情，後時後分後五百歲，正法將滅時分轉時，於此經典受持、讀誦，究竟

通利，及廣為他宣說開示，如理作意；善現，我先福聚，於此福聚，百分計之所不能及；如是千分、若百千分、若俱胝百千分、若俱胝那庾多百千分，若數分，若計分，若算分，若喻分，若鄔波尼殺曇分亦不能及。

「但以我這無量持戒清淨功德，跟後五百歲正法將滅之時，那些信受此經，並持經文領納心在，記念不忘，除將經文背誦得滾瓜爛熟，徹底通曉內容文義外，又向別人詳細解釋，教人依經文修持的人所獲的功德相比較，我偌大持戒清淨，也不及他們持經的功德百分之一、千分之一、萬分之一、十萬分之一、百萬分之一，甚至是千千萬分之一；甚至不能以數目、分數、算數，或用譬喻，或用比較，或用象徵等手法表達出來。

經文的「無數」不是形容詞，而是量詞；大約十的五十一次方。「俱胝」指千萬，「那庾多」指十萬，「俱胝那庾多」指千萬個十萬。「鄔波尼殺曇分」有因果相比的意思，這裡用作以因果來譬喻、比較和象徵的手法也說不清。我們不必執著這些佛經中提到不同程度的數目概念以為實，但也不能視為妄言。

辛六　持此經得大妙果

「善現，我若具說，當於爾時，是善男子或善女人所生福聚，乃至是善男子是善女

人所攝福聚，有諸有情則便迷悶，心惑狂亂。是故善現，如來宣說如是法門，不可思議，不可稱量；應當希冀不可思議所感異熟。」

「善現，還有一點，若我將聞持此經所生起種種威德神力，善信因而得到的種種廣大妙果詳盡道出，也許一般人聽到後會難以接受，甚至反生厭悶，任意毀謗，生起邪見。所以善現，如來開示般若法門，實非凡夫心智所能揣測；奉持此經所得之廣大功德，亦非一般異熟果報可與之較量。依本經修行，應相信必能安住於正大妙果功用。」

乙二 第二周為初基菩薩釋疑除增上慢

丙一 善現請問

爾時具壽善現復白佛言：「世尊，諸有發趣菩薩乘者，應云何住？云何修行？云何攝伏其心？」

善現長老在佛前請問：「世尊，請問那些發心趣向大乘的修行人，應發動和保持甚麼的意趣來行持般若波羅蜜多呢？有甚麼有效方法能發揮般若波羅蜜多呢？倘若修行般若波羅蜜多稍有寸進時生起增上慢，又應當如何控御其心呢？」

丙二 正答

佛告善現：「諸有發趣菩薩乘者，應當發起如是之心：『我當皆令一切有情，於無餘依妙涅槃界而般涅槃；雖度如是一切有情令滅度已，而無有情得滅度者。』何以故？善現，若諸菩薩摩訶薩有情想轉，不應說名菩薩摩訶薩。

佛答善現長老說：「凡是趨入菩薩乘的修行者，應當這樣發心：『我定當引領一切有情進入涅槃，達致無餘依涅槃界。雖然有無量有情被引領達致涅槃，但實際上並沒有一個有情被引領達致涅槃界！』為甚麼？善現，如果菩薩執著離身外實有一個有情的話，他不應名為菩薩。

佛為初學般若波羅蜜多的修行人釋疑和遣除他們漫無目標，散亂修學的心；當他們修學般若波羅蜜多稍有寸進，生起未證謂證的增上慢時，再為遣除他們的增上慢及繼續釋疑。何以見得修行人有增上慢？假若真正證得般若波羅蜜多這種無分別智的話，是沒有人我執、法我執的；亦根本不會說出「我能發趣菩薩乘」、「我能修行」、「我能攝伏自心」這類說話；所以若有「人我」、「法我」，例如有我想、我能度有情令入滅度、我是發趣菩薩乘者等想法的人，根本未得般若波羅蜜多，亦未證見真如。為令他們冥證真如，釋尊便為這些人遣除增上慢，有恆耐煩地去除他們的障礙而接續廣釋十七種疑難。

丙三 廣釋眾疑

丁一 釋能住、能修、能攝伏是我之疑

「所以者何？若諸菩薩摩訶薩，不應說言有情想轉。如是命者想、士夫想、補特伽羅想、意生想、摩納婆想、作者想、受者想轉，當知亦爾。何以故？善現，無有少法名為發趣菩薩乘者。」

「為甚麼？如果菩薩生起一念認為實有一個『我』，又或者實有『有情』、『命者』、『補特伽羅』的話，就不能稱為菩薩。為甚麼？善現，因為根本就沒有一種實有的東西稱為『發趣菩薩乘的修行人』啊！」

世親菩薩解釋這段經文說：「為何經文重覆說云何住？云何修行？云何攝伏其心？佛的意思是說當修行人生起『我住於菩薩大乘，我如是修行，我如是攝伏其心』，並視自己為真實的菩薩的話，他便『說名為心障，違於無住心』！[七十一] 所謂心障，就是能障生起般若波羅蜜多的增上慢；所謂無住心，就是無分別智。菩薩由於增上慢控制其心，所以生起實我、實法的念頭；若內心執實我、實法的話，又怎能出現無分別智！

有人質疑：「既然佛說『無有少法名發趣菩薩乘者』，則無菩薩，那麼誰人修行？」

丁二　釋無菩薩之疑

佛告善現：「於汝意云何？如來昔於然燈如來、應、正等覺所，頗有少法能證阿耨多羅三藐三菩提不？」作是語已。具壽善現白佛言：「世尊，如我解佛所說義者，

如來昔於然燈如來、應、正等覺所，無有少法能證阿耨多羅三藐三菩提。」說是語已。

佛對善現長老說：「你意下如何？佛往昔在然燈佛前，是否有得到丁點兒實有的教法來證得無上菩提呢？」善現長老回答說：「世尊，據我的理解，如來在然燈佛前，並未得到過些甚麼實有的教法而證得無上菩提！」

前文提到證真如時，不能有任何「我相」生起，例如我住於大乘，我如是修，我如是攝伏自心；否則便會障礙見道，不能生起般若波羅蜜多。所以佛一方面強調，在虛假的世俗修行到證真如時——有五蘊身的菩薩是假有，故必須遣除這個由名言、因緣會聚而假有的菩薩上所產生的實我、實法之分別。在這前提下，無分別智才有機會生起，冥證真如。於是有人質疑：「如果沒有一種有效的教法，修行人怎能冥證真如？」

佛告具壽善現言：「如是，如是，善現，如來昔於然燈如來、應、正等覺所，無有少法能證阿耨多羅三藐三菩提。何以故？善現，如來昔於然燈如來、應、正等覺所，若有少法能證阿耨多羅三藐三菩提者，然燈如來、應、正等覺不應授我記言：『汝摩納婆於當來世名釋迦牟尼如來、應、正等覺。』善現，以如來無有少法能證阿耨多羅三藐三菩提，是故然燈如來、應、正等覺授我記言：『汝摩納婆於當來世名釋迦牟尼如來、應、正等覺。』」

佛印可善現長老說：「對啊，對啊，善現，如來在然燈佛前，若果有實法能證無上菩提，然燈佛就不會授記我將來成佛，號釋迦牟尼。相反，如來在然燈佛前，確無丁點兒實法證得無上菩提；正是這緣故，然燈佛當時才授記我：『你這年輕的儒童（摩納婆），於未來世會成為如來、阿羅漢和正等覺，號釋迦牟尼佛。』」

在釋尊修行成佛的經歷中，確實出現過然燈佛為釋尊授記，預言當時還是第八地菩薩，身份是儒童（摩納婆）的釋尊，於未來世將會成佛，號釋迦牟尼。但這些經歷都是如幻如化，在真如法身中，了不可得。我們要了解一點，能證得無上菩提的般若波羅蜜多，本身是一種無漏無分別智；換言之，當般若波羅蜜多起作用時，一定是無能取和所取的。因此，無論修行人見道、地地勝進，甚至到最後心入金剛喻定成就無上菩提時，一定先經過根本定，以無分別智斷除每個修證階段特別的煩惱障和所知障；假如當時有法我相想、人我相想的話，就會引發或粗或細的二障現行。所以釋尊在說般若法門時，非常強調修行人要不執著甚至要遣除法我、人我，方能得見真如，與及成就無上菩提。釋尊接受然燈佛的授記當然不例外；故這段經文就是說：假若釋尊有聲稱然燈佛曾教授一種實法去證得無上菩提，那只是增上慢，當時的釋尊連第八地菩薩也做不成，遑言成就無上菩提，甚至然燈佛也不會為祂授記。只有不執著及遣除法我、人我，釋尊才能從第七地順利勝進到第八地；然燈佛才會祝福祂，為祂授記。

丁三 釋無因則無佛法之疑

戊一 釋無佛之疑

「所以者何？善現，言如來者，即是真實真如增語；言如來者，即是無生法性增語；言如來者，即是永斷道路增語；言如來者，即是畢竟不生增語。何以故？善現，若實無生，即最勝義。

「為甚麼然燈佛要我遣除對實我、實法的執著，現證真如後才為我授記呢？因為包括佛在內，一切賢聖階位都是無為法，所謂真如的所顯。『如來』就是真實真如、無生法性、永斷道路、畢竟不生的同義詞，用來形容諸法離言自性，本自不生，後亦不滅的無生法。能夠體證沒有起點的無生，是最殊勝的境界。

有人質疑：若然無實我、實法的話，則不應有菩薩；沒有菩薩，則沒有佛；沒有佛，則不會有包括能成就佛果的阿耨多羅三藐三菩提等佛法。釋尊解惑說：「這是因為凡夫對真如道理有迷執才生起的誤解。佛於最高真實的存在狀態，不是凡夫以名言所捉，耳目所見，有生有滅有形相，具三十二相八十種好的化身；而是聖智所行無生滅，無形相，與宇宙實體，眾生本來面目同義的法身。[七十二]這種法身離言自性[七十三]的存在狀態，是修行人遣除了一切人我、法我後才能現見的。[七十四]」佛經三大阿僧祇劫修行，到第十地修行尾段，修煉無漏智的功夫爐火純青，燒毀

所有阿賴耶內有漏種子，獨留無漏種子。這時，佛的清淨阿賴耶識與其慧心所——大圓鏡智并起；清淨第七識與其慧心所——平等性智并起；清淨第六識與其慧心所——妙觀察智并起；清淨第五識與其慧心所——成所作智并起；這種轉變稱為「轉識成智」。此時，菩薩不單三身四智具備，而且更以真如為法身；換句話說，成佛後，佛以真如為自性身。譬如真如為海，有漏八識為波，無漏八識為不復再起的波濤，回歸海水自性。接著，釋尊指出真實真如[七十五]、無生法性[七十六]、永斷道路[七十七]和畢竟不生[七十八]這四組語言，都是用來形容如來法身——佛的離言自性身。這些添加在如來離言自性身的形容詞，經文稱之為增語。

「善現，若如是說：『如來、應、正等覺能證阿耨多羅三藐三菩提』者，當知此言為不真實。所以者何？善現，由彼謗我，起不實執。何以故？善現，無有少法如來、應、正等覺能證阿耨多羅三藐三菩提。」

「善現，所以如果有人只在名言上起分別念說：『佛曾經證得無上菩提。』當知這是假話，只是以名言增語來描述如來證得真如的情況而已。如於這些增語上執有實佛實法，就會對修行人構成現見法身真如的障礙，生起增上慢。而事實上，佛證無上菩提時，不曾生過實我、實法的念頭。

凡夫以為靠聞思佛經，以語言概念文字作出不斷的追尋，就可以彰顯並展示出真如；殊不

知這只是概念遊戲，真如並非凡夫「有所得」的分別可把捉。如果修行人以為真如增語就是真如的離言自性，那便會變成「未證謂證」的增上慢，對現見法身真如構成障礙；對佛內證真如生起：「哦，佛證真如不外如是」的謗言。

戊二　釋無佛法之疑

「善現，如來現前等所證法，或所說法，或所思法，即於其中非諦非妄。是故如來說一切法皆是佛法。」

「善現，所以佛以現量相續平等地內證真如所得的教法，向你們宣說，讓你們思考；你們既不應執以為實，亦不能輕視以為妄言。因為佛所有的言教，都是佛內證真如時所證之法。

「善現，一切法、一切法者，如來說非一切法；是故如來說名一切法、一切法。」

「善現，所謂一切法，是指真如的離言自性，而非世間能引生增上慢的真如增語；所以佛所說的一切法，只是佛內證真如時所證之法。」

世親菩薩在《論釋》說：「無彼相為相，故顯非是妄；由法是佛法，皆非有為相。」[七十九] 意思是說：所謂佛法包括無上菩提，不是由有五蘊身的化身佛所說。真正的佛法是沒有「彼相」

——沒有具五蘊身相為特點，所以佛內證無形相、無所得真如時的佛法，便不虛妄。此外，真正的佛法是以聖智所行，隨順真如離言自性的境界而修持。所以「佛法」只是由佛內證所得，以無相為相，沒有任何形相可得。接著，佛舉具身、大身為喻，說明一切法皆是佛內證真如之無為法。

佛告善現：「譬如士夫具身、大身。」具壽善現即白佛言：「世尊，如來所說士夫具身、大身，如來說為非身；是故說名具身、大身。」

佛對善現長老說：「法身真如就好像一個身形和相貌都端正、體格魁梧的男子一樣，為大功德所依及遍滿一切處。」善現長老立即回應說：「世尊，對啊！如來所說，佛的真身並非由虛妄分別所起、凡夫所見，有形相及身高丈六的化身；佛的真身是非虛妄分別所起，無相為相，為大功德所依，遍一切處的法身。」

世親菩薩在《論釋》說：「謂以法身佛，應知喻丈夫；無障圓具身，是遍滿性故。及得體大故，亦名為大身；非有身是有，說彼作非身。」[八十] 意思是說：釋尊以男身譬喻佛的法身，由於佛已斷二障及福慧圓滿；所以形成佛的法、報、化三身；其中法身及報身，都非心、心所所行境；故非凡夫虛妄分別所起，是心、心所所行境，「非有身是有」的「是有」指是有為法，「有身」指有形相的化身。整句的意思是指法身不是有形相的有為法；「說彼作非身」，是指化身

只是凡夫虛妄分別所起的假身。所以佛「說彼（化身）作非身」。

丁四 釋無人度有情、嚴佛土之疑

戊一 釋度生疑

佛言：「善現，如是，如是。若諸菩薩作如是言：『我當滅度無量有情』，是則不應說名菩薩。何以故？善現，頗有少法名菩薩不？」善現答言：「不也，世尊；無有少法名為菩薩。」

佛對善現長老說：「對了，對了！正如佛說一切法皆是佛內證的真如，而在真如內並無實有的有情；所以當一個覺悟的有情菩薩說：『我要滅度無量的有情，讓他們進入涅槃！』他在修行上其實未見法身真如，是個增上慢人，為甚麼這樣說呢？善現，在佛所證的真如中，會有一個實有的覺有情嗎？」善現長老回答說：「不會，世尊，在佛所證的真如中，不會有一個實有的覺有情。」

有人質疑：「如果沒有菩薩，世間有誰執行滅度眾生的工作？如果沒有菩薩，誰人成為諸佛的眷屬，莊嚴佛土呢？」佛首先解答無人度有情之疑。佛指出凡夫和菩薩同是有情，凡夫是未見法身，執迷於真如道理的有情；菩薩是已見法身，覺悟真如道理的有情。一個已見真如的真菩薩，祂一定不會執著我相、有情相、命者相、補特伽羅相；所以祂不會說：「我要滅度無

量有情！」這些說話；相反，一些未證謂證的增上慢凡夫修行人，會執自己是真實的菩薩，自己實在地執行滅度無量有情的工作。這類修行人只能是凡夫有情，尚未列入覺有情——菩薩行列。誠如世親菩薩在《論釋》說：「於菩薩眾生，諸法無自性；若解雖非聖，名聖慧應知。」[八十一]能夠證悟真如人無我的道理，就是菩薩；迷於真如人無我的道理，就是普通的有情。

佛告善現：「有情、有情者，如來說非有情，故名有情。是故如來說一切法無有有情、無有命者、無有士夫、無有補特伽羅等。

佛對善現長老說：「我所說的覺有情菩薩，不是指未能現見人無我道理的凡夫有情；現見並勝解人無我的道理，才是菩薩有情。所以佛說一切法，就是泯除有情、命者、士夫和補特伽羅四相的人無我真如理。

有情可分成覺有情和有情兩類，前者指能現見法身真如，並勝解人無我理的菩薩；後者指未證謂證，具增上慢的修行人和一般凡夫。佛強調真菩薩必定已遣除有情、命者、士夫和補特伽羅四種我相。除此之外，真菩薩更不會執著形相莊嚴佛土。

戊二　釋莊嚴淨土疑

「善現，若諸菩薩作如是言：『我當成辦佛土功德莊嚴』，亦如是說。何以故？善現，佛土功德莊嚴、佛土功德莊嚴者，如來說非莊嚴，是故如來說名佛土功德莊嚴、

佛土功德莊嚴。

「善現，此外，若有菩薩說：『我應當莊嚴佛土』，這不是真正的菩薩。為甚麼呢？如來說修無相觀，通達真如人無我理，才能莊嚴佛土，以有形相的七寶並不能莊嚴佛土；所以如來密意是說，無相修行才是真莊嚴佛土。

所謂「莊嚴佛土」，是指三淨地菩薩為了將來成佛時能獲受用報身及受用報土，以攝受菩薩眷屬，又或是攝引眾生投生其化土，因而淨治有情世間或器世間，將情器世界變成能享天人受用及純金為地的佛土；故修習強而有力之淨地瑜伽。如《現觀莊嚴論》云：「如有情世間，器世未清淨；修治令清淨，即嚴淨佛土。」[八十二] 三淨地菩薩成佛時，要以無漏無分別智斷滅第八識中所有有漏種子，而無漏清淨莊嚴的種子當下變現出莊嚴佛土。因此，菩薩要莊嚴佛土，必先完全泯滅人我、法我，通達真如；待我執煩惱殆盡，清淨佛土之種子便即時現起，變現出佛土。誠如《維摩詰所說經》〈佛國品〉云：「隨其心淨，則國土淨。」最後，佛明確地指出，滅度有情和莊嚴佛土，只是為了便利修行人而設立的方法；而能現見、通達真如理，泯除人我四相的修行人，才是真菩薩，才是真莊嚴。

「善現，若諸菩薩於無我法、無我法深信解者，如來、應、正等覺說為菩薩。」

「善現，倘若菩薩見法身真如，對人無我、法無我深信不疑的話，這就是真菩薩！」

世親菩薩在《論釋》說：「不了於法界，作度有情心，及清淨土田，此名為誑妄。」[八十三] 這些未見法身真如，卻未證謂證的增上慢人，不明白人空、法空、無所得等真如特性，覺得實有菩薩，實有無上菩提，實有般若智，實有令入涅槃的眾生，實能以黃金七寶建構佛土；都是顛倒的想法。窺基法師在《金剛般若經贊述》說：「如來莊嚴者，謂無相之莊嚴。」認為無相才是真莊嚴。又說：「謂若菩薩達我（空）、法空證無我理，是真菩薩。」認為達理是真菩薩；這裡的「理」，是指人無我、法無我的真如理。[八十四]

丁五　釋佛不見諸法之疑

佛告善現：「於汝意云何？如來等現有肉眼不？」善現答言：「如是，世尊，如來等現有肉眼。」佛言：「善現，於汝意云何？如來等現有天眼不？」善現答言：「如是，世尊，如來等現有天眼。」佛言：「善現，於汝意云何？如來等現有慧眼不？」善現答言：「如是，世尊，如來等現有慧眼。」佛言：「善現，於汝意云何？如來等現有法眼不？」善現答言：「如是，世尊，如來等現有法眼。」佛言：「善現，於汝意云何？如來等現有佛眼不？」善現答言：「如是，世尊，如來等現有佛眼。」

「善現，你意下如何？如來有肉眼嗎？」善現長老回答說：「對了，世尊，如來有肉眼。」世尊問：「善現，你意下如何？如來有天眼、慧眼、法眼和佛眼嗎？」善現長老回答說：「對了，世尊，如來有天眼、慧眼、法眼和佛眼。」

有人會質疑：前云如來能以佛眼悉見悉知發趣修行大乘的人；但如今說法身真如不見有有情，不見有菩薩，不見有能莊嚴佛土者。誠如是，如來是否有能知能見的能力？若然如來不能知、不能見的話，成佛有何好處？釋尊安慰說：佛不單有能知、能見的能力，還擁有遍知世間、出世間各種不同層面的五種超凡觀照能力——所謂肉眼、天眼、慧眼、法眼和佛眼。佛的五眼不單能見無形相的真如，還能照見世間一切眾生各別的內心活動，以及在輪迴期間的狀況。祂更舉例說如恆河沙數的眾多世界，其中每一個世界有眾多有情，而這些無量眾生每一剎那內心虛妄的活動情況，祂都能不費吹灰之力，直接了知。故說佛確有能知、能見的能力；而佛所見的範圍，更是遍及整個廣大法界。哪五種超凡的知見觀照能力呢？如《梁朝傳大士頌金剛經》云：「天眼通非礙，肉眼礙非通，法眼唯觀俗，慧眼直緣空，佛眼如千日，照異體還同；圓明法界內，無處不含容。」肉眼是指凡夫人肉體的眼睛；天眼是色界天人能不受內外、晝夜、上下和前後限制下，看通任何事物的能力；慧眼是見真如時聖賢的根本智；法眼是聖賢見真如後，以後得智了解眾生根性利鈍，隨機開演，令眾生解脫的法門的能力。佛眼是整合前四眼，並遍知一切法的能力。

佛告善現：「於汝意云何？乃至殑伽河中所有諸沙，如來說是沙不？」善現答言：「如是，世尊！如是，善逝！如來說是沙。」佛言：「善現，於汝意云何？乃至殑伽河中所有沙數，假使有如是等殑伽河，乃至是諸殑伽河中所有沙數，假使有如是

等世界。是諸世界寧為多不？」善現答言：「如是，世尊！如是，善逝！是諸世界，其數甚多。」

佛說：「善現，你曾聽過佛說：『如恆河沙數之多』這句話嗎？」善現長老回答：「是啊，世尊！是啊，善逝！如來有說過。」佛說：「善現，你意下如何？假使世界的數目就如恆河沙數那麼多條的恆河——再集合這麼多條恆河的所有沙；這些世界的數量多嗎？」善現長老答道：「對啊，世尊！對啊，善逝！這些世界的數量很多啊！」

佛言：「善現，乃至爾所諸世界中所有有情，彼諸有情各有種種，其心流注我悉能知。何以故？善現，心流注、心流注者，如來說非流注，是故如來說名心流注、心流注。」

佛問：「善現，在這麼多的世界中，每一個眾生以各自不同的虛妄心識，發動種種不同的心思，造作種種業，因而流轉生死的種種情況，我都能夠知悉得一清二楚。你還能說我不能知，不能見嗎？所以，如來並非只能知悉無形相真如的真實情形；我還能夠知悉所有住於虛妄顛倒世間中，一切有情心流注的情況。」

佛繼續說明自己對一切事物能知能見，並以恆河沙數世界為喻，說明佛不單能見真如界聖賢，還能見世間一切眾生流轉的情形。「心流注」，梵文原意是心執持或心總持的意思，指眾

生因迷於真如理而生起種種虛妄顛倒，作種種業，因而生死流轉的果報。為甚麼眾生的「心流注」是虛妄的呢？佛有恆耐煩地告訴善現長老：

「所以者何？善現，過去心不可得，未來心不可得，現在心不可得。」

「為甚麼眾生的心流注是虛妄分別的呢？善現，眾生的心流注不是處於過去，不是處於未來，亦不是處於現在。」

「心流注」沒有任何形相，本身是念念不住、遷流無定，剎那生滅滅生的宛然乍現而矣。可是眾生卻往往將這個心流注形相化，並執以為實；於是將「心流注」截成過去心、現在心、未來心，企圖藉此能夠把握到這個心的活動。而事實上，我們不可能在過去、未來、現在找得到自己的「心流注」。世親菩薩說：「種種心流轉，離於念處故；彼無持常轉，故說為虛妄。」[八十五]意思是說：凡夫一則不黯真如理，故執苦為樂，執身為淨，執心是常，執法有我；另外又沒有經禪修訓練，不能以三摩地令心穩定地清楚認知自身的處境；由於這個緣故，眾生的心流注是虛妄顛倒。

丁六　釋福德亦是顛倒之疑

佛告善現：「於汝意云何？若善男子或善女人，以此三千大千世界盛滿七寶，奉施如來、應、正等覺，是善男子或善女人，由是因緣所生福聚，寧為多不？」善現答

言：「甚多，世尊！甚多，善逝！」佛言：「善現，如是，如是，彼善男子或善女人，由此因緣所生福聚，其量甚多。何以故？善現，若有福聚，如來不說福聚、福聚。」

佛對善現長老說：「善現，你意下如何？假如有善男子或善女人以盛滿三千大千世界的七寶來供養如來、阿羅漢、正等覺，他們能以此獲得大量的福德聚嗎？」善現長老答道：「可以，世尊！可以啊，善逝！」佛再說：「對了，對了！那些善男子或善女人如果能隨順真如理，並以遍滿三千大千世界的七寶來奉施如來，以求無上菩提的話，是很大的福德聚。不過，若然這些善男子或善女人在奉施如來遍滿三千大千世界的七寶時，是以世俗虛妄顛倒的心態的話，這些福德聚便不如前者般廣大。為甚麼呢？因為能以無我相的般若行持布施，所得福聚非虛妄；若以有我相的虛妄顛倒行布施的話，如來不說這是福聚，因為這些福聚是有漏性。」

世尊繼續說：如果修行人未見法身真如，未得般若波羅蜜多，因其心流注仍有增上慢，仍是虛妄顛倒，縱以七寶盛滿三千大千世界用來供養如來，所獲福聚亦不算廣大。除此之外，凡夫虛妄顛倒的心流注缺乏無相智慧，往往不見無形相的佛法身，只能依其內心迷謬和福德多寡程度，例如凡夫只看到佛化身，初地菩薩只能見到佛他受用身的相好，不能無障礙地見圓滿真實的法身佛。

世親菩薩說：「應知是智持，福乃非虛妄，顯此福因故，重陳其喻說。」[八十六]意思是說：修行人若以般若波羅蜜多行施，所得的福德因是無漏性，會導引成佛；所以佛認為這是福聚。相反，增上慢人因未生起無漏智，行施時執有人我、法我，故雖得福聚，但這些福聚是有漏性，有煩惱相伴隨福報而生；亦不能對治煩惱，對成就無上菩提貢獻不大。「重陳其喻說」，是指佛在上周說法時，曾以「若人以七寶盛滿三千大千世界用來供養如來，得福比不上因持經而得般若波羅蜜多來得廣大」作為比喻，今再三強調應以般若波羅蜜多行施的道理。

丁七 釋無為何有相好之疑

佛告善現：「於汝意云何？可以色身圓實觀如來不？」善現答言：「不也，世尊，不可以色身圓實觀於如來。何以故？世尊，色身圓實、色身圓實者，如來說非圓實；是故如來說名色身圓實、色身圓實。」

佛對善現長老說：「善現，你意下如何？可以透過如來圓滿真實的色身得見如來嗎？」善現長老回答說：「世尊，不可以，不可以透過如來圓滿真實的色身得見如來。為甚麼呢？色身的圓滿真實並非佛法身的圓滿真實；而只不過是在凡夫和初基菩薩虛妄顛倒的心流注下，所見到的佛化身和他受用身的色身圓滿真實而矣。」

佛告善現：「於汝意云何？可以諸相具足觀如來不？」善現答言：「不也，世尊，

不可以諸相具足觀於如來。何以故？世尊，諸相具足、諸相具足者，如來說為非相具足；是故如來說名諸相具足、諸相具足。」

佛對善現長老說：「善現，你意下如何？可以單憑透過三十二相得見如來嗎？」善現長老答道：「世尊，不可以，不可以單憑透過三十二相得見如來。為甚麼呢？因為化身和他受用身不離法身，同時，因為法身無身相的緣故，因此法身不單只具足諸相，還具足非相。」

佛在前文曾說過：「諸賢聖補特伽羅是無為之所顯。」意思是說：修行人是以內心斷除多少虛妄顛倒的程度，來釐定他在修行上的階位。例如只斷除內心少分虛妄顛倒，未能捨棄分別我見、疑和戒禁取見；這便是凡夫。若修行人在心流注中生起般若波羅蜜多，初見法身真如；而法身真如恆常遠離虛妄顛倒，因而能登上較高修行階位。另一方面，具足福德的凡夫有緣得見具足三十二相的化身佛；但大家要清楚一點，化身佛雖尊貴，但仍是有生滅的有為法；從修行人的立場來說，就價值而言，遠不及能見無相無生滅的法身佛般可貴！畢竟只有在心流注中生起般若波羅蜜多的修行人，在遠離虛妄顛倒，例如脫離增上慢的情況下，方能得見法身佛。

誠如世親菩薩在《論釋》說：「謂於真法身，無隨好圓滿，亦非是具相，非身性應知；於法身無別，非如來無二，重言其具相，由二體皆無。」[八十七]意思是說：法身佛才是真佛，其特性

是不具三十二相八十種隨好，亦沒有圓實的色身。但從另一方面來看，佛是三身無別；所以圓實的色身和具足相好亦不離法身；故法身不單具足諸相，還具足非相。

丁八 釋無身何以說法之疑

佛告善現：「於汝意云何？如來頗作是念：『我當有所說法』耶？善現！汝今勿當作如是觀！何以故？善現，若言『如來有所說法』即為謗我，為非善取。何以故？善現，說法、說法者，無法可得；故名說法。」

佛對善現長老說：「你意下如何？如來會這樣想：『我曾經說法』嗎？善現，不要這樣想啊！為甚麼呢？如果有人說：『如來曾經說法』，這簡直是以為如來尚未證真如而橫施誹謗，這人未能好好理解如來的說話。為甚麼呢？事實上，如來所說的法是不能以言語表達；離開能取、所取，根本無法可說。為了導引眾生證悟真如勝義境界，佛才以能說的化身、所說有概念名言的教法而施設方便。」

執著有相的修行人認為：佛雖有五眼，畢竟法身無形相；沒有物質身體，祂如何說法？這些修行人便提出：只有在鹿野苑具有色身，為五比丘說法的才是佛；同時，執著有能說的佛、所說的教法。真如的特質是「無所得」、無能取、所取；現在你卻說有能說法的佛、所說的佛法；這只是增上慢人的執著。佛為了導引眾生接觸離言的真如勝義境界，確曾示現為化身佛，

以言說說法，但這些畢竟是權宜之法，本身不是真實；眾生了解後，便應立即捨棄，如前文曾言：「是故如來密意而說筏喻法門：『諸有智者法尚應捨，何況非法！』」

世親菩薩在《論釋》說：「如來說亦無，說二是所執；由不離法界，說亦無自性。」[八十八]意思是說：如前文所言，所謂一切法，是指真如的離言自性，而非世間能引生增上慢的真如增語；所以，佛所說的一切只是指佛內證真如時所證之法[八十九]。

丁九 釋深法恐無人信之疑

爾時具壽善現白佛言：「世尊，於當來世後時後分、後五百歲，正法將滅時分轉時，頗有有情，聞說如是色類法已，能深信不？」佛言：「善現，彼非有情、非不有情。何以故？善現，一切有情者，如來說非有情；故名一切有情。」

善現問道：「世尊，未來例如五百年後，如來正法將滅時，第六百年開始的眾生，聽到這樣具有特色的般若經教，他們會生起深切的信心嗎？」世尊答：「相信此經的是覺悟的有情，不相信此經的仍是普通凡夫，為甚麼呢？善現，那些能深信此經的是覺有情，他們的大乘種性種子已經甦醒；他們不是那些大乘種性種子尚未甦醒的普通有情。」

有人會問：如果佛法只是指向和緊扣法身真如的話，而法身真如又只是賢聖才能見、能

證；那麼末法時期的人會信受《般若經》的經義嗎？世親菩薩解釋佛這段的釋疑：「能說所說雖甚深，然亦非無敬信者；由非眾生非非生，非聖聖性相應故。」[九十] 意思是說：雖然法身佛所「說」的般若教法甚為深奧，但仍是有人會信的。這類修行人的大乘種性種子已甦醒，並已脫離凡夫的異生性而趨入菩薩聖眾的正性。當這類修行人聽到此經，自然會全身毛孔豎起，涕淚交加；深生淨信。[九十一]

丁十 釋於無上菩提所生之疑

接著有人質疑：既然佛所說法全是指向真如勝義諦，而真如的特性是離開能取、所取，甚麼都應是「無所得」；那麼修行人包括菩薩和佛，理應沒辦法證得無上正等菩提。佛除了釋除這個疑團外，還正面地接續介紹修行人離開增上慢之後，如何正確理解無上正等菩提三種特性。

佛告善現：「於汝意云何？頗有少法，如來、應、正等覺現證無上正等菩提耶？」具壽善現白佛言：「世尊，如我解佛所說義者，無有少法如來、應、正等覺現證無上正等菩提。」

佛對善現長老說：「善現，你意下如何？如來是否曾經獲得一些實有的東西來現前證得無上正等菩提呢？」善現長老回答說：「沒有，以我聽過世尊的開示，從沒有提到如來現前曾證得任何無上正等菩提。」

佛言：「善現，如是，如是。於中少法無有、無得，故名無上正等菩提。」

佛說：「對了，善現，對了；當我現證真如時，發覺在這個殊勝境界內，沒有任何名言所捉、耳目所見的東西存在；到達這境界，便真正圓滿證得無上正等菩提。」

「於中少法無有、無得」的「中」，是指「真如之中」。增上慢人以名言所捉、耳目所見這種「有所得」的方法，在第四禪見到一個類似真如的東西，是假的無上正等菩提，不是見真如。正如《唯識三十頌》頌二十七云：「現前立少物，謂是唯識性；以有所得故，非實住唯識。」相反，如《入菩薩行》〈智慧品〉頌三十四言：「若實、無實法，悉不住心前；彼時無餘相，無緣最寂滅。」修行人在第四禪中所見法身真如；於中無有無得，這就是真正證得無上正等菩提，見法身真如。九十二

事實上，修行人由見道開始，於每個地道，都是修持以無上正等菩提來內證真如；到成佛時，才圓滿無上正等菩提。佛再就於真如中無有無得之特性，醒提修行人要證真如，所修持的無上正等菩提要具備「諸佛皆以真如為自性身，故佛與佛之間在真如中無不平等」、「無我相法相故無有差別」和「純善自他二利圓滿」這三點條件，並強調佛所說的善法，不是有所得地能招感世間勝生安樂的有漏善法，而是以無所得而圓滿行持自利利他的無漏善法，例如無上正等菩提。

「復次善現，是法平等，於其中間無不平等；故名無上正等菩提。以無我性，無有情性，無命者性，無士夫性，無補特伽羅等性平等故，名無上正等菩提。一切善法無不現證，一切善法無不妙覺。」

「再者，善現；當我內證真如時，發現圓滿的無上正等菩提有三個特徵，當圓滿地證得無上正等菩提時，我發覺真如平等清淨，沒有任何增減；所以當諸佛轉依並以真如為自性身時，真如的清淨性亦平等地毫不增減。其次，當我圓滿地證得無上正等菩提時，我發覺真如內沒有絲毫我相、法相；所以沒有任何勝劣高下，一切平等。第三，當我圓滿地證得無上正等菩提時，第八識內全是無漏純善種子，所以這種純善的無上正等菩提不單能現證真如，自覺圓滿；還能以善巧為別人開示，覺他圓滿。故說無上正等菩提是自他兼利圓滿。

「善現，善法、善法者，如來一切說為非法；是故如來說名善法、善法。」

「善現，我所說令人得益的善法，不是指只求勝生安樂的世間善法，而是指能令人圓滿體證真如的無上正等菩提。」

世親菩薩解釋經文：「少法無有故，無上覺應知；由法界不增，清淨平等性。」[九十三] 意思是說：佛內證真如時看不到任何我相、法相；由於沒有任何實我、實法，無有勝劣高下，一切平

等；所以「無上」。還有，真如法界本自清淨，無論多少人成佛，都不增減其清淨性；所以「平等」。世親菩薩又說：「及方便無上，由漏性非法，是故非善法，由此名為善。」[九十四] 無上正等菩提既能圓滿自利，現證真如，也能將內證真如的勝義境界，宣說開示；圓滿利他。所以無上正等菩提是純善且能利益自他一切有情的善法。相反來說，只求勝生安樂例如得五欲樂回報——有煩惱相隨的「善法」，在釋尊眼中不是善法，只有能達致圓滿無上正等菩提的才是善法。

丁十一　釋所說無記非無上菩提因之疑

「復次善現，若善男子或善女人，集七寶聚，量等三千大千世界其中所有妙高山王，持用布施。若善男子或善女人，於此般若波羅蜜多經中乃至四句伽陀，受持、讀誦，究竟通利，及廣為他宣說開示，如理作意。善現，前說福聚於此福聚，百分計之所不能及，如是千分，若百千分，若俱胝百千分，若俱胝那庾多百千分，若數分，若計分，若算分，若喻分，若鄔波尼殺曇分，亦不能及。」

「再說善現，假如認為佛所說的教法只是普通的音聲或文字，你便大錯特錯；因為佛所說的般若法門，能為眾生種下達致無上正等菩提的因。好像有善男子或善女人用金銀等七寶填滿整個三千大千世界當中無數的須彌山，然後用來布施；另外若有善男子或善女人信受此經，就算少至四句偈頌，若然他能記令不忘，並將

經文背誦得滾瓜爛熟，除了自己徹底通曉內容文義外，更向別人詳細解釋，教人依經文修止觀；前者所獲的福德聚，不及後者持經功德百分之一、千分之一、萬分之一、十萬分之一、百萬分之一、甚至是千千萬分之一；甚至不能以數目、分數、算數，或用譬喻或用比較和象徵等手法表達出來。」

質疑：若無上正等菩提是純善兼能自利利他圓滿，可是我們現在只能透過無記（不善不惡）的傳法者音聲和佛經文字來理解無上正等菩提；如這麼說，我們理應無法證得無上正等菩提。

解惑：我們先要知道釋尊所說的佛經，和為大眾制定的戒律皆是純善的，就算祂是化身佛，祂第八識內全然是純善的無漏種子。根據《阿含經》記載：往昔佛在世時，聲聞弟子只消聽到佛金口親宣一言半語，便能證果；這就是完全解脫煩惱者——釋尊說法的威力；更是後來傳法者望塵莫及，無法仿效。此外，佛更叮嚀善現長老，不要以為《般若經》記載的只是普通的語言文字；就算末法時期，都能為聞法者種下體證無上正等菩提之因，何況是親見純善佛法身的修行人！所以，末世修行人若能放下增上慢，發心依般若經教，隨順真如理修行，就能穩步邁向無上正等菩提！這人便是位有智者。

誠如世親菩薩《論釋》說：「說法雖無記，非不得應知；由斯一法寶，勝彼寶無量。」意思是說：修行人聞思佛所說的般若經教，切不可掉以輕心，以為這不過是普通語言文字；但其實這是唯一能得無上正等菩提的因。事實上，受持《般若經》，還勝過以七寶盛滿三千大千世

界中眾多須彌山用來布施所獲的功德哩！

丁十二 釋平等云何度生之疑

佛告善現：「於汝意云何？如來頗作是念：『我當度脫諸有情』耶？善現，汝今勿當作如是觀。何以故？善現，無少有情如來度者。善現，若有有情如來度者，如來即應有其我執，有有情執，有命者執，有士夫執，有補特伽羅等執。

佛對善現長老說：「善現，你意下如何？如來可會想：『我曾度化眾生』嗎？善現，你千萬別有這個想法。為甚麼呢？善現，事實上，沒有如來化度的眾生；若果如來曾度脫任何眾生的話，那麼如來必定有我執、有情執、命者執和補特伽羅執。

「善現，我等執者，如來說為非執；故名我等執，而諸愚夫異生彊有此執。

「善現，即使我在說法時有『我』、『你』等字眼出現，但這都只是言語上的方便施設，佛並非承認有個實我、實法；可惜未見法身真如，而且仍被二障障蔽的凡夫，於無我的真如理上強執有個實我。

「善現，愚夫異生者，如來說為非生；故名愚夫異生。」

「善現，就算是對這些愚蠢的凡夫，亦不能執著他們永遠都是愚蠢，永遠都被煩

惱控制而要流轉生死；我相一旦遣除，不再受煩惱操控，他們就再也不是愚夫異生。」

佛一再強調，在真如勝義境內，找不到實我、實法；見不到我相、有情相、命者相、補特伽羅相。換言之，在真如法界內，沒有能度的佛、所度的有情。如此便承接最初善現問「云何住？云何修行？云何攝伏其心？」這三條問題時，即使我們要發菩提心度脱一切有情，令他們盡皆進入無餘依涅槃；但真正的修行人要知道，在真如法界內，根本就沒有能度的佛和所度的有情。所以，佛在答云何修行時，便峰迴路轉地說，真修行是要「雖度如是無量有情令滅度已」，但實際上卻是「而無有情得滅度者」；要求修行人要不住於事相而修六度。換句話說，一日未成佛，一日未轉依；藉著行持菩薩行度脱有情，縱然在真如勝義境界層面來說，都是似假疑真；但在心所行境的世間層面來說，卻可讓我們透過積累福慧，逐漸斷除煩惱、所知二障，最終得大涅槃、大菩提，成就佛果。那麼，當我們修行時，若內心生起增上慢的話，便要緊扣和隨順真如理，遣除一切我相想和法相想，攝伏自心。更要對佛所說的三藏十二部經，不執以為實，亦不輕視以為妄言。[95] 行乎中道，就不會有偏差。

世親菩薩解釋這段經文說：「法界平等故，佛不度眾生；於諸名共聚，不在法界外。」[96] 意思是說：在真如法界內，沒有任何我相、法相，遑論乎有能度的佛及所度的眾生呢！而實際上，除了不離法界、依緣而起的五蘊外，佛和眾生就只在假名上有分別。所謂「共聚」，是指

佛和眾生都是依緣五蘊而假名安立。

丁十三 釋以具相比知真佛之疑

佛告善現：「於汝意云何？可以諸相具足觀如來不？」善現答言：「如我解佛所說義者，不應以諸相具足觀於如來。」佛言：「善現，善哉，善哉！如是，如是！如汝所說，不應以諸相具足觀於如來。善現，若以諸相具足觀如來者，轉輪聖王應是如來。是故不應以諸相具足觀於如來。如是，應以諸相非相觀於如來。」

佛對善現長老說：「善現，你意下如何？可否以三十二相來確認如來呢？」善現長老答：「不可以，世尊。」佛說：「善現，好啊！對了，對了！你不要以為佛圓滿無上菩提無漏功德必會招感三十二相來確認誰是佛。若然可以以三十二相來確認如來，那麼轉輪聖王也具足三十二相，他也成如來了。因此，不能透過三十二相來確認這就是如來！應知道具足三十二相的，只是佛為眾生示現的化身，並非佛的真身——法身。」

爾時世尊而說頌曰：「諸以色觀我，以音聲尋我，彼生履邪斷，不能當見我。應觀佛法性，即導師法身。法性非所識，故彼不能了。」

那時，佛說了一首偈頌：「若有人以色身是否具足三十二相作為標準，衡量我的

修為，或是依隨著說法的聲音來尋找我的蹤影，這凡夫異生已踏上徒勞無功的冤枉路去修行，這些人是不能見到如來的。應該這樣想：無相的真如法性，即是釋迦牟尼導師的法身；這真如法性並非世間有分別的知識所能把觸，所以凡夫不能得見法身如來的本來面目。」

上文提到，當佛圓滿無上正等菩提時，祂的第八識內所攝持的，全都是純善無漏種子，所以有人臆度這些純善無漏種子會招感三十二相好的色身，然後推斷從外表觀察：若有人具足三十二相的話，這人便是真正的佛。佛恐修行人深陷執著追求人我相、法我相致使盲目修行；所謂「履邪斷」，斷是指很努力去修，但卻因走錯路去修，結果凭憑這人如何努力，也因偏離扣緊和隨順真如理來修正斷，始終徒勞無功。

世親菩薩解釋說：「不應以色體，准如來法身，勿彼轉輪王，與如來齊等。」[九十七] 意思是說：佛法身的性質是非相具足，不像化身般具足諸相；所以不應以物質身體的特徵，例如是否具足三十二相來衡量佛法身。此外，據說世間的轉輪聖王也具足三十二相，但世王的福德與智慧跟佛相距甚遠，甚至不可同日而語。同是佛的三身，為甚麼佛法身是非相具足，而化身是諸相具足呢？世親菩薩解釋說：「即具相果報，圓滿福不許，能招於法身，由方便異性。」[九十八] 意思是說：法身的自性是無漏智，所謂般若波羅蜜多；而般若波羅蜜多是無我相、有情相、命者相和

補特伽羅相；所以法身是非相具足。化身是由往昔佛修行福德資糧等流相續而來；轉依後，由於佛完全沒有有漏種子，只剩下無漏種子；所以這些由福德招感的三十二相，也是純善無漏的。另一方面，轉輪聖王的福德只能招感有漏的三十二相，這些有漏的三十二相的自性是世俗的、有為的、障蔽的。

世親菩薩接著解釋佛兩首偈頌說：「唯見色聞聲，是人不知佛；此真如法身，非是色境故。」[九十九] 意思是說：如果有人只懂得以物質身體的特徵，例如三十二相，又或者是依隨說法的聲音來斷定這就是佛，祂的說話值得相信的；這人其實見不到真佛，亦不了解佛法只是指佛內證真如的教法這個道理；畢竟法身真如不是凡愚分別識所行之境界。

丁十四 釋菩薩修福無功之疑

佛告善現：「於汝意云何？如來、應、正等覺以諸相具足現證無上正等覺耶？善現，汝今勿當作如是觀。何以故？善現，如來、應、正等覺不以諸相具足現證無上正等菩提。

佛問善現長老：「你意下如何？如來是否透過以福德資糧為因，修成三十二相才證得無上正等菩提呢？善現啊！你不應有這樣的想法。為甚麼呢？善現，如來不是以福德資糧為因，而修成具足三十二相才證得無上正等菩提的。

「復次善現，如是發趣菩薩乘者，頗施設少法若壞若斷耶？善現，汝今勿當作如是觀；諸有發趣菩薩乘者，終不施設少法若壞若斷！」

「還有，善現，那些發心修行大乘的人，會否說有些東西在因果作用上會壞會斷呢？善現，你現在不要有這種想法：以為在真如內找不到修福的人和福業，就否定世間有造福得樂的因果作用。我告訴你：那些發心修行大乘的人，不會說有些東西在因果作用上會壞會斷！

有人質疑：以無相修行才能證得法身，所以佛圓滿無上正等菩提時，在因位所積集的一切有相福德便應壞斷；此外，如來法身不是以福德為因所致，故成佛時亦應將往昔所積集的福德資糧捨棄。那麼修行大乘而經三大阿僧祇劫積集無量福慧資糧才能成佛，而菩薩修行期間，經千辛萬苦所作福業，豈非空作？同時，菩薩所作的福因在成辦佛果時，豈非壞斷？因勝果劣名「壞」，果不酬因名「斷」。

佛向善現長老說：如果菩薩所積集的福德資糧是由般若波羅蜜多無漏智所攝持，便是純善和清淨福聚，是菩薩所應攝取的；而成佛後，這些福聚會招感佛的「他受用身」、「他受用土」和化身化土，福不唐捐。相反，假若菩薩是為了滿足自身渴求而修福，所得到的福報，是可厭且會招惹煩惱相隨的，是菩薩不應攝取的福聚。[一百] 祂更強調說：那些未見道的大乘人，於世間

修行時，應以菩提心攝持福業，並以福業迴向眾生，共成無上菩提。這些由世俗菩提心或無漏智所攝持的福業因果等流相續，能完善成熟眾生的事業。

故此，佛再以功德校量世間財施，遠不及修行人透過了知一切人無我、法無我，得無生法忍，緊扣和隨順真如理而修行的功德大。

「復次善現，若善男子或善女人，以殑伽河沙等世界盛滿七寶，奉施如來、應、正等覺，若有菩薩於諸無我、無生法中獲得堪忍，由是因緣所生福聚，甚多於彼。復次善現，菩薩不應攝受福聚。」

「再者善現，若然有善男子或善女人，以七寶盛滿如恆河沙數數量般多的世界用來供養佛；而另一方面有菩薩能緊扣和隨順真如，體證真如的二無我理和無生性；後者所獲福德，比前者多出無量無數。還有，善現，菩薩不應因為自己的貪求而執著有漏福聚，應攝受無漏福聚。」

經文中的「於諸無我、無生法中獲得堪忍」，謂菩薩見真如時能印證和持續傳承無我及無生的道理，遣除能所，無漏無分別的般若波羅蜜多便生起，登入初地。羅先生解釋無我云：「無我有二種：一、人無我：五蘊假合名之為人；於中無有一、常之主體也。二、法無我：一切有為法因緣所生，無實自體。菩薩於定中觀人、法空，離人我、法我二執；二執既離，一切能取、

所取影像悉不現前，真如實體躍然顯露；即此真如，遠離所執二種我故，是二我空之所顯故，名無我性。」又解釋無生法說：「於真如中無三種生，一者、偏計所執人、法二相本性無故不生；二者、證真如時因緣所生諸法不現前故不生；三者、於真如中一切煩惱及苦果皆不生故。是以真如名無生法也。」[一零一]常人所謂的「我」，一是指由淺智凡人和外道所執有一個永恆不變的靈魂，這是體、用俱無的遍計所執。二是指依緣五蘊假名為「我」，是一般有理智的凡夫所謂的我，體無但用有，虛妄而不實。修行人要以無漏無分別智和大悲平等心見無我理，方能徹見眾生本來面目。

具壽善現即白佛言：「世尊，云何菩薩不應攝受福聚？」佛言：「善現，所應攝受，不應攝受，是故說名所應攝受。」

善現長老向佛說：「世尊！假若菩薩不攝受福聚的話，祂為何還要修持例如布施、持戒等福業？」佛說：「善現，菩薩應攝受能引發無上正等菩提的福聚，不應攝受世間貪求自身享樂的福聚，所以佛說無漏福聚，才是菩薩所應攝受的福聚。」

世親菩薩以兩頌總結佛對善現長老的釋疑：「其福不失亡，果報不斷絕，得忍亦不斷，以獲無垢故。更論於福因，為此陳其喻，彼福無報故，正取非越取。」意思是：菩薩透過行持六度積集福慧資糧，如果所積福德資糧是由般若波羅蜜多所攝持，這些福德資糧是不會失壞；成

佛後，這些福業亦等流相續，招感化身諸相具足；就算圓滿無上正等菩提，對無我、無生法堪能印持，這些無漏福德亦不會斷滅。菩薩成佛一定要靠福慧資糧，然菩薩不能貪求執著有漏，例如只求享受五欲樂的福德資糧，應攝受由般若波羅蜜多攝持的無漏福德資糧；有漏的福德絕對不能圓滿無上正等菩提。「正取」指的是無漏福德資糧，「越取」是指為自身利益而造作的福業。

此外，未得無漏智的未見道修行人，可將所造的福德迴向無上菩提；願自他悉能成佛，這樣做才是大乘修行人所應攝受的福聚。

丁十五　釋有情不得見佛之疑

「復次善現，若有說言：『如來若去、若來、若住、若坐、若臥』，是人不解我所說義。何以故？善現，言如來者，即是真實真如增語，都無所去、無所從來；故名如來、應、正等覺。」

「還有，善現，若有人說如來是出生而來，入滅而去；曾說法而住，坐在菩提樹下而成道，臥於雙樹間而入滅的話，這人只注意到化身的生平行誼，尚未聽懂佛所說的，其實全部都是佛內證真如的教法。為甚麼呢？所謂『如』，是真實真如的同義詞；法身就是真如，根本都無所去，亦無所從來；這就是法身如來。」

有人質疑，前文既言：「應觀佛法性，即導師法身」，無相的真如法性即是釋迦牟尼導師的法身。又說，菩薩攝受無漏的福聚，當轉依成佛後，這些福聚等流相續顯現化身、化土，利益有情。事實上，我們從歷史得知有佛出世、成道、說法和涅槃這些有形相的生平行誼，究竟化身與法身是一是異呢？為何兩者有這麼大的差別呢？

世親菩薩解釋這段經文說：「彼福招化果，作利有情事；彼事由任運，成佛現諸方。去來等是化，正覺常不動。」[一零二] 意思是：佛在因地修行，以無漏智攝持而積聚的福德資糧，轉依後招感化身化土，普度有緣眾生。佛雖入滅，其寂靜法身雖然離開思慮，或在某處得成正覺，或在某處示現般涅槃。只要某處眾生福德成熟，如來就以化身形態示現住於該處，但如來的法身則如如不動的住於真如法界。[一零三] 法身就如天上明月，而化身就如百川月影一樣。

丁十六　釋法身化身一異之疑

「復次善現，若善男子或善女人，乃至三千大千世界大地極微塵量等世界，即以如是無數世界色像為墨如極微聚。善現，於汝意云何？是極微聚寧為多不？」善現答言：「是極微聚甚多，世尊！甚多，善逝！何以故？世尊，若極微聚是實有者，佛不應說為極微聚。所以者何？如來說極微聚，即為非聚；故名極微聚。

「再說，善現，假如有善男子或善女人把如微塵數量般多的三千大千世界，將之

粉碎；然後將所有物質燒成灰末，再搓合成如小墨丸般的極微聚；善現，你意下如何？這些如小墨丸般的極微聚數量多嗎？」善現長老回答說：「這些如小墨丸般的極微聚甚多啊，世尊！甚多啊，善逝！為甚麼呢？佛口中所說的極微聚只是用來譬喻化身，不是真的指極微聚。為甚麼呢？如來現在所說一個三千大千世界，可以碎成數量甚多的極微聚，其實如來不是談論極微聚，而是說一個法身亦可成就無量化身。所以佛所說的極微聚其實只是指化身。

「如來說三千大千世界，即非世界；故名三千大千世界。何以故？世尊，若世界是實有者，即為一合執。如來說一合執，即為非執；故名一合執。」佛言：「善現，此一合執不可言說，不可戲論。然彼一切愚夫、異生彊執是法。」

「而佛所說的三千大千世界，只是用來譬喻法身，不是指三千大千世界。另一方面，世界只是總攬眾多極微而成，不是實有。如果執有實的世界，這就是一合執。另一方面，佛雖然多次說有世界，但這只是隨順眾生的名言施設，不是認為真的有一合執。」佛補充說：「善現，這些一合執根本就如空中華不存在，不能視為法抑或非法；討論這些不存在的一合執，只是一場笑話鬧劇。只有那些愚夫異生才會執著一合執。

上文提到，同樣是佛的三身，為何法身是非相具足，化身則是諸相具足？究竟佛的法身與化身是一抑或異呢？佛除了在上文解釋到佛證得無上正等菩提，能證的無漏無分別智是無相可得外，所證的真如亦是無生、無我法；所以法身是無形無相的。但另一方面，佛往昔為菩薩修行時積集無數福慧資糧，在般若智攝持下，這些福德資糧等流相續；不單沒有壞斷，還招感無漏的三十二相、八十種好的色身——所謂報身和化身；見道的菩薩享用報身、報土設下的法宴，恆常在報土聽佛說法；而未見道的凡夫異生，一旦因緣成熟；佛就會以化身顯現其前，令他成熟。

根據彌勒菩薩說，當佛轉依後，以真如為自性身，而報身和化身都是依止於這個自性身，自利圓滿；為菩薩眾說法的是報身，利他圓滿的是化身。誠如彌勒菩薩綜合法身與報身、化身關係時說：「（自）性身及食身（報身），化身合三身，應知第一身（自性身），餘二（報身和化身）之依止。」[一零四] 又說：「應知佛三身，是佛身皆攝，自他利依止，示現悉三身。」並強調「三佛俱平等」、「三佛俱常住。」[一零五] 由這三頌可知化身依止法身，法身是透過顯現化身來利他圓滿。法身不是凡愚心、心所所行境；而化身則可在眾前顯現。

佛在這段經文以世界比喻為法身，以極微聚比喻作化身；將一個三千大千世界敲碎，燒成灰末，再搓成如小墨丸般的極微聚；那麼世界與極微聚不可說是一，因兩者外貌形態都不同；但亦不可說是異，因極微聚本身是來自敲碎後的世界。世親菩薩在《論釋》說：「彼於法界處，

非一異應知。」[一零六]「彼」指化身；「法界」指佛轉依後以真如為自性身；意思是法身與化身有非一非異的關係。

佛不放鬆，進一步提醒修行人不應以諸相具足觀於如來，更不應於相想中生起我執、法執；藉加持善現長老指出：「認為具三十二相、八十種好的必定是佛，這都是一合執——愚夫異生對總體相狀的一種執著作祟。」例如世界本來是由大地微塵組成，「世界」只是一種言說概念，但愚夫異生卻把這種絲毫沒有實體的東西合成一種形狀，並對其產生實執，進而產生「創世」、「世界末日」等不切實際的戲論，其實這種邪見，壓根兒是由無明障蔽下所產生的煩惱。愚夫異生在積集假法中，因邪執而說為實有。世親菩薩認為如果斷除一合執，這些世俗人於依他起例如五蘊而生的遍計執，譬如說執著實我、實法就能證得無上菩提；「不了但俗言，諸凡愚妄執；斷我、法二種，非證覺無故。」[一零七]世俗凡夫不了解一合執只是名言施設，根本沒有實體，卻妄執為實有。事實上，只要斷除對我、法的一合執，就可以得證無上菩提。

到此有人會質疑：於五蘊上執有實我是不合理，因為在五蘊中找不到「我」這個實體；但在經驗上，「我見」確存在於每個人腦海中；然則是否「我」雖無，但「我見」是實有呢？事實上，佛也多次在經文中提及眾生有「我見」。佛循循善誘告訴修行人，「我見」亦只是為了隨順眾生的言說方便，不是實有。為釋此疑，祂繼續說：

「何以故？善現，若作是言：『如來宣說我見、有情見、命者見、士夫見、補特伽羅見、意生見、摩納婆見、作者見、受者見』，於汝意云何？如是所說為正語不？」善現答言：「不也，世尊！不也，善逝！如是所說非為正語。所以者何？如來所說我見、有情見、命者見、士夫見、補特伽羅見、意生見、摩納婆見、作者見、受者見，即為非見；故名我見乃至受者見。」佛告善現：「諸有發趣菩薩乘者，於一切法，應如是知，應如是見，應如是信解，如是不住法想。何以故？善現，法想、法想者，如來說為非想；是故如來說名法想、法想。」

「為甚麼呢？善現！如果有人說：『如來主張確實有我見、有情見、命者見、士夫見、補特伽羅見、意生見、摩納婆見、作者見、受者見。』你意下如何？這樣說法是否正確呢？」善現回答說：「不正確，世尊！不正確，善逝！這不是一個正確的說法，為甚麼呢？我們對五蘊現象生起一合執，佛為了隨順世俗，於是將這種執見安立為我見、有情見、命者見、士夫見、補特伽羅見、意生見、摩納婆見、作者見、受者見等等名相概念，用以開導我們要捨棄這些執見；非如凡夫外道執著實有的我見乃至受者見；所以佛所說的『我見』都是假立的名相概念。」佛再向善現長老說：「那些發心修行菩薩乘的人，應該透過聞慧了解法無我，以思慧觀察法無我道理，再以修慧於第四禪捨念清淨定，生起淨信慧解，引發無漏無分

別根本智現證法無我，遣除法執；以無漏有分別後得智於出定後觀諸法現象時，雖有法想然不執之為實。為甚麼呢？善現，所謂法想，例如五蘊、十二處、十八界等名相概念，如來說是不能執之以為實的名相概念；因為這些名相概念都是如來假名施設，用來教導弟子修行證人無我、法無我的。」

世親菩薩在《論釋》分析我見、法想的虛妄性質及斷除的方法時說：「由此是細障，如是知故斷；」[一零八]，「由得二種智，及定彼方除。」[一零九] 意思是說：我法二見，障礙性大，但活動狀況極其微細；這是由於凡夫第八識內有能、所二取習氣，令心識活動時產生虛妄的二元分別，障礙得入聖道。只有修得般若波羅蜜多，亦即無漏無分別根本智，才能斷除這種能所分別、我法二見。而一般情況下，修行人要進入第四禪——捨念清淨定，經歷明得定、明增定、印順定，直至無間定，並以世第一法——世間最高的有漏智慧為緣，才有機會生起無漏根本智；在出定後，才產生後得智。二種智是指根本智和後得智，定指第四禪捨念清淨定。此外，佛為令弟子悟入各別所證的真如勝義境界，透過很多世俗名言施設了眾多教法名相，更一再提醒弟子：「諸有智者法尚應斷，何況非法！」「復次善現，如來現前等所證法，或所說法，或所思法，即於其中非諦非妄。」不能將名相執實。於是疑問又產生：佛在塵世以後得智施設教法名相，為弟子說法，然則化身佛所說的教法能夠保持法身真如境界般清淨無染嗎？

丁十七　釋化身佛教法受持無福之疑

「復次善現，若菩薩摩訶薩以無量無數世界盛滿七寶，奉施如來、應、正等覺，若善男子或善女人，於此般若波羅蜜多經中乃至四句伽陀，受持、讀誦，究竟通利，如理作意，及廣為他宣說開示，由此因緣所生福聚，甚多於前無量無數。云何為他宣說開示？如不為他宣說開示，故名為他宣說開示。」

「再者善現，若有菩薩以金銀等七寶填滿無量無數世界，用來供養如來。另外若有善男子或善女人信受這本《能斷金剛般若波羅蜜多經》，甚至少至四句偈頌；如果他能記令不忘，並將經文背誦得滾瓜爛熟，除了自己徹底通曉內容文義外，又向別人詳細解釋，教人依經文修止觀。由此因緣，後者所獲福德聚，遠超於前者無量無數。怎樣去向大家宣說開示這部經典呢？就好像佛宣說這部經時沒有能所二取——宣說開示這部經時沒有能說法的我相，亦沒有聽受教法的有情相；這樣才是清淨無染，能利他圓滿的宣說開示。」

為甚麼化身佛可以流轉生死而自在無垢，說法利他而自在無垢呢？姚秦鳩摩羅什在自己的譯本中添加這句話：「云何為人演說？不取於相，如如不動。」[一零] 全因佛看通現象界的虛妄本質，並因而緊扣真如諸法無生、無我的道理而修行，得入涅槃。

爾時世尊而說頌曰：「諸和合所為，如星、翳、燈、幻，露、泡、夢、電、雲，應作如是觀。」

那時佛為了指出如何在生死和說法時無垢自在，於是說了一首偈頌：「應以正智對世間依緣而生起的東西作如是觀：觀心法如星、觀境相如翳、觀報識如燈、觀居處如幻、觀身如露滴、觀受用如泡、觀過去如夢、觀現在如電、觀未來如雨雲。」

世親菩薩在《論釋》說：「由觀察相故，受用及遷流；於有為事中，獲無垢自在。」——意思是說：以正智從境相、居處受用和三世遷流這三個層面觀察，從而斷除對世間有為法的貪執；故能生死自在而住，並於說法得清淨無垢。三個層面又各有三種所應觀事，合共九喻。何謂九喻？「云何觀九種法？譬如星宿，為日所映，有而不現；能見心法，亦復如是。」一者觀心法如星：人的心識活動於無明闇夜中如星光；雖有照明作用，但當佛的正智日出時，微不足道的星光便隱沒不現。「又如目，有翳則見毛輪等色；觀有為法，亦復如是，以顛倒見故。」二者觀境相如翳：翳目病患者見清淨虛空有毛髮出現，但這一切都是虛妄的顯現。「又如燈，識亦如是，依止貪愛法住故。」三者觀報識如燈：古時油燈以油潤而得住；異熟識亦爾，由於業力牽引，愛水所潤而得住。「又如幻，所依住處亦如是，以器世間種種差別，無一體實故。」四者觀居處如幻，幻指由魔術所變；居處即器世間；這世間雖森羅萬象，但都像由自心這個魔術師幻變出來，性皆不實。「又如露，身亦如是，以少時住故。」五者觀身如露滴，不會長住。「又如泡，所受用事亦如是。」六者觀現世一切受用資具，來去無定；隨來隨去，不安穩故。「又如夢，過去法亦如是，以唯念故。」七者觀過去如夢：境已謝滅，唯餘心念故。「又如電，現

在法亦如是，以剎那不住故。」八者觀現在如電：纔生即滅，不暫停者。「又如雲，未來法亦如是，以於爾時，阿黎（賴）耶識與一切法為種子根本故。」[一二] 九者觀未來如雲：阿賴耶攝持能生諸法的無量種子，當眾緣俱備時便起現行。任何禍福苦樂的事情均可頃刻發生，就如雨雲積累水點，當條件成熟，雨便流注。世親菩薩又云：「由此觀故，便能於諸有為法中，獲無障礙，隨意自在。為此，縱居生死，塵勞不染，其智設證，圓寂灰燼，寧味其悲！」[一三] 修行人就是透過看通看透塵俗中的境識，居處受用和三世遷流的虛妄本質，從而了解苦苦、壞苦和行苦種種塵勞，縱處身於世俗，仍不忘出離。

甲三 流通分

時薄伽梵說是經已，尊者善現及諸苾芻、苾芻尼、鄔波索迦、鄔波斯迦，並諸世間天、人、阿素洛、健達縛等，聞薄伽梵所說經已，皆大歡喜，信受奉行。

佛講完這部經後，善現長老、比丘們、比丘尼們、男居士們、女居士們、還有整個世界的天、人、阿素洛和健達縛等，聽過佛所說的經後，都生起大歡喜心，信解領受，並遵從佛的教示而修行。

真諦法師譯本和愛德華孔茲所根據的梵本，在四眾後有「與及諸菩薩眾」一句。這與序分只有孔茲所依據梵本，與義淨法師譯本有「與及菩薩眾」情況相同。

此外，世親菩薩在《論釋》〈回向〉作讚歎說：「由斯諸佛希有法，陀羅尼句義深邃，從尊決已義廣開，獲福令生速清淨。」[一四] 所謂「從尊決已」，是指釋尊在本經中將修般若法門各種疑問，一一圓滿解答。

註釋

一 根據釋彥悰著《大唐大慈恩寺三藏法師傳》卷七記載玄奘法師向唐太宗解釋經名時說：「今觀舊經（指鳩摩羅什法師所譯《金剛經》），亦微有遺漏。據梵本具云：『能斷金剛般若』，舊經直云：『金剛般若』。欲明菩薩以分別為煩惱，而分別之惑，堅類金剛，唯此經所詮無分別慧，乃能除斷，故曰：『能斷金剛般若』。」此外，文章亦解釋了為何玄奘法師要重譯《金剛經》的原因：「故知舊經（除了）失上二字。又如下文，三問闕一，二頌闕一，九喻闕三，如是等。」所以唐太宗下詔旨令玄奘法師依梵文「可更委翻，使眾生聞之具足。」

二 一般來說，智慧分聞、思、修三種。聞和思只能暫伏煩惱，並引生修慧。而修慧分有漏智和無漏智兩種；「漏」指煩惱。「有漏」者；為煩惱及煩惱習氣所隨逐；不能對治煩惱，並觀待煩惱而生起。有漏智本身不能對治煩惱障及所知障；只有「無漏智」才能對治煩惱。修行人在資糧位和加行位時，其智慧只是有漏智，無漏智要在見道位時，方始出現。誠如無著菩薩在《金剛般若論》〈立名〉解釋說：「『金剛』者，細牢故。細者，智因（指有漏智為引發無漏智之因）故；牢者，不可壞故。『能斷』者，般若

波羅蜜多中，聞思修所斷，如金剛斷處而斷故。是名『金剛能斷』。」要言之，《能斷金剛般若波羅蜜多經》是佛教大乘修行人捨棄有漏智而引發無漏智來修行，才能與真如相應。

三　薄伽梵譯作世尊。根據《佛地經論》卷一認為，佛具六德，能破四魔；所以稱為薄伽梵。哪四種魔怨？「能破壞煩惱魔、五蘊魔、死魔和自在天魔四種魔怨。」哪六種德？「謂諸如來永不繫屬諸煩惱故，具自在義；焰猛智火所燒煉故，具熾盛義；妙三十二大士相等所莊飾故，具端嚴義；一切殊勝功德圓滿，（世人）無不知故，具名稱義；一切世間親近供養，咸稱讚故，具吉祥義；具一切德常起方便利益，安樂一切有情，無懈廢故，具尊貴義。」

四　大苾芻眾一千二百五十人俱：「大苾芻」是指證入無學位的僧人；「眾」，梵語稱為僧伽，和合的意思。根據《過去現在因果經》卷四，釋尊度耶舍等五十人，舍利弗等一百人，目犍連等一百人，優樓頻螺迦葉等五百人，那提迦葉等二百五十人，第度那提迦葉等二百五十人，總合一千二百五十人。另《四分律》說，釋尊度優樓頻螺迦葉等五百人，迦耶迦葉三百人，那提迦葉二百人，舍利弗一百五十人，目犍連一百人，亦合一千二百五十人。這一千二百五十人原事外道，後皈佛教化而證得無學果，於是感佛之恩，每次法會都必定參加，常隨不離；所以佛經開首例有「一千二百五十人俱」這些常隨徒眾。

五　室羅筏城，古譯舍衛城，人稱豐德之城（地處北緯 27.52 東經 82.05，今印度沙耶馬耶附近），是古印度憍薩羅國首都城。據說這裡曾住了九十萬户人。佛陀弘法四十五年，當中有二十五年是在這裡渡過。逝多林給孤獨園，古譯祇樹給孤獨園，簡稱祇園精舍，是須達多長者以金幣鋪滿整個園林，才得以向其主人祇陀太子買下來，供養給佛陀的。

六　鳩摩羅什將「發趣菩薩乘者」譯為「想發阿耨多羅三藐三菩提心」的人；意指那些想求取「至高無上的平等覺悟」，亦即佛果的人。

七　誠如月稱菩薩在《入中論》〈極喜地〉頌十說：「彼諸眾生皆求樂，若無資具樂非有；知受用具從施出，故佛先說布施論。」對需要化度的眾生而言，滿足基本的飯食資具這些最低的價值，是通向定善解脫和承托這種至高價值的必要條件。

八　為令佛種不斷，善現長老向佛請問大乘菩薩欲得般若波羅蜜多，須云何住、云何修行、云何攝伏其心。

九　如《金剛般若波羅蜜多經論釋》第四頌云：「於心廣最勝、至極無顛倒，利益意樂處，此乘功德滿。」

十　根據由地婆訶羅（613-687）翻譯功德施菩薩的《金剛般若波羅蜜經破取著不壞假名論》卷上解釋「無餘涅槃」說：「無餘涅槃者何義？謂了諸法無生性空，永息一切有患諸蘊；資用無邊，希有功能；清淨色相，圓滿莊嚴；廣利群生，妙業無盡。」如此看來，無論阿羅漢、辟支佛和佛入涅槃後，絕不是甚麼都沒有，只是進入苦因滅、苦果滅的生命境界；祂們仍能生起無漏用，現起身和五根的運動。所不同者，二乘人悲智小，功德劣；不及佛悲智大，功德勝。

十一　義淨法師翻譯世親菩薩《能斷金剛般若波羅蜜多經論釋》原文是：「此何意耶？欲明所有一切眾生悉皆攝同菩薩己身，由斯但是寂滅己身，無別有情也。若作別有眾生，不為己想者，此即不名菩薩。」世親菩薩原文重點在於己身已包攝一切有情，自己入涅槃，即意味著一切有情亦應已同入涅槃。但問題

是：佛已涅槃，為何仍有無數有情生死流轉，所以羅先生依文意重寫這段譯文。

十二　誠如龍樹菩薩在《寶行王正論》〈安樂解脫品〉說：「陰（五蘊）執乃至在，我見亦恆存；由有我見故，業及有恆有。」（頌三十五）「若見陰不實，我見則不生，由我見滅盡，諸陰不更起。」（頌三十）

十三　龍樹菩薩《寶行王正論》〈出家正行品〉頌九十八。

十四　寂天菩薩《入菩薩行》〈迴向功德品〉頌五十五。

十五　愛德華孔茲解說：在《般若經》中，Vastu 指的是般若所行的境界，所以這個詞指涉的涵意範圍很廣泛，甚或矛盾。一、指真實法體，即真如自性；二、指有情心識所依處；三、當眾緣具備時生起的事物，四、能不斷提供受用之處。

十六　如果為了世間目的而布施，就不是行持般若波羅蜜多；若然為的是報恩和樂果，即不是為菩提，而是為餘事而布施。

十七　《金剛般若波羅蜜多經論釋》頌五。

十八　見上師寶著作《心止師教》第二部份頁一二八。

十九　三輪者，即施者、受者和施物。誠如月稱菩薩在《入中論》〈極喜地〉頌十六云：「施者受者施物空，施名出世波羅蜜，由於三輪生執著，名世間波羅蜜多。」修行人雖知三輪體空，但仍欣然行布施，這就是般若波羅蜜多。

二十　《金剛般若波羅蜜多經論釋》頌七。

二十一　賈曹杰（1364-1432）在解釋《六十頌正理論》〈善根回向〉中「由福智資糧，期獲二淨妙。」（頌六十一）時說：「由何法而得彼身（色身和法身）耶？是在後得位時，修習施戒等福德資糧，在根本定時通達無我慧；和（平日）修智慧的因——供養紙墨花等，令積集智慧資糧出生的。」

二十二　誠如《入中論》〈究竟佛地〉頌十七解釋法身：「盡焚所知如乾薪，諸佛法身最寂滅，爾時不生亦不滅，由心滅故唯身證。」月稱菩薩在《自釋論》補充說：「由於此智真實義境，諸心心所畢竟不轉。」

二十三　宗喀巴在《入中論善顯密意疏》解釋法身時說：「佛智本性身由智慧火，盡焚一切如乾薪之二相（人相、法相）所知境，即如所知自性不生行相而轉。智慧自性不生行相之寂滅真實義，即是諸佛之法身。」換句話說，諸佛法身以智慧為體，以無相——沒有任何活動相狀為用。宗喀巴更引本經偈頌：「應觀佛法性，即導師法身；法性非所識，故彼不能了。」說明佛恆常安住在不生不滅的法性中，這就是諸佛導師的法身。世人以諸相具足，是見不到佛的，只能看到各自心中用名言安立的「佛」而矣。

二十四　見無著菩薩《金剛般若論》〈欲得色身〉云：「於第一義，相具足為虛妄，非相具足為不虛妄。」第一義，指勝義諦。

二十五　《金剛般若波羅蜜多經論釋》頌八。

二十六　原文這樣說：「如是明解如來性已，雖為佛果而行布施，非著法施，即是除去疑情。」

二十七　一般說法謂釋尊滅後，正法五百年，像法一千年，末法一萬年。正法時期，教、行、證俱備；像法時期，只有教、行；末法時期，只有言說教法而無修無證。根據《大方等大集經》卷五十五，將後五百歲理解為五個五百年，分別將佛滅後第一年至第二千五百年分為五個各有特色的五百年。「於我滅後五百年中，諸比丘等猶如我法解脫堅固；次五百年我之正法禪定三昧得住堅固；次五百年讀誦多聞得住堅固；次五百年於我法中多造塔寺得住堅固；次五百年我法中鬥諍言頌白法隱沒損減堅固。」堅固就是不動搖和決定的意思。經文意思是：佛滅後首個五百年，正法就像佛在世時一樣興盛，修行人都決定地得到解脫；但再過五百年，少人解脫，不過大多數人能得甚深禪定；再過五百年，修行人只熱衷聞思佛法，甚少實修。到塔寺堅固期，修行人多重形式，熱心於建塔寺造佛像。由佛滅後二千年至二千五百年，大多數修行人廢三學，以造口業，興諍訟；互設障礙，彼此嫉妒為能事。若以佛滅於西元前五四三年計算，二千五百年，相當於西元一九五七年。

二十八　誠如月稱菩薩在《入中論》〈現前地〉頌四和頌五說：「若異生位聞空性，內心數數發歡喜；由喜引生淚流注，周身毛孔自動豎。彼身已有佛慧種，是可宣說真性器，當為彼說勝義諦。」

二十九　見世親菩薩《能斷金剛般若波羅蜜多經論釋》頌十四。

三十　誠如龍樹菩薩在《寶行王正論》〈安樂解脫品第一〉頌二十九、三十提到，對某東西例如五蘊有分別執著時，心念說：「這就是我了。」便是起「我想」；但如果了知五蘊不實，「我想」便不生起。「諸陰（五蘊）我執生，我執由義虛；若種子不實，芽等云何真？若見陰不實，我見則不生；由我見滅盡，諸陰不更起。」

三十一　《能斷金剛般若波羅蜜多經論釋》頌十二。頌文說：「別體相續起，至壽盡而住，更求於餘趣，我想有四種。」此外，蓮花戒菩薩（740-796）將這「四種我想」簡單地演繹：「心念：『此是我也！』執有我者，即是『我想』；執有我所者，即是『有情想』；執我乃至住壽之間，即是『命想』；執輪迴數數趣者，即是『補特伽羅想』。」

三十二　《解深密經》謂「法假安立」，《唯識三十頌》謂「由假說我法」，都是這個意思。

三十三　《能斷金剛般若波羅蜜多經論釋》頌十三云：「皆無故非有，有故不可說，是言說因故，法想有四種。」

三十四　修行人如何突破由欲得言說法身而進入證得法身，如何由文字般若轉入觀照般若、實相般若，如何確實斷除四種法相想、四種我相想，可參考寂天菩薩《入菩薩行》〈智慧品〉頌三十二至三十五，或上師寶傳講《入菩薩行講義下卷》頁五十六至五十九。

三十五　根據月稱菩薩《入中論》〈究竟佛地〉頌十八解釋佛報身時說：「此寂滅身無分別，如如意樹摩尼珠，眾生未空常利世，離戲論者始能見。」

三十六　見世親菩薩《能斷金剛般若波羅蜜多經論釋》頌十六。

三十七　本經釋第二十五疑云：「善現，言如來者，即是真實真如增語，都無所去，無所從來；故名如來、應、正等覺。」

三十八　對應此句，秦譯本云：「無有定法名阿耨多羅三藐三菩提，亦無有定法如來可說。」所謂定法，

是指執有自性之法，這都是由妄識建構而來，執著定法就是說諸法有自性，與無為真如不相應。

三十九　見世親菩薩《能斷金剛般若波羅蜜多經論釋》頌十七的釋文。

四十　世親菩薩在《能斷金剛般若波羅蜜多經論釋》頌十七云：「化體非真佛，亦非說法者，說法非二取，所說離言詮。」

四十一　根據義淨法師譯世親菩薩《論釋》云：「由其聚聲，有二種義，一是聚積義，二是肩荷義。」所以「由此因緣所生福聚」可理解成：以布施積聚的福德是可以積聚，而且功德可以歸屬於布施者。

四十二　如《能斷金剛般若波羅蜜多經論釋》云：「彼福積聚，說為福聚；由其不能持荷菩提（福德不等於菩提），說為非聚。」

四十三　依世親菩薩說，出世的福聚是自己信受行持《般若經》，並且向別人宣說《般若經》。如經云：「於此法門乃至四句伽陀，受持、讀誦，究竟通利，及廣為他宣說開示，如理作意。」

四十四　唯識學家將真如分成兩種：斷以我執為中心的煩惱障後顯出的真如，稱為生空真如；斷以法執為中心的所知障後顯出的真如，稱為法空真如。

四十五　宗喀巴在《入中論善顯密意疏》中引這段經文時解釋：「此謂若預流者，於能得人及所得果執為實有而作是念：『我能證得預流之果』，即為執我。蓋執補特伽羅實有，即補特伽羅我執；執果實有，即法我執。所言預流者不執實有能證果者，約彼無有實執所著之境；於後三果亦應如是知。」見法爾出版社版本頁七十六至七十七。

四十六　有關聲聞四果的斷證功德情況，詳見於無著菩薩《大乘阿毘達磨集論》卷六〈抉擇分中得品第三之一〉。

四十七　《成唯識論述記》云：「如是總別十煩惱中：六通俱生及分別起，任運，思察俱得生故；疑後三見唯分別起，要由惡友及邪教力，自審思察方得生故。」（見中華書局版《成唯識論校釋》頁四一四）意思是：根本煩惱中的貪、瞋、癡、慢、疑、惡見為總。惡見再分為五種：薩迦耶見、邊執見、邪見、見取、戒禁取，此稱為別。貪、瞋、癡、慢、薩迦耶見（身見）和邊見這六種有的與生俱來，不待思慮任運生起，其行相深遠，叫俱生煩惱；有的要待邪說歪風及自身謬妄思慮分別然後生起，其行相粗顯，叫分別煩惱。而疑、邪見、見取和戒禁取只是分別煩惱。經文中所指的預流果，永斷的是薩迦耶見中分別煩惱部份、疑見和戒禁取見。換言之，分別煩惱可在見道證預流果一時斷之；俱生煩惱卻要在修道證一來、不還、阿羅漢等果時，才漸漸斷除。

四十八　《大乘阿毘達磨集論》〈得品〉云：「何等阿羅漢果補特伽羅？謂已永斷有頂第九品煩惱，安住彼究竟道。若阿羅漢永斷三界一切煩惱，何故但言永斷五順上分結（色貪、無色貪、掉舉、慢、無明），得阿羅漢果？最勝攝故。」

四十九　《現觀莊嚴論》〈法身品〉第九。

五十　根據《俱舍論》〈分別賢聖品〉卷二十五說：「俱由得滅定，餘名慧解脫。」以無漏智斷一切煩惱障，但未能得滅盡定，稱慧解脫阿羅漢；能兼以無漏智與滅盡定斷煩惱障者，稱為俱解脫阿羅漢。因俱解脫比慧解脫殊勝，故經文以「最為第一」來形容善現長老是極利根的修行人。

五十一　見吳月支優婆塞支謙（約三世紀人）譯《佛說太子瑞應本起經》卷上。

五十二　見世親菩薩《能斷金剛般若波羅蜜多經論釋》頌二十一。

五十三　根據《佛說太子瑞應本起經》卷上描述儒童菩薩以無分別無漏智證真如，得無生法忍經過情形是這樣的：「菩薩已得記言，疑解望止；霍然無想，寂而入定。便逮清淨，不起法忍，即時輕舉，身昇虛空，去地七仞。」可見儒童菩薩是以無分別無漏智證無為法，故無為法是不可取、不可說。

五十四　《能斷金剛般若波羅蜜多經論釋》頌二十二。

五十五　如世親菩薩在《能斷金剛般若波羅蜜多經論釋》頌二十三說：「非有漏性故，亦非是因造。」

五十六　一般認為傳承大乘經的修行人，是由如來派遣來的特使，為佛辦事。如《妙法蓮華經》〈法師品〉云：「若是善男子，善女人；我滅度後，能竊為一人說法華經，乃至一句；當知是人，則如來使，如來所遣，行如來事。」

五十七　《能斷金剛般若波羅蜜多經論釋》頌二十五。

五十八　指定力和慧力高超，能斷煩惱和證入滅盡定的阿羅漢聖人。

五十九　如《大乘莊嚴經論》〈發心品〉頌八、九云：「親近正遍知，善集福智聚；於法無分別，最上真智生。諸法及眾生，所作及佛體，於此四平等，故得歡喜勝。」

六十　誠如寂天菩薩在《入菩薩行》〈智慧品〉頌一說：「此等一切支，佛為智慧說；故欲息苦者，

當啟空性慧。」

六十一　《能斷金剛般若波羅蜜多經論釋》頌二十六。

六十二　經文說無有想，亦非無想；是說明忍辱仙人在仍有知覺下不產生「我」相想。強調當時仙人仍處於清醒狀態中。《論釋》云：「言非無想者，此顯有想與悲心相應。」

六十三　《能斷金剛般若波羅蜜多經論釋》頌二十九。

六十四　如聖天菩薩在《菩薩瑜伽行四百論》〈淨治弟子品〉頌十四述說釋尊認為持《般若經》是成佛因，功德遠超布施時說：「為下根說施，為中根說戒，為上說寂滅；常應修上者。」寂滅是說修般若法門能寂滅一切生死；故應常修。又在頌十五記述釋尊如何教人常修般若法門說：「先遮遣非福，中應遣除我，後遮一切見；知此為智者。」先要起不害之心，不與人爭；接著要遣除一切我相、有情相、命者相、補特伽羅相；最後安住於遠離一切戲論的佛法身上。

六十五　《能斷金剛般若波羅蜜多經論釋》頌三十一。

六十六　《能斷金剛般若波羅蜜多經論釋》頌三十二。

六十七　誠如窺基法師在《金剛般若贊述》所說：「如來三界獨尊，天人師；既為法界王，作五趣醫；脫屣在家之上師，棄捨輪王之大祚；道成正覺，所欲皆成。既不規名利，復不求安樂，何忽有妄語乎！」

六十八　見世親菩薩《能斷金剛般若波羅蜜多經論釋》頌四十一至四十三。

六十九　般若波羅蜜多即無漏智，見世親菩薩釋，真諦法師譯無著菩薩論文《攝大乘論釋》。T31n1595P024520(00)

七十　如本經前文所說：「以諸賢聖補特伽羅皆是無為之所顯！」無為、真如、法身和心之本性，都是同義，只是從不同角度探索，便用不同的名稱而已。

七十一　《能斷金剛般若波羅蜜多經論釋》頌四十四。

七十二　法身就是真如的說法，除了本經前文提到包括佛在內，一切賢聖都是無為法（真如）之所顯；世親菩薩在《攝大乘論釋》說：「『真如清淨相故』者，清淨真如體是常住，顯成佛故，應知如來常住為相。」T31n1597P0371b19（06）所以說佛以真如為自性身。

七十三　離言自性是指由名言所代表某件事物的本身。

七十四　如世親菩薩《大乘五蘊論》云：「云何真如？謂諸法法性，法無我性。」意思是說：甚麼是真如呢？它除了是指宇宙實體外，還要修成觀一切法空的無漏智來遣除人我、法我後所顯的離言實體。

七十五　「真」者，甚麼都是假，只有它是唯一的真；「如」者，恆常如此，保持不變。

七十六　法性者，指諸法實性，真如的同義詞。諸法實性，法爾如是，不能找到它的起點，本自不生，後亦不滅；故稱之為無生法性。

七十七　永斷道路的道路，指萬物皆由這點而來；借喻真如為萬物之共依實體。而在真如當中，有漏及苦皆永斷。故永斷道路亦是真如的同義詞。

七十八　畢竟不生：世間現象皆有因果關係，但凡夫以為因果各有自性，而執有實際的生滅。從簡單的邏輯分析就知道，事物若是由緣而生，則必無自性；亦即是說諸法從未生起過，即無生，何來有滅？龍樹菩薩在《中論》〈觀因緣品〉頌一就分析過諸法不可能有生滅：「諸法不自生，亦不從他生，不共不無因，是故知無生。」所以，畢竟不生亦是真如的另一同義詞。

七十九　《能斷金剛般若波羅蜜多經論釋》頌四十六。

八十　《能斷金剛般若波羅蜜多經論釋》頌四十七及四十八。

八十一　《能斷金剛般若波羅蜜多經論釋》頌五十。

八十二　《現觀莊嚴論略釋》卷三〈引發三身之殊勝道〉。

八十三　《能斷金剛般若波羅蜜多經論釋》頌四十九。

八十四　唯識瑜伽士認為真菩薩除了要以無分別根本智見法身真如，通達勝義諦的真如理之外；出定後在世俗以後得智聞思佛法及化度眾生時，所思所説要合乎世間世俗諦的四種道理；俾令修行人藉世俗諦認識勝義諦。四種道理分別是：一、觀待道理：如《寶行王正論》〈安樂解脱品〉頌四十八、四十九云：「若此有彼有，譬如長及短；先長後為短，不然非性故。」二、作用道理：即是因果道理，因緣能成辦果。如前頌云：「由此生彼生，譬如燈與光；光明不生故，燈亦非實有。」三、證成道理：要依靠證據才能成立的道理。這些證據不外來自現量、比量和統計中蓋然率所得。四、法爾道理：例如一加一必等於二；如《大乘莊嚴經論釋》〈功德品〉頌三十一，世親菩薩註釋説：「法然（爾）道理者，所謂不可思議處，此法已成故。」

八十五　《能斷金剛般若波羅蜜多經論釋》頌五十二。

八十六　《能斷金剛般若波羅蜜多經論釋》頌五十三。

八十七　《能斷金剛般若波羅蜜多經論釋》頌五十四、五十五。

八十八　《能斷金剛般若波羅蜜多經論釋》頌五十六。

八十九　如前文所說：「善現，一切法、一切法者，如來說非一切法；是故如來說名一切法、一切法。」

九十　《能斷金剛般若波羅蜜多經論釋》頌五十七。

九十一　如月稱菩薩《入中論》〈現前地〉頌四和五云：「若異生位聞空性，內心數數發歡喜，由起引生淚流注，周身毛孔自動豎。彼身已有佛慧種，是可宣說真性器，當為彼說勝義諦。」又如前文所說，當善現長老聽聞般若法門時喜極而泣，亦說明了具根器者是會深信《般若經》的。

九十二　相傳禪宗五祖弘忍就是以這個於真如中無所得，判別慧能已真正達致見道的境界。如云：「菩提本無樹，明鏡亦非臺，本來無一物，何處惹塵埃？」

九十三　《能斷金剛般若波羅蜜多經論釋》頌五十八。

九十四　《能斷金剛般若波羅蜜多經論釋》頌五十九。

九十五　如前文說：「復次善現，如來現前等所證法，或所說法，或所思法，即於其中非諦非妄。」

九十六　《能斷金剛般若波羅蜜多經論釋》頌六十二。

九十七　《能斷金剛般若波羅蜜多經論釋》頌六十四。

九十八　《能斷金剛般若波羅蜜多經論釋》頌六十五。

九十九　《能斷金剛般若波羅蜜多經論釋》頌六十六。

一百　義淨法師將菩薩應攝受的福聚稱為「正取」，不應攝受的福聚稱為「越取」。越一作趣，有執著的修福稱為「趣取」。

一零一　見羅時憲先生《能斷金剛般若波羅蜜多經纂釋》。

一零二　《能斷金剛般若波羅蜜多經論釋》頌六十九至七十。

一零三　如彌勒菩薩《大乘莊嚴經論》〈菩提品〉頌五十一云：「轉法及法沒，得道亦涅槃；處處方便起，不動真法界。」

一零四　《大乘莊嚴經論》〈菩提品〉頌六十。

一零五　《大乘莊嚴經論》〈菩提品〉頌六十五及六十六。

一零六　《能斷金剛般若波羅蜜多經論釋》頌七十。

一零七　《能斷金剛般若波羅蜜多經論釋》頌七十三。

一零八　《能斷金剛般若波羅蜜多經論釋》頌七十四。

一零九　《能斷金剛般若波羅蜜多經論釋》頌七十五。

一一零　愛德華孔茲説：「鳩摩羅什譯本在九如偈前明確地加入這一句，説明了修行人如果看通了現象界種種虛妄的相想活動，就可以達致隨順和緊扣真如理而修行，最後證入空性和涅槃。」凡夫修行人雖不能見真如勝義境，但只須透過日積月累斷除執著塵世種種相縳，就可逐漸到達涅槃境界。

一一一　《能斷金剛般若波羅蜜多經論釋》頌七十九。

一一二　見元魏菩提流支譯《金剛般若波羅蜜多經論》頌七十八釋文。

一一三　《能斷金剛般若波羅蜜多經論釋》頌七十九註釋。

一一四　《能斷金剛般若波羅蜜多經論釋》頌八十。

參考書目

一　《大般若經》　眾生出版

二　世親菩薩《能斷金剛般若波羅蜜多經論釋》二譯對照　瀋陽北塔翻譯組　二零一三年三月

三　《能斷金剛般若波羅蜜多經纂釋》羅時憲撰　佛教法相學會

四　《大乘莊嚴經論講義》〈發心品〉〈真實品〉〈神通品〉〈菩提品〉　金剛阿闍黎莫炳昌傳講

五　Buddhist Wisdom Books – The Diamond and the Heart Sutra　Edward Conze